iHuman
新民説

／成为更好的人／

常道

回到孔子

卢雪崑 著

CHANGDAO HUIDAO HONGZI

广西师范大学出版社
GUANGXI NORMAL UNIVERSITY PRESS
·桂林·

图书在版编目（CIP）数据

常道：回到孔子 / 卢雪崑著. —桂林：广西师范大学出版社，2016.10
ISBN 978-7-5495-8659-2

Ⅰ. ①常… Ⅱ. ①卢… Ⅲ. 孔丘（前 551-前 479）－哲学思想－研究 Ⅳ. ①B222.25

中国版本图书馆 CIP 数据核字（2016）第 194128 号

广西师范大学出版社出版发行
（广西桂林市中华路 22 号 邮政编码：541001
网址：http://www.bbtpress.com）
出版人：张艺兵
全国新华书店经销
湛江南华印务有限公司印刷
（广东省湛江市霞山区绿塘路 61 号 邮政编码：524002）
开本：880 mm × 1 240 mm 1/32
印张：10 字数：210 千字
2016 年 10 月第 1 版 2016 年 10 月第 1 次印刷
定价：48.00 元

目 录

自序

斯文在兹　惟命维新

今日中国处于现代化转型的十字路口，凡关心十三亿多华夏子孙之前途者，无不为这个国家的前路往何处去感到有必要引起思考，尤以这个民族之有识之士，其热忱与担当，已标志着启蒙二十一世纪即将兴起之先兆。

我们可以预言，二十一世纪之启蒙将超过欧洲启蒙运动之目标，从人之自然权利的豁醒与维护，进至人的理性之成熟与全人类结合于共同的理性目的而趋向永久福祉与和平。这个启蒙在中国就是复兴孔子哲学传统。不必讳言，现代文明由西方工业革命发端，可称之为物质文明，于现代物质文明的发展史来看，华夏民族是被动的、落后的；于器物制度方面，乃至在人的权利之法律保障，以及社会建构之制衡与公义方面，有待向西方学习的东西很多。但毫无疑问，中国现代史之事实已经显示，咱们要进入现代文明，根本不能紧随西方物质文明之脚跟，亦步亦趋。

事实上，人类史之现代化进程不能草率而武断地等同西方化。西方现代化扩张到了今日，显出困境重重、危机四伏，西方之有识之士亦必将要反思其自身所处文明向何处去的问题。西方倡导的物质文明流行已久，个人至上奉为最高原则，以个体性否定人的道德本性，盲从偶然性而排斥人的理性本有的共通性，等等，已然日益显见其侵害社会机体之毁坏力。

我们可以指出，不仅闭关自守，仇洋排外的狭隘民族主义行不通，西方中心主义之独断思维更是阻碍国人创造自己民族之现代化前途的桎梏。今日，十三亿多华夏子孙要同心同德，争取开辟扎根于中华民族生命体的现代化之坦途，除了认真了解“西方是什么”，更为不可忽略的是全体国人要严肃正视和正当对待自己民族之生命体。必须意识到，中华民族是一个理性文明的生命体，无论在历史的长河中，它曾经历怎样的曲折与挫败，甚至屡屡病入膏肓，但它总要恢复自身的生命力，也就是总要回到理性光明之照耀之中。

今天，人类历史发展已走到一个转折点，一切有反思力的有识之士，无可回避地要思考，如何由西方物质文明主导的现代化转进至理性文明的现代化，十三亿多中华儿女要统合物质文明与理性文明于一役，而开辟一条前景远大的崭新的现代化之路，首先就要回到中华民族源远流长的理性文明的传统。本人撰写《孔子哲学传统：理性文明与基础哲学》(台北：里仁书局，2014)，即旨在论明孔子哲学传统乃华夏理性文明的传统。基于这个研究成果，筹划“孔子哲学传统学术研究系列”，目的在探明孔子哲学于历史行程中的发展脉络，以便我们能够回到孔子哲学传统，接续自家民族之理性生命体，以理性文明校正我们现代化之航向。

我们必须说明，孔子哲学乃奠基于人类理性成熟之学，它承前启后，既是华夏古文明之调适上遂，亦下开宋明儒学，以至当代儒学。此所以本人筹划的“孔子哲学传统学术研究系列”以本书(《常道：回到孔子》)作为第一部分。孔子哲学作为人性之根，社会之本，堪称基础哲学。

《中庸》云：“仲尼祖述尧舜，宪章文武。”我们可指出，孔子对世代相传三代古文明圣贤之德和王道之治之“述”，同时就是对中华古文明的理性内核之提炼，也就是说，此“述”即包含一种常道性格的说明，亦即哲学的说明。用德国哲学家雅斯培的话说：“这里倡导的是对永恒真理的温习，而不是对过去的模仿。这些永恒的思想在古代是清晰显现的。”(Jaspers-Karl, Die Grossen Philosophen, R.Piper & Co Verlag München, 1957, S.158. 中译见雅斯培著，李雪涛主译《大哲学家》，北京：社会科学文献出版社，2005年，第117页)此所以，本书其中九章(第十章至第十八章)论述华夏古文明，以揭明孔子哲学之根源。“古”“史”于孔子绝不是过去式的、死的材料，而毋宁说，孔子如同康德那样，是在逼向理性的原型的态度指引下考察历史事件。我们尝试揭示三代古文明之理性内核，是据孔子哲学之本旨而从事。

孔子哲学继往开来，前圣后贤一脉相承，使中华民族据以成为一个有根有本之生命体，此形成一个华夏理性文明之传统，我们称之为“孔子哲学传统”。

我们以“仁者，人也”“人能弘道”八个字彰显孔子哲学之本质，“仁者，人也”即人之实存的命题，而“人能弘道”就包含一个以人之道德实存为主体的创造动力为根源的宇宙行程。据此，我们可以说，孔子哲学包含着道德形而上学的根源智慧。

孟子承传孔子言“仁者，人也”，（见《中庸》第二十章〈哀公问政〉）标举孔子言“人能弘道，非道弘人也”。（《论语·卫灵公第十五》）孟子的贡献在：依据孔子直透人心之根本言“仁”，而明确提出：“仁，人心也。”（《孟子·告子章句上》）依孔子言“仁”包含的普遍法则义、万物一体义、创生不已义，揭明本心之普遍立法（“心之所同然者何也，谓理也义也”、“仁义礼智根于心”）之能，以及道德世界的创造之能（“仁也者人也，合而言之道也”）。并依此正式揭明：本心之能就是人的分定之性。由之，本心（仁）之为成就人自身为道德者及创造世界为道德世界的创造义得以确立。据此进一步言“尽其心者，知其性也，知其性，则知天矣”“上下与天地同流”“万物皆备于我”，即展开一个以每一个人自身禀具的本心（仁）为真实无妄之动源，而上升至绝对必然义之“天”的形上学。依此，我们可以指出，孟子上承孔子之根源于人之道德实存的形上智慧，正式确立道德的形上学之规模。此道德的形上学就是康德通过三大批判而展示的唯一的科学的形而上学，而根本区别于西方传统的旧有的思辨形而上学。此所以，本人筹划的“孔子哲学传统学术研究系列”之第二部分，题为《孟子哲学——孔子哲学之传承与道德形上学之奠定》。《易传》《中庸》《大学》归入该部分，因为此三书未能单独成一道德的形上学，故不作为系列之独立部分。此外，先秦儒家诸学派不在我们本研讨之列，因本研究系列只探讨根于孔子而发之哲学传统，而不及思想史、文化史，确切地说，凡不及道德的形而上学者，均不纳入本研究系列。如于思想史及社会制度史上占重要地位的荀子，并不列入本研究系列中。由于同样理由，汉代经学及清代儒学亦搁置不论。

"孔子哲学传统学术研究系列"之第三部分，题为《宋明儒学：为往圣继绝学》。如牟师宗三先生说："宋明心性之学，西方学者一般亦称之为'新儒学'(Neo – Confucianism)。中国以前并无此名。儒学即儒学耳，何'新'之有？"(牟宗三著《心体与性体》，第一册，台北：正中书局，1968年，第11页)假若"时时在新中，究竟谁能代表正宗之儒家？究谁是儒家之本质？…… 如不能确定，则必只是一团混杂"。(同前揭书，第12页)若"儒家"，乃至"新儒家"只是一团混杂，如西方哲学史"只以分别地论各个人之思想为已足"，岂不是"孤悬孔子于隔绝之境"？(同前揭书，第12页)如所周知，牟宗三先生著《心体与性体》合《从陆象山到刘蕺山》共四大册，裁定濂溪、横渠、明道、五峰、象山、阳明、蕺山为"合先秦儒家之古义"的"宋明儒之大宗"，而伊川、朱子系"是旁枝"。(同前揭书，第49页)无疑，先生立论之根据在：儒家之本质立于孔子哲学生命之"前后相呼应"。用牟先生的话说，就是：自律道德、道德的形而上学。本人论宋明哲学家，亦以此为准。

本人筹划“孔子哲学传统学术研究系列”，以上文所列三部分为其主体结构，初稿已完成。并拟撰《中西哲学之融通——牟宗三哲学》，以及期待由本人之学生撰写《孔子哲学传统与康德哲学之为共通的基础哲学》，此两部分构成该研究系列之后续。

如前面已表明，“孔子哲学传统学术研究系列”旨在对孔子传统作哲学说明，其中关键词及主要命题皆不离理性之本性为根源，也就是说，我们要阐发孔子传统所含理性之内核，它不仅属于过去，而且于现在及未来皆真实，皆普遍地客观有效，确切地说，它乃是每个人禀具之理性的真实，同时是人类共通的理想社会之原型。哲学，其本义就是理性本性之学，而理性之能就是突破现实的限制而上升至普遍必然（即任何时任何地对一切人皆有效）的维度。讲哲学就是讲常道。什么是常道呢？就是人性的根，社会的本，此根此本万古一日，永不移易。人同此心，心同此理。

孔子哲学传统乃是一个对宇宙怀着道德目的之终极关怀的传统，也就是一个包含着道德的形而上学之传统；人类文明之成就固然不止于哲学，我们标举哲学，亦即彰显常道，并不意谓要排斥多种多样的文化之价值；讲明常道之为超越的一元，并不是要忽略人类经验的复杂性与变易性。恰恰相反，唯独坚持常道之贞定，人类始不至于被历史的流变裹胁而落入虚妄。诸文化及文明之花映灿烂、丰姿多彩，必须由常道来维护，始得以实现。若否决常道（基础哲学），则不同的文化、文明之间的冲突必定永无休止。

本人撰“孔子哲学传统学术研究系列”，以期为人类之福祉与世界之永久和平尽绵力，盼此心愿与读者共享。

卢雪崑

2016年6月29日于德国图宾根

第一课

孔子哲学之继往开来

《常道：回到孔子》乃本人筹划的“孔子哲学传统学术研究系列”的第一部分。于本人经长期研习而达至的领会和理解，孔子哲学承前启后，既是华夏古文明之调适上遂，亦下开宋明儒学，以至当代儒学。并且，我们可以论明，一直以来由西方物质文明主导的现代化要走出日益危险的困局，十三亿华夏儿女要开辟一条前景远大的现代化之路，看来首先要端正人性之根、社会之本，也就是要回到孔子所言“仁者，人也”(见《中庸》第二十章《哀公问政》)、“人能弘道”(《论语·卫灵公第十五》)，此八个字即基础哲学之根本。依此，我们提出：孔子哲学之继往开来。

本书讲孔子学说，是作为哲学来研究的，故此，首先要向大家说明何谓哲学，又如何做哲学之研习。讲孔子学说，当然不能离开经典文句之讲解，但文句讲解本身只是通向哲学研习之路途，而不能造就哲学本身。因此，本书除了由本人讲解自己长期研习所得，每一课还安排析疑与辩难，与读者互动。以此，我们不只是讲、读哲学，而且是启发每一位读者运用自己的哲学思维。

本人同意康德所说："除非在历史的方式上，哲学是不能学的；而就与理性有关的东西而言，我们至多只能学习哲学思维。"（A837/B865）事实上，一般所谓学哲学，只不过是学习哲学史的知识而已。我亦同意康德给哲学所下的定义："哲学就是关于一切认识与人类理性的本质的（wesentlichen）目的'人类理性的目的论'之联系的科学。"（A839/B867）康德还说："人类理性之立法（Gesetzgebung）（即哲学）有两个对象，即自然与自由，因而它不但包含着自然法则，而且包含着德性法则。一开始是区分开两个彼此不同的体系的，但最后它们终究包含在一个唯一的哲学系统中。"（A840/B868）又说："如果我们让哲学这个词保留它的古代意义，即作为一种圆善的学说，那就好了，只要理性致力在其中使圆善成为科学。"（KpV 5：108）

康德所言"圆善的学说"，亦即关于德福一致之终极目的的学说，依孔子哲学而言，就是大同世界之王道理想的学说。王道理想就包含一个人类理性的目的论，它根自人的理性的本质的目的，此本质的目的用孔子哲学的话语说，就是：每一个人成就自己为仁者（"仁者，人也"，"我欲仁，斯仁至矣"），同时成就世界为道德目的论下的整全（"人能弘道"）。而这一切皆与人自身内在的立普遍法则之能相关，此立普遍法则之义，也就是"天生烝民，有物有则"，就是"民之秉彝，好是懿德"。（《诗·大雅·烝民》）孔子曰："为此诗者，其知道乎。"（《孟子·告子章句上》）此即下开孟子言"本心""良知"（《孟子·告子章句上》)、"仁义礼智根于心"(《孟子·尽心章句下》)。宋儒陆象山言"心即理",明儒王阳明更揭明:本心之良知天理。据此,我们可以指出,孔子哲学传统一个首出的根源智慧就在于:揭明内在于每一个人自身,因而可于一切人中间普遍传达的立普遍法则之能。用康德哲学的词语说,立普遍法则之能乃是理性之真正使用;依此,我们也可以指出:孔子哲学与康德哲学同为理性本性之学。

如前所述,孔子言"仁者,人也""人能弘道",其作为基础哲学,就是人性之根、社会之本。但不必讳言,大家听来,难免会有一种与现代社会格格不入之感。人们会说,道理听来不错,只是不合时宜。诚然,我们身处的时代以"放于利而行"作为人和社会的指导原则,个人欲望被标举为一切行为的动力,每个人运用其自由时只从自身出发考虑,而根本不承认人类整体有任何理性的目标。一句话,尽管现代社会已经达至高度物质文明的水平,且已具有各种"政治共同体"之制度,但如康德早已指出,人类社会仍然处于"伦理的自然状态中"。(Rel 6: 95)他说:"就像律法的自然状态是一种每个人对每个人的战争状态一样,伦理的自然状态也是一种存在于每个人心中的善的原则不断受到恶的侵袭的状态。"(Rel 6: 96-97)孔子早就指出:"放于利而行,多怨。"(《论语·里仁第四》)

一个建基于仅为个人欲望而存在的原则上的社会,也就是"放于利而行""多怨"的社会。尽管仍有人乐于跟从西方中心主义的论调,但我们仍难免要问:政党政治的权力勾斗,社群因团体利益而撕裂,如此"民主"与民主理念如何可能是相符合的呢？若人不以“仁者，人也”成就自己，人如何弘道呢？人不自觉弘道，又如何谈得上能做“主”呢？事实上，西方式民主建基在“放于利而行”的原则上，当权者之烂或坏，是无可避免的；民众通过西方式的公民教育，可达到不同程度的文明化，但只要社会之主流奉行纯然的个人主义、私利主义，以“个人意识至高无上”“人只为自已存在的权利”为人生和社会的最高原则，那么，人们总是以“成心”而求做社会之“主”，也就无法避免。人人随其成心而主之，愚惑之类也可坚执是非以为“主”，只知斥他人为短，而自取为长。社会群族之恶斗和撕裂之恶根即在于此。只要人们心中良知未泯灭，仍识得天理不可欺，恐怕就难以对如此世情随声附和。

一个社会漠视天理，违弃“仁者，人也”、“人能弘道”的正途，我们又如何能冀望它是公义的、真正能由人民做主的呢？人们难道就不会扪心自问：这就是我们每一个人愿意生活于其中并意愿我们的后代生活于其中的世界吗？“仁者，人也”“人能弘道”并非什么抽象的理论，不能曲解为泛道德主义，而毋宁是这样一种思维：扪心自问，我会在本心良知天理的指导下为自己创造一个什么样的世界，而且我还要作为一个成员置身其中。

近世以来，西方盛行的个人主义原则把人异化为只受个人欲望驱动的个体，由之剥夺了每一个人作为有理性者而禀具的理性在意欲机能中自我立法的能力，也就是把人本有的本心良知天理扭夺掉。人与生俱来本是感性、知性、理性结合的有机整体，亦即禀有认识力、意欲机能、情感通贯一体之心灵的“真实的人”，西方主导的物质文明却日益把人异化为纯然的物，无可避免地就要把社会引向族群撕裂，导致世界失序和混战。

我们申明基础哲学在于“仁者人也”“人能弘道”，这八个字听来简单，可包含着整个孔子哲学传统。如果人们开始意识到要走出族群撕裂、人类前景堪虞之困局，那么，就是理性地回到每一个人共同的孔子哲学传统的时机到来了。从一直滋养着我们自己的民族生命里寻找生机吧！哪怕在族群撕裂、意识形态控制社会、“放于利而行”之原则大行其道的今日世界，要讲孔子哲学传统必定十分艰难，然而，除了走这条道路，以便将一切人凝聚成一个健旺向上、自由公义的道德伦理共同体，我们还有别的路可走吗？

析疑与辩难

问：学界流行一种说法，以为儒家是精英之学，只对圣贤而言，对一般人陈意太高，故此并不合适。

答：“仁者，人也”，就是说，“仁”是人之为人的实存之本性，也可以说，成就自身内在之仁，是人之为人的分定。有学者说，儒家这种说法陈意太高，只能对圣贤而言，对一般人则不合适。其实，这是流俗之偏见。孔子哲学于一切人而有效，孟子深得孔子本旨，故云：“圣人与我同类者。”（《孟子·告子章句上》）

问：弘扬孔子哲学传统会不会陷入国粹主义、大国沙文主义？

答：如前文所述，孔子哲学传统（“仁者，人也”“人能弘道”）并非只对中国人有效，而是真实地普世有效的。“普世有效”并非某些人、某一个民族或国家所宣称的，不会是一些受历史条件限制的政治制度，或一种基于历史性启示之信仰的宗教；而是人同此心，心同此理。孔子哲学之所以为普世的，皆因它启发与引导每一个人有勇气运用自己的理性，通过不断地自我启蒙，改变因懒惰和怯懦而深陷其中的不成熟状态，亦即走出没有他人督导就不能使用自己的理智的受监护状态。用康德的话说：“亦即在一切事物中公开地使用自己的理性的自由。”（KGS 8：36）“对其理性的公开使用必须在任何时候都是自由的，而且唯有这种使用能够在人们中间实现启蒙。”（KGS 8：37）只要明白基础哲学之本义就含着不受时间、空间限制，不分种族，而对一切民族、国家的任何人为有效。那么，我们就不会质问弘扬孔子哲学会不会陷入国粹主义。因为如我们已说明的：孔子哲学堪称基础哲学，就是普世有效的，而非一国的。我们更没有理由担心弘扬孔子哲学会陷入“大国沙文主义”“大汉族沙文主义”。因为依据基础哲学之本义，一切人自身是目的，而不被任何人仅仅当作达成其他目的的手段来使用。王阳明指出，孔子教人之大端在于：启发内在于每一个人心中的“天地万物一体之仁”，“复其心体之同然”，以教天下。此即孔子所说：“仁者，人也”“夫仁者，己欲立而立人，己欲达而达人”。（《论语·雍也第六》）故王阳明说：人人“孝其亲，弟其长，信其朋友”，尽“性分之所固有”，而不假外求。“举德而任”，“而不以崇卑为轻重，劳逸为美恶”，“惟知同心一德”，“天下之人熙熙皞皞，皆相视如一家之亲”，“各勤其业以相生相养”，“盖其心学纯明，而有以全其万物一体之仁，故其精神流贯，志气通达，而无有乎人己之分，物我之间”。(《传习录》中,《答顾东桥书》,第141条)

第二课

哲学作为理性本性之学

我们已提出，本书讲孔子学问是作为哲学来讲的，并且，关于“哲学”之取义是依据康德之言：哲学是“人类理性之立法”之学，亦即哲学是理性本性之学。

那么，需要说明，何以要取用康德关于“理性”之界说。首先，我们必须认识到，在悠长的西方哲学历史中，哲学家对于“那独立不依于经验而追求一切认识的理性机能”(Axii)一般总是抱持着这样或那样的错误理解，以致使用“魔术的方法”(Axiii)，令哲学沦为“对知识的一种独断的和幻想的强硬要求”(Axii)。直至康德提出：理性要批判自身，通过完整的批判认识自己，也就是要批判地建立一个法庭，依据理性永恒不变的法则，驳回自人类有哲学思维活动以来借“理性”之名制造的一切无根据的僭妄，并以此保证理性自身的合法要求。(Axi)

康德恰当地将形而上学(作为超感触域的学问之纯粹哲学)

归于理性管辖，而与知性所管辖的知识论及逻辑学严格区分开。如果没有康德的这项贡献，西方人仍可以中国哲学缺少知识论与逻辑学，鲜有运用概念、推理之兴趣而拒绝承认中国有形而上学，亦可否认有中国哲学。有了康德的哲学（形而上学）新论，我们就可以从作为哲学大厦之拱心石（意志自由）会通中国哲学。事实上，早在不少学者视《纯粹理性批判》仅仅为知识论之著作时，牟师宗三先生就肯定康德的工作在形而上学方面的创建，并且建构了康德哲学与中国哲学会通之典型。

康德面对西方传统哲学的困局而需要费心处理许多难题，这些难题是中国哲学从来没有过的。中国哲学从没有主张神性存在者之存在的自明性，没有由知性的直观直接认识自在之物而引申的虚幻，也没有将越过感触界之限制而进至超感触界的智慧混同对于自然物的认识而引发的纷争。康德处于一个独断的传统中，他必须以极其周密而艰难的超越分解工作才能击败源远流长的独断传统，打破从知识论、逻辑学论证超感触者存在的困局，转而从实践领域以意志自由为拱心石而建构超感触领域。

孔子哲学不是思辨的，它本身并无独断的虚妄，然不能说就没有来自独断的怀疑方面的攻击。在历史的流变中，要保住圣人创辟心灵之智慧，实需要学问的骨干以“十字打开”，现在我们提出康德哲学与孔子哲学会通，就是要做“十字打开”这方面的工作，要经由康德超越分解与先验综和的整全体系，让孔子圆融的智慧得到批判的、分解的说明。借用雅斯培的话，就是要把孔子哲学的“原创性思想转换成清晰的思想”，以达至“整个体系的清晰性”。

通过康德的批判成果，我们首次对“哲学作为一门可靠的科学”获得确当的规定；并且，依据康德批判地建立的理性自身的法庭，我们得以裁定，西方学界长久以来以思辨哲学，甚或仅仅以逻辑学、知识论及方法论独占哲学之名的做法是不足取的，据之宣称“中国没有哲学”也不过是一种无知的偏见。中国学界在西方主义的话语权宰制下，也大多自认中国哲学只是主观的、心理学的、直观主义的、经验主义的、实用主义的。人们以为儒家作为一种“心学”，只不过是个人体证之事。难怪西方人以为，中国人并未上升到哲学思维，而只是停在形象思维的阶段。

这里，我们指出：孔子哲学传统是理性本性之学的传统，这一点能够依据康德批判地建立的理性自身的法庭来检视。尽管孔子传统之哲学与康德哲学是思维进路迥异、语境不同的两种哲学，然而只要二者同是理性本性之学，我们就能论明二者根源智慧之融通。并且，我们可以进一步论明，理性本性之学即“人类理性之立法”之学。

我们可指出：人心之仁（本心）就含着纯粹实践理性之能。惟赖本心在意欲机能中立普遍法则，显示其具有的统一性的本性，一切人及天地万物借以结合于“道德秩序即宇宙秩序”的道德创造中。用康德的话说，就是：朝向“在道德的法则下既与自己本身，也与每一个他人的自由”统一（A808/B836），并致力实现“万物按照普遍的自然法则构成一个大全”的终极目的（圆善）于世界上。理性构成一种特殊的统一，在这种统一下，达至“对于知性和感官的持久和平的管治”

(A465/B493)，以及自由与自然的和谐一致。

我们提出孔子学问作为“哲学”来讲，所言“哲学”就是康德通过三大批判工程所论明的理性本性之学。也就是“人同此心，心同此理”之学。用康德的话说：“既然只有一种人类的理性，就不会有多种的哲学，这就是说，不论看来如何多种多样，甚至自相矛盾，人们可以各自对同一个命题作哲学的阐述，但是，按照原则建立的哲学体系只能有一种。”(MS 6：207)

析疑与辩难

问：有人会问：康德哲学真能够与孔子的哲学传统会通吗？因为一个是西方人，而一个是东方人，传统不同，所处的时代也完全不一样。

答：海德格尔和伽达默尔都提出过要“消解客观性”，在今天，我们对“不可翻译性”“不可通约性”一类说法都并不陌生。不过，我仍然回答：若采用经验的观点、历史的观点，那么，这一类的讲法是对的。经验总是无穷复杂，落在时空的限制中，事物无不因着各自的环境与条件而显示种种特殊性，没有什么是完全一样的。但这只是就自然领域而言，自然的知识根源自感性与知性。依据康德的学说，自然领域之外，我们还有自由的领域。我们自由领域的认识并不采用经验的、历史的观点，而是采用超越的、实践的观点，亦即采用理性的观点。自由的认识根源自理性，理性是纯粹的自动，它超乎时空的限制。若采用超越的、理性的观点，我们就能见到：普天下人的理性都是一样的，无论是东方人，或是西方人；不分白人、黑人、任何肤色的人；古人或今人，都是一样的理性。这就是中国儒者所说的“人同此心，心同此理”。东方有圣人出，心同理同；西方有圣人出，心同理同。

问：持经验论观点的人以为只有可感觉的东西是实在的，任何超感触的东西皆不真实。

答：如康德指出：经验主义要求取消超感触者之哲学意义，那无疑是要把形而上学之可能性从根底上铲除，并且把道德和宗教的一切支点都拆除掉。康德说：“自由概念（作为一切无条件的、实践的法则的基础概念）能扩展理性，使理性超出那每一自然概念（理论的概念）必定仍然无望地被限制的界限之外。(KU 5：474）我们自身拥有的道德的最高原则有能力把我们自身的超感触者之理念（自由）决定成一种在实践的意图中可能的认识，并且也把我们之外的两个超感触者之理念（上帝、心灵不朽）决定成一种实践的认识。由此，超感触界得以确立，它是作为实践的领域（即道德的领域）而成立的。并且，经由康德批判哲学可以指出，孔子“践仁知天”之学乃实践领域的道德哲学，我们没有理由贬之为经验论的、实用主义的伦理学，从而把孔子哲学的道德和理性宗教的意义抹杀掉。

第三课

基础哲学

我们于上两课已论及，孔子传统之哲学与康德哲学均是理性本性之学，也就是“人类理性之立法”之学。据此，我们可称之为“基础哲学”，也就是说，它可以作为人性之根、社会之本。

我从二十来岁起跟随牟师宗三先生研习哲学，先生每年开讲两门课，一门课为康德，另一门课是中国哲学，或是儒家，或是道家、佛家。本人在牟师指导下，于香港新亚研究所完成了硕、博士学位之后留所任教，也开讲孔子哲学传统、康德两门课，所撰论文及专著也是以孔子哲学传统、康德为主题。今年由台湾里仁书局出版了《孔子哲学传统：理性文明与基础哲学》《康德的批判哲学：理性启蒙与哲学重建》二书，二书旨在论明：孔子哲学和康德哲学堪称基础哲学。拙著《孔子哲学传统：理性文明与基础哲学》封底之内容简介写道：

> 孔子哲学生命前后呼应，慧命相续，此之谓“孔子哲学传统”。孔子哲学生命之本质何在？就是“仁者，人也”，“人能弘道”。孔子哲学传统堪称“基础哲学”，乃在于它是奠基于人类理性成熟之学。它彰显着华夏理性文明之光辉，以此区别于印欧语系的文明。孔子哲学传统乃系一个对宇宙怀着道德目的之终极关怀的传统，而从根源上区别于各种只关注个人彼岸终极依托的信仰。

孔子哲学彰显着人类理性之成熟。如前所述，孔子哲学与康德哲学具有共同的根源智慧，此根源智慧是理性的，而这理性的真义是实践的，即道德的。哲学作为“人类理性之立法”之学，用中国哲学的话说，就是《诗经》云：“天生烝民，有物有则。民之秉彝，好是懿德。”（《大雅·烝民》）孟子曰：“诗曰：天生烝民，有物有则，民之秉彝，好是懿德。孔子曰：为此诗者，其知道乎。”（《孟子·告子章句上》）“秉彝”就是执持天则、常道（普遍法则）。孔子曰“为此诗者，其知道乎”，可见孔子仁教是通天则、常道（普遍法则）的。孔子又说：“己欲立而立人，己欲达而达人。”（《论语·雍也第六》）孟子曰：“心之所同然者何也？谓理也，义也。”（《孟子·告子章句上》）“求在我者也。”（《孟子·尽心章句上》）王阳明说：“圣人无所不知，只是知个天理。”陆象山说：“东海有圣人出焉，此心同也，此理同也。西海有圣人出焉，此心同也，此理同也。”“人同此心，心同此理。”中国圣贤所讲无非都是“人类理性立法之学”。用张载（世称横渠先生）的四句话来说，就是：“为天地立心，为

生民立命，为往圣继绝学，为万世开太平。”(《张子语录》)

我们提出孔子哲学作为“基础哲学”，乃人性之根、社会之本，即孔子言“仁者，人也”“人能弘道”。“仁”的丰富内涵始基于人自身的立普遍法则的能力，此能力就是人之为人的实存之定分，亦即人的真实存在之“性”，也可以说，成就自身内在之仁，是人之为人的分定。此所以说孔子哲学是人性之根，它首先是人之真实存有之学。人创造自身为道德者，并且因着“仁”之真我本性，人有能力扩充至与天地万物为一体。道德并不只是个人修心养性之学，道德是“弘道”，仁心必依其自立天理之要求而扩充至致力实现一个每一个人意愿生活于其中的“伦理共同体”，亦即孔子所言“大同世界”，张横渠言“为万世开太平”，也就是康德所论“圆善”之实现于世界上。此所以说孔子哲学是社会之本，是“人能弘道”之学。

“仁”创造人自身为道德者，并且，创造一个道德世界。依此可说一个道德的存有论及宇宙论，亦即一个道德的形而上学。此形而上学不同于一切西方的独断的臆测的形上学。道德的形而上学是实践的智慧学，而并非什么知识论系统。康德在形而上学方面的哥白尼式革命在于他扭转了西方传统哲学从存在（to be）建立存有论的错误方向，转而通过自由意志（der freie Wille）建立真实的形而上学。孔子哲学传统恰好是从人的创造能力——“仁”(亦即超越的本心)建立形而上学，而“仁”(本心）正同于康德系统中的“自由意志”。“自由意志”、“仁”(本心）之所以堪称一个形而上学的“创造实体”，是因为它是真实地创造人为道德者并同时创造世界为道德世界的机能；此实体并非西方独断的形上学中种种人为妄作的外在的超绝的东西、超自然的东西，而首先是人自身的机能。道德的创造实体是人自身中知、情、意通贯一体的心灵机能，它创造人自身为道德的实存，同时产生其客体（圆善）及这个由道德法则决定的必然客体的条件（如：最高的道德创造者，康德哲学系统中的“上帝”，孔子哲学传统中的“天”）。据此，我们可以说，此实体是自由之因果性，其自身是起作用的根源地活动的。唯独人秉承这种不平凡的机能，一个道德世界才有可能由之创造出来。此即康德提出，人在自身的道德践履中证明：他的整个理性能力里面唯独实践能力帮助他越出感触界而获得关于超感触的秩序和联结的认识。（KpV 5：106）

孔子哲学之所以堪称基础哲学，在于其为人类理性成熟之学，它不受时间、空间限制，不分种族、国家，对一切人及社会有效；也不管人们是否已在现实上循之而行；它作为一个人类理性之理想，人类应当向之而趋，随时检查是接近之抑或背离之，以便纠正人类社会发展之航向。

析疑与辩难

问：提出孔子哲学堪称为基础哲学，是否有排斥其他哲学流派之嫌？社会上流行读经活动，其中有提倡背诵所有经典，并不必讲解义理，否则干扰民众的自由选择、自我判断。

答：基础哲学为人性之根、社会之本。人类哲学史中有着各色各样的流派，不过，唯独确立基础哲学，各形各色的学派始能在基础哲学之共同根基上各显姿彩，相互辉映，不致流为主观意见。如前所述，基础哲学不能以“一种学派”视之，也不能作为一种知识系统来讲授。

孔子哲学作为人性之根、社会之本，其依据在于它是基于对人的真实存在之“性”的深入周全的了解，对人自身禀赋的创造机能的肯认。我们宣讲孔子哲学，无非是把每个人本有的根源能力启发出来，从而让人认识到人与他人乃至万物的普遍可传通性。大家知道，我们拥有共同的自然科学知识，那是因为我们承认共通的自然法则；而现代人却忽略了，我们要有可普遍传通的实践科学知识，也就是要对善的行为、正义的社会有共同的肯认，同样端赖我们承认共通的，亦即对一切人有效的自由法则。这一法则用孟子的话说，就是“理也，义也”，是“根于心”的。

有人主张读经不求甚解，以为讲明义理会妨碍个人自由和私人判断。其实这是由对“自由”之真义有误解所致。现代社会视为头等重要的“自由”，恰切来说只是“个人不受约束”，亦即没有法则的自由。依康德批判哲学之考论，“没有法则的自由”，只受个人意欲决定，并不能摆脱自然因果之束缚，因此，“个人不受约束”看似自由，实质却是自由之失去。真正的自由应当体现于人自身有不纯然为自然因果决定的能力，也就是，人的本心有自立之理义。让每个人自问：若不明“人同此心，心同此理”，他到底拿什么作为个人选择、判断的标准呢？现实的情况是，人们总是以“成心”而求作社会之“主”。若人人随其成心而主之，愚惑之类也可坚执是非以为“主”，只知斥他人为短，而自取为长。此如庄子云：“夫随其成心而师之，谁独且无师乎？奚必知代，而心自取者有之。

愚者与有焉。"（《庄子·齐物论第二》）固执成心的人生，也就是孔子指出的"罔之生"。孔子曰："人之生也直，罔之生也幸而免。"（《论语·雍也第六》）

问：对孔子哲学做道德形而上学之说明，有学者斥之为儒学的知识化。大陆学者郑家栋说："知识化的儒学所关注的是本体而非工夫，是系统的整全而非实践的笃实，'工夫'反成为了可有可无的东西。知识化将使儒学偏离其作为圣学的整体精神。"（氏著《当代新儒学论衡》一书的《没有圣贤的时代——代序论》）

答：郑家栋教授说："对于一个正在谋求由传统走向现代的社会而言，专业化、知识化可以说是一种不可逆转的潮流。"（同前揭书）又说："高度专业化的学院教育和社会分工，注定要使儒家的传统圣贤失去其所存在的社会土壤，而寄身于现代学院的儒学研究，也注定要使儒学偏离其作为'为己之学'的本质规定，而被作为某种知识（历史的或哲学的）加以研究和传授。"（同前揭书，第6页）台湾教授袁保新亦提出：自从蔡元培先生颁布《壬子学制》，"确立了近代中国完全与西方大学相似的大学教育体制"，高级知识分子"都必须在西方'大学'的知识分类的规范与架构下"从事学术活动。中国老学术传统的研究"必须栖身在新制'大学'的殿堂之下"，"依照西方'知识'活动的格准来进行"[1]。诚如两位教授所言，现代社会专业化、知识化之大流几乎势不可挡，高度专业化的学

1 袁保新：《一九一二年——兼序〈从海德格、老子、孟子到当代新儒家〉》，台湾《鹅湖月刊》2008年6月第396期，第12—13页。

院教育和社会分工的确绝非孔子哲学传统的社会土壤。但必须指出，据之断言中国老学术传统的研究就都必须在西方大学的知识化的规范与架构下进行，是草率并且不合乎事实的。牟先生吸纳康德批判哲学之洞见而论儒家的“道德的形而上学”，完全是依圣人智慧而建立的哲学系统，并不是照搬康德的术语来套中国传统哲学，也并非跟从西方哲学的分类架构来讲“形而上学”。并且，如我们已一再申论，依照康德的新形而上学含义，真正的形而上学并不是理论的、知识论之事，而是实践的、自由意志之事。在这个意义上，我们就能见到儒家有其形而上学，这形而上学不需要知识论，但并不等于说儒家忽视知识论。尽管康德在《纯粹理性批判》处理西方传统知识中产生诸种错误，并建立超越的知识学，但我们仍然清楚地见到，康德并没有把知识论作为哲学的根本任务。依据康德，哲学的任务在探索、建立自然之常、人性之常。这一点儒家哲学与康德是相同的。康德哲学与儒家哲学皆肯定永恒的终极目的——圆善，由此确立哲学的使命感。哲学不是理智的游戏，不是语言的魔术，也不是永无休止地走在半途中。

不必否认，天下滔滔，要在现实中行孔子的道路极其艰难，但恐怕并不能因之以为自此一切学术就只能是知识化的成品；儒者不为知识化的时代潮流裹挟，致力揭明孔子哲学传统之为人之真实存有之学、“人能弘道”之学。这讲学的工作本身就是“即本体即工夫”的实践。物质化的潮流确实难以逆转，但不必就是如郑先生所言“注定”“不可逆转”。岂知，儒者“狂狷”乎？子曰：“不得中行而与之，必也狂狷乎！狂者进取，狷者有所不为也。”（《论语·子路第十三》）今日社会土壤不合人性之常、社会之本，我们岂能以此为口实否决孔子哲学之意义，从而斥责研习宣讲孔子哲学者为无用的空谈?!

第四课

预告的人类史

到底人类为何需要哲学呢?

今日，物质化的文明社会已然使人感到其实存之累赘，但人们鲜有反省到主流社会一直奉行的哲学。依照某些流行的西方思维，见人有私欲，即判定只有私利原则能作为人行事之动力。只凭人现实上有犯罪的事实，即判定人有原罪，人是堕落的，非经由超自然力救赎不得超生。社会奉行人本质上败坏的哲学，并以此原则置定人，人认不出有任何理性的目标，一切行为的动力都是个人自私的欲望，世界的终结就建立在人类本性的腐化这一见解上。依照这种哲学，“世界末日”就是人必定的终结。

假若人们执持人本质上败坏的“世界末日”的观点，那么，实在说来就不会有人性之常、自然之常的基础哲学。人们把人性中本具的真实的普遍性抹杀掉，在人的行为中真实表现的道德动力被贬斥为虚构物而摒除掉，在人们眼中，只有“必然地反映出行为者的基本需要和个人眷恋”的利益关切才能成为行为的动力。[1]他们拒绝承认道德法则（天理）在人的本性分定中的真实作用，也拒绝承认善的意志之纯粹性在人的真实自我中有其地位。一句话，他们只认现实世界中存在的人是纯然的特殊者，以为只有个人的欲望、特殊的利益是行为的动力。如此一来，果真如某些哲学教授所言，不同的人有主张不同的哲学之“自由”。一些哲学家就以人现实上有坏和罪的表现为口实，把“人性中一切优秀的自然禀赋”否定掉，以图让人的优秀禀赋永远沉睡。以此，我们可以指出，人是被坏的哲学家和政治家教坏的。

但是，我们还可以指出，人本质上败坏的“世界末日”的观点是站不住脚的，甚至是违反常情的。无论这种观点有多么悠久的历史，借助神谕取得何等权威的影响力，如康德在《论通俗的说法》结尾中说：“既然人性之中对于权利和义务的尊敬总是活生生的，所以我就无法也不愿把人性认为是那么地沦于罪恶，以至于道德-实践理性在经过多次失败的尝试之后，竟不会终究取得胜利并表明人性还是可爱的。”（KGS 8：313）在《德性形而上学》中也讲过：尽管“人还不够神圣”，“但人毕竟感到自己作为道德的生物”，“人按照自己的人格中的人性考量自己”，他就“神圣得足以不愿意违背内在的法则”。（MS 6：379）此即孟子说：“心之所同然者何也？谓理也，义也。圣人先得我心之所同然耳。”（《孟子·告子章句上》）“虽存乎人者，岂无仁义之心哉？其所以放其良心者，亦犹斧

1　Allen Wood，“The Emptiness of the Moral Wil”，Monist，1989，p.467.

斤之于木也，旦旦而伐之，可以为美乎？……人见其禽兽也，而以为未尝有才焉者，是岂人之情也哉？”（同上）“欲贵者，人之同心也。人人有贵于己者，弗思耳。”（同上）

无论在人类的进步过程中，“才能、技巧和趣味（连同其后果，即逸乐）的培养，自然而然地跑在道德发展的前面”（KGS 8：332），“人们的所作所为时常是由愚蠢、幼稚的虚荣，甚至还往往由幼稚的恶意和毁灭欲所交织成”（KGS 8：17），以此为口实，西方中心主义者义正辞严地主张人只为个人存在的至高无上的权利，社会盛行“当下即是”，莫问前景；随着感觉走，人生甚至只是过把瘾；或许也想到“爱”“宽恕”，以便“心安理得”，或以此取得进入另一个世界（彼岸：天国、净土）的入场券。总之，他们只作为“个人”，不会为现代人的心灵日益偏枯而难过，不会为现实世界的困境担忧，更不会为子孙后代的前途忧心，根本不会想到要问人类（整体）是否不断地朝着改善前进。

但是，如康德所洞识，人事实上具有实现自身目的的理性，“理性是一种要把它的全部力量的使用规律和目标都远远突出到自然本能之外的能力，并且它不知道自己的规划有任何的界限。…… 理性需要有一系列也许是无法估计的世代，每一个世代都得把自己的启蒙留传给后一个世代，才能使它在我们人类身上的胚芽，最后发挥到充分与它的目标相称的那种发展阶段”（KGS 8：19,《普遍历史理念》）。个别的人，甚或个别的民族，当他们各自按照自己的心意，追逐其各自的意图，总是互相对抗，甚至自己的心意也总是一个违背另一个。究其实，人性中运用其理性的优秀的自然禀赋，并不是在个体中，而应当是在类中完全得到发展。

从个别的人，甚或个别的民族看来显得杂乱无章的东西，“在全体的物种上却能够认为是人类原始的禀赋之不断前进的，虽则是漫长的发展”（KGS 8：17）。此即康德提出预告性的人类史，它建基于人类的意志自由，也就是建基于人类的理性。他说：“如果要问人类（整体）是否不断地朝着改善前进，那么它这里所涉及的就不是人类的自然史（未来是否会出现什么新的人种），而是**德性**史了；而且还确乎并非根据**类概念**，而是根据在大地上以社会相结合并划分为各个民族的人类的**全体**。”（KGS 7：79）一部预告性的历史“涉及人类结合的全体”（KGS 7：87）。正如雅斯培（K.Jaspers）所言，康德的历史哲学是指导历史的哲学，而不是像黑格尔式的历史哲学那样建构一个“没有未来以及对自由的诉求”的普遍历史。[1]

孔子哲学言“仁者，人也”“人能弘道”，就包含着依于“仁”（即本心良知天理之自由成就人，同时创造道德世界）而开展的预告性的历史。依康德提出的道德的预告人类史，人类必须不断启蒙，从知性启蒙再进至理性启蒙，也就是从文明化进至道德化。回顾中华民族的历史，我们可以指出，早在两千多年前，孔子出而提出文明（个人德行和社会德性即合理行为规范）之根及真实生命之源——“仁”，中华民族的文化生命就从周代的高度文明化提升到道德化，理性文明从此在中华民族的生命中确立，无论我们这个民族在历史的磨难中遭遇何等内忧外患的沉重打击，甚至看来这个民族的大

1 K.Jaspers, *Die Grossen Philosophen*, (München: R. Piper&Co.Verlag, 1957) S.583. 中译见：赖显邦译《康德》，台北：久大文化，1992年，第282页。

批精英和大众都义无反顾地唾弃华夏文明，人们相信必定要洗心革面，全盘接纳西方主导的现代文明，否则中华民族就要在巨浪滔天的物质文明中遭灭顶之灾了。诚然，不必讳言，中国社会从农业社会转型至工业社会连同其带来的现代文明，从世界史上看，这个转进是被动的和滞后的，因而它要面对的问题和经历的苦难都远超过西方民族为物质文明付出的代价。但是，倘若历史的艰难真能消灭孔子哲学传统，那么孔子创发的文明就不会是理性的文明，中华民族就不会是一个有生命的民族。实情绝非如此，只要能正视中华民族发展的历史，我们就能如实见出，在艰难的历史进程中，历史之反动从来就没有能损害孔子哲学传统的根，也没有动摇一批接续一批有识之士“为往圣继绝学”的决心。此乃“斯文在兹”之慧命相续。《论语·子罕第九》云：“子畏于匡，曰：文王既没，文不在兹乎？天之将丧斯文也，后死者不得与于斯文也。天之未丧斯文也，匡人其如予何？”曾子曰：“士不可以不弘毅，任重而道远。仁以为己任，不亦重乎？死而后已，不亦远乎？”《论语·泰伯第八》

析疑与辩难

问： 有学者提出：从西方哲学史来看，各种哲学学派对理性有各自不同的理解，不必独尊康德。

答： 无疑，西方哲学史上，有柏拉图所言“理性”，也有亚里士多德所言“理性”。柏拉图以为人类理性“必须千辛万苦地通过回忆（这回忆称为哲学）去唤回旧有的、如今已极其模糊的理念”（A313/B370），并以之制造出一个孤立于现象界之外的世界。亚里士多德则致力消除这种二元对立，将理性理解为“人类灵魂特有的形式”，并开启了西方哲学史上以概念、判断、推理等思维形式归属理性的理论认识传统。大体上，西方传统讲理性，不是归于柏拉图的唯理论路数，就是依据亚里士多德的经验论。正因为哲学家们对理性的理解各持己见，人类理性陷入种种永无止境的矛盾中。（Aviii）人类理性为种种由自身的本性提出的问题所烦扰，却无法回答它们，因而跌入了黑暗与矛盾。这些黑暗与矛盾是以“某些隐蔽的错误作为基础”，但理性却不能揭示这些错误。形而上学（哲学）一直是无休止争吵的战场。（Aviii）康德说：“哲学充满着各种错误的定义，尤其充满这种定义，即虽含有所需要的某些要素，但仍是不完全的。”（A731/B759）此所以康德洞见到：哲学要走上一条科学的确当途径，就要结束一直以来人类理性跌入其中的黑暗与矛盾，而这就要“从理性的一切纯粹先验认识方面研究理性的能力”。康德考察前人关于“理性”的理解，汲取其洞识，并揭发其偏颇和缺失。康德批判哲学研究了“人类心灵的特殊机能之根源、内容与限度”。（KpV 5：12）它分析了人类心灵的特殊机能（知、情、意）之每一细部，以及因着部分之从整全之概念而引申，去观看那一切部分为相互地关联者。（KpV 5：12）因而可以说，康德对于“理性”的把握由批判哲学的全部成果来保障：首先就知性在自然领域自立法则的事实揭示现象的经验实在性；据之把知性与在意欲机能中立法的理性区别开，以揭明在实践领域理性的真实使用，并且它就是自立道德法则并遵循道德法则而行的意志自由，因而就包含道德的创造性。

诚然，众所周知，康德之后，哲学界并未接上康德的洞见。德国观念论者追随的依然是西方传统种种独断的观念论。以至于西方现代哲学摒弃其传统的独断观念论的同时，不分青红皂白地把康德算在唯理论中一并排除掉。我们知道，德国哲学家哈贝马斯（Jürgen Habermas）就把康德的理性观概括为一种排斥性的理性模式（exclusion model of reason）。在现代哲学中，“理性”之创造性意涵被剥夺掉，而贬为一般而言的“合理性”而已。

但我们可以指出，无论不同的哲学家对“理性”有着多少种解说，甚至自相矛盾，仍不能否认康德所说：“只有一种人类的理性。”（MS 6：207）此即孟子所说：“口之于味也，有同耆焉；耳之于声也，有同听焉；目之于色也，有同美焉。至于心，独无所同然乎？心之所同然者何也？谓理也，义也。”（《孟子·告子章句上》）唯独康德通过批判考察揭明感性、知性、理性为根源自同一心灵机能的三种能力，并区分开两种不同的认识：知性决定普遍的自然法则而确立理论的认识；理性独立不依于自然因果性，而在意欲机能中立法，确立可普遍传通的实践的认识。亦唯独揭明理性在意欲机能中立法的活动，人类自身创造一种预告的历史的可能性根据始得以揭明。

问：有学者认为康德是废学，孔子亦已经成了历史。

答：诚然，众所周知，现代哲学摒弃传统的形而上学，包括其统一性思维、唯心主义、基础主义和逻各斯中心主义；却完全没有注意到康德对于传统形而上学的彻底颠覆。今天的哲学家已然对于探讨纯粹的哲学思维失去兴趣，只是主张面对各种文化意义领域，关注语言学或者其他指意符号系统与现实世界的关系。哈贝马斯就指责康德采取抽象形式，把理性和生活世界隔离，因之以为康德哲学对于改变现实世界毫无作用。

我们也知道，孔子哲学传统被国人视作封建遗物而唾弃掉。汉学界不乏人追随西方思想家汤因比津津乐道于华夏文明“只开一次花”之说。美国的著名史学家列文森（Joseph R. Levenson）在其大作《儒教中国及其现代命运》（Confucian China and Its Modern Fate，1965）末尾《结论》那一小节中，一开首就断言：“儒教最终成为历史，这是因为历史已超越了儒教。”[1]在《结束语》更以“博物馆中的陈列品”来做比喻，说：“孔子也在共产主义的中国露面了，但他是作为一个历史人物而露面的 —— 他或许是一颗耀眼的星星，然而这颗星星已成了历史。”[2]国人中不乏追随西方主导的现代化大流，将孔子哲学与旧传统、旧社会、旧制度混为一谈。西方众说纷纭的意识形态中，自由主义是影响国人最深的一种。依照自由主义的意识形态，要么是维护西方式的资本主义和民主操作，要么就是专制极权，依照这种二分法的粗浅思维模式，就把孔子传统斥之为专制主义、保守主义。

事实上，若学者们以鼠目寸光的头脑，死盯着经验，抱持经验原则不放，则不会看到也不能承认理性的理想，难免

---

1. 列文森：《儒教中国及其现代命运》，郑大华、任菁译，桂林：广西师范大学出版社，2009年，第340页。

2 列文森：《儒教中国及其现代命运》，第352页。

以为孔子和康德哲学已不合时宜。诚然，我们的时代是经验论、实用主义、功利主义为主导的时代，要说孔子、康德的哲学与我们的时代格格不入，无所施其用，也并不算错。但是，这样的思维方向是否就没有问题呢？难道我们就只能问孔子与康德哲学是否合乎现代社会的现况，就不能反过来问我们的社会应当如何改进以符合孔子与康德哲学所标示的方向？人要克服流俗、平庸、颓堕而生之病痛，除了扭转我们的哲学，培育刚健、超越、创造的生命，难道还能有别的指望吗？孔子与康德哲学不仅是一门可供研究的学问，而是每一个人“安身立命”之所在。明乎此，则可知孔子与康德哲学非但没有过时，而是其时代仍未到来。它们指向一个由人类自身创造的预告的人类史。

第五课

常道：孔子哲学

前面几课一直在申论，孔子哲学是基础哲学，并借康德批判哲学来阐明。据此，我们了解到，基础哲学并非西方哲学传统中的“基础主义”“本质主义”“绝对主义”。西方传统所谓“基础”“本质”“绝对”，均是理论认识范围的、思辨的、抽象的概念。而孔子哲学之为“基础”，此基础是人性之常、自然之常，亦可名之为“常道”。常道之为常道，就是说，它是人与天地万物遵循性分而行的进程，这个行程是真实的。用《易》的话语说，就是生生不息，“生生之谓易”（《周易·系辞上传》）。用《中庸》的话语说，就是：“天命之谓性，率性之谓道。”

“天命”意指“必然之分定”，“天命之谓性”理解为“必然之分定叫作性”。以“必然之分定”而言性，意同孟子从四端之心言“性”乃“天之所与我者”。“必然之分定”用康德的话说就是：“‘本性’从最一般意义上理解，就是物在法则下的实存。”(KpV 5：43)就天地万物而言，“本性”就是在自然法则下的实存。人不仅依自然法则而行，而且人还是在自由法则(道德法则)下的实存。此即康德说：“‘本性’(Natur)这个词(像通常那样)意味着自由行动的根据之对立面，那么，它就会与道德的善或恶之谓词截然对立。…… 我必须说明：我这里把人的本性(Natur des Menschen)仅仅理解为(遵从客观的道德法则)一般地运用人的自由的先行于一切在感官中被察觉到的行为的主观根据。”(Rel 6：21)这样，人属于两种法则下的实存，在与他自己的“在道德法则下的实存”相关联时，他必定只以崇敬来察看他自己的最高的分定，以及以最高的尊敬来察看这分定的法则，以此唤醒尊敬的人格性理念(Idee der Persönlichkeit)，将人的本性之崇高性(依照其分定)陈于自己眼前。(KpV 5：87)哪怕是最无教养与低劣的人，都能经由自我省察而证明：心灵的独立性与心灵伟大是我们心的特质，是心灵对道德兴趣的接受性，同时是德行的动力。(KpV 5：153)此义同孔子说：“为仁由己。”(《论语·颜渊第十二》)“我欲仁，斯仁至矣。”(《论语·述而第七》)

人既是在自然法则下的实存，同时也是在道德法则(天理)下的实存。此义即《诗·大雅·烝民》云：“天生烝民，有物有则。民之秉彝，好是懿德。”《孟子·告子章句上》云：“诗曰：‘天生烝民，有物有则。民之秉彝，好是懿德。’孔子曰：‘为此诗者，其知道乎！故有物必有则，民之秉彝也，故好是懿德。’”

在《中庸》第二十章“答哀公问政”中，孔子提出：“修身以道，修道以仁。仁者，人也。”“仁者，人也”，就是说，“仁”是人之为人的实存之本性，也可以说，成就自身内在之仁，是人之为人的分定。此所以孔子说："修身以道，修道以仁。"亦即《中庸》云："率性之谓道。"此言"道"不离天命之性(即人的必然之分定)。此所以称之为"常道"。此即儒者言："德配天地，道冠古今。"

"常"，恒也，久也；永恒不可移易也。"道"，天地万物率性而行之进程也。"常道"不可须臾离，"可离非道也"。(《中庸》)此即熊十力先生所说：

> 六经究万有之原，而言天道。天道真常，在人为性，在物为命。性命之理明，而人生不陷于虚妄矣。顺常道而起治化，则群变万端，毕竟不失贞常。知变而不知常，人类无宁日也。[1]

现代人多注目世事变幻，而忽略性理之常，此看来正是现代社会种种困局与险象横生的根源。老子说："复命曰常，知常曰明。不知常，妄作凶。"(《道德经》)此所以《易传》主恒常。《周易·彖下传》云："恒，'亨，无咎，利贞'，久于其道也。天地之道，恒久而不已也。""日月得天而能久照，四时变化而能久成。圣人久于其道，而天下化成。观其所恒，而天地万物之情可见矣。"[2]《周易·象下传》云："恒，君子以立不易方。""'不恒其德'，无所容也。"[3]朱子说："理之常也"，"故

---

1 熊十力：《读经示要》，台北：广文书局，1960年，第1页。

2 朱熹：《周易本义》，北京：北京大学出版社，1992年，第99页。

3 朱熹：《周易本义》，第123页。

深以常理求之”，“常久不易，正而固矣”。[1]“恒，谓有常久之德。”[2]“贞，正也，常也，物以其所正为常者也。”“天下之动，其变无穷，然顺理则吉，逆理则凶，则其所正而常者，亦一理而已矣。”[3]

如康德所言：“理性在事情取决于我们的智性的实存的法则（道德法则）时不承认任何时间的区别。”(KpV 5：99)孔子哲学是理性本性之学，孔子哲学传统是理性文明的传统，援用康德的话说：这个理性文明的传统是“建立在完全可靠的基础之上的、是永远固定了的、在未来的一切年代里都是人类最高目的所不可缺少的”。[4]它能够在一切人之间取得普遍传通性的根源及途径，“将尽未来世保持此不可变更性”(Bxxxviii)。无疑，历史流变中，道行，或道不行，并非单由孔子哲学可以决定的，历史的曲折有更为复杂的因素，此所以孔子曰：“道之将行也与，命也；道之将废也与，命也。”《论语·宪问第十四》孔子哲学传统是扎根于人类理性本性的常道之传统；既为常道之传统，就绝不会因为历史中“道不行”或现实中“道之废”而失去其真实性和客观有效性。用康德的术语说，常道之传统是“原型”，这个原型是从每一个人的真实生命（仁）出发扩充至外王（由道德者结合的理性文明之整体），并指导人努力朝向“为万世开太平”（张横渠语）之终极目的永不停止地前进。这个传统就其作为理性之理想而言，它是人类努力

1 朱熹：《周易本义》，第44—45页。

2 朱熹：《周易本义》，第132页。

3 朱熹：《周易本义》，第152页。

4 参见康德撰《关于与费希特知识学关系的声明》结尾。这个声明收入《康德全集》第12卷，公开信第六封。

趋近之目标，即便它在历史中从没有实现过。人本来就不应该以完美主义的观点去评价“原型”在现世中的实现，如康德已经指出：即使理念总是不可能完满地实现，“但理念毕竟是完全正确的，这就将这种最大值提升为原型，以便根据它使人们的法律状态越来越接近最大的可能性”(A317/B374)。

尤为重要的是，孔子哲学传统之为“常道”，它是扎根于“仁者，人也”，亦即源自人之真实存在之“常体”;“常体”不是西方传统哲学中在人之外的绝对不变的东西，“常道”也不是在人之外的恒久不变的道；由“常体”“常道”而产生的理念（原型）不会是思辨理性之“只是理”，而是“仁”之为创生实体，必然合自然之常与人性之常而创造的原型。用康德的话说，它是“理性的理想”，对每一个人有效；因为它产生自每一个人的自由意志(即人之实存之常体)。

康德通过其艰巨的批判工程，将理性在意欲机能中立法之绝对的普遍性及必然性（Gr4：389）与经验意义的通过归纳而来的普遍性，以及三段推理的普遍性区分开。经验属于知性立法下的现象界，“经验的普遍性只是把大多数场合中适用的有效性任意地扩张到一切场合上都适用的有效性”(B4)。而理性的思辨使用借三段推理得到的普遍性，只就“外延之完备的量”而言，也就是说，只是“逻辑的普遍性”。(A321/B379)唯独理性的实践使用，独立不依于自然因果性，而在意欲机能中立普遍法则，显现自身禀具的自由因果性；理性立法统辖的领域是实践认识的领域，自由因果性连同其立法具“绝对的必然性”，对一切有理性者（人包括在内）有效，其产生的对象（圆善）也是绝对必然的，将自然与自由的协调一致实现于世界上，也是对一切人而言有效的义务。此即结合自然之常与人性之常而论的“常道”之学，亦即“实践的智慧学”。

孔子哲学传统中并无西方哲学那种先从理论认识入手讨论普遍性、必然性的做法，它从一开始就是人性之常与自然之常综合一贯的立论。其根源智慧与康德通过批判而确立的“实践的智慧学”若合符节，同是揭明常道以应万变，指示人朝向实现人类伦理共同体而努力的进程。

析疑与辩难

问：尽管普遍主义与相对主义的争论于西方哲学传统中源远流长，但时至今日，时代风气盛行相对主义，讲哲学的人对“普遍”、“必然”这两个词也大多早就厌弃了。讲“常道”还有意义吗？

答：诚然，今日世界，就连自然科学家也强调“几率”“似真性”，哲学家要对人们说明“普遍性”“必然性”的合法性，实在十分困难。倪梁康教授就说：“我不知道是否可以说，最普遍的和最严格意义上的普遍性，已经因哥德尔的不完备定理的提出而遭受了彻底否定的命运。”[1]他又说：“胡塞尔后来的海德格尔不去讨论普遍性的问题，包括德里达也没有讨论。我也没有看到过有谁再讨论普遍性这个问题，我感觉是因为这个问题没有解。”[2]究其实，若普遍性这个问题真的没有解，

---

1 参见陈嘉映主编《普遍性种种》，北京：华夏出版社，2013年，第59页。

2 陈嘉映主编:《普遍性种种》，第69—70页。

亦即放弃了“普遍性”“必然性”的合法性，也就无异于放弃哲学了。但我们可以指出，康德的批判哲学早就周全地解答了西方哲学传统中引发无穷争论的“普遍性”“必然性”的合法性问题。

康德敏锐地揭穿了西方哲学传统固守着的一个思维模式，那就是以“一切我们的认识必须以对象为准”来定客观性，据此坚持客观性、普遍性、必然性必须到外在客体中寻求。康德的批判考察已经根本扭转这种旧式的观点，转而提出“对象必须依照我们的认识”(Bxvi)。依批判哲学的观点，“客观的”不能混同于“客体的”，我们根本无法离开主体而论“客观性”；如果我们不能首先探明主体中包含的普遍性、必然性，那么，任何外在客体的客观性、普遍性、必然性的主张都只是独断的宣称，那只能使哲学成为制造虚妄的温床。

康德的批判哲学彻底扭转西方哲学传统上论主客关系的旧有思维模式，提出了全新的思维方法，那就是：主体(无论其认知机能还是实践机能)有着具普遍性和必然性之形式，由之将客观性收归主体，因而揭示出主客合一的客观性。主体中包含的普遍性和必然性，也就是主客合一的主体中的客观性。康德经由对人类心灵机能(知、情、意)作为有着共同源初的心灵主体之批判考察，建立起主体的先验的整全结构。

康德既论明知性立法下成立的理论认识的经验的实在性，亦即表明自然科学领域的知识之普遍性、必然性毕竟是相对的，也就是对于人类认识力而言。繁多的自然形态，它们并不能通过纯粹知性先验立法所供给的诸法则所决定(KU 5:179)，“经验的法则按照我们知性的洞识来看可能是偶然的”

(KU 5: 180)。明乎此，则可知，自然科学论域中所言普遍性属于理论哲学，当其研究的自然形态不能纳入我们的先验立法中，则对我们人而言就是偶然的。无论是数学方面的哥德尔的不完备定理，还是物理学方面的测不准定理，非但不能用以为口实来否定最普遍的和最严格意义上的普遍性，相反，此二定理正佐证了康德所揭明：经验并不能有真正的严格的普遍性，而只能有通过归纳而来的假定的而且是比较的普遍性。在数学和自然科学中，人类理性虽然承认限制，但不需要有界线。数学认识的扩展和不断发明的可能性是无止境的；我们对自然界的新性质、新力量和法则也是不断得到发现，这种前途也是无止境的。(Proleg 4: 352)

依西方传统，学者们只承认自然科学为“科学”，也就是只见到理论认识的普遍性，而未能见及道德哲学和形而上学的普遍性。其实，康德已破除这种偏见，他通过批判作出“理性之理论的认识”与“理性之实践的认识”之区分：前者“只是决定对象及其概念”，后者“还要把对象现实地创造出来”。(Bix)通过《实践理性批判》，康德说明了“实践的认识即单纯处理意志的决定根据的认识”(KpV 5: 20)，而纯粹实践理性在意欲机能中立法，亦即“给予(人)一条我们名之为德性法则的普遍法则”(KpV 5: 31)。实践认识“包含着真正的普遍性和严格的必然性”，乃根源于“具有绝对的必然性的”道德法则。道德哲学和形而上学的普遍性亦由之得到解答。

实践的哲学里，道德法则不像自然法则那样“基于感触的条件”，“而是基于一个超感触的原则”。(KU 5: 173)“由于其原则根本不是借自任何时候以感取为条件的自然概念，因而是基于仅只自由概念才借着形式的法则使之可认知的超感触的东西，所以是道德的 — 实践的”，“而且独立不依于与目的和意图先行发生关系就已是法则”（KU 5：173），据此，我们才能够“在哲学的理论的部分之外完全独立地要求一个另外的部分——名之为实践的哲学”（KU 5：173）。尽管众所周知，哲学界之主流迄今仍然固守西方传统的偏见，拒不承认实践的认识作为一门科学而独立于自然科学之外。

在西方哲学主客二分思维模式的桎梏下，普遍性难免要沦为“无解的问题”，康德费大力气作出三大批判，以破除旧思维的桎梏，历尽艰辛说明了理论认识的自然领域内的普遍性和严格的必然性，以及实践认识的自由领域内的绝对的普遍性和严格的必然性。我们可以指出，康德几经艰辛确立的实践智慧学，正好为孔子哲学之为“常道”做周至的说明。

问：有历史学教授说，历史不断变化，讲“常道”与历史事实不符。他举例说，人类的祖先群婚，经过环境、生活条件的变化和历史的变迁，今天就不再流行群婚了。

答：如果人们采取历史主义的观点，那么，他们就无可避免地只对史实做历史的判断，而不会对历史作出道德的判断。原始时代的群婚演变至近代的一夫一妻制，依历史主义者看来，就是一系列史实与历史条件之记载，其中并无从人类事务演变过程中揭示一个自然意图的尝试，更不会看见人及其活动中有着理性的自有意图。但我们不禁要问，若依照这种历史观，人类活动既不是像动物那样仅仅依照本能，也不是依照其原初的禀赋（理性）在全体的物种上不断前进；从世界历史的大舞台来看，一切归根究底都是由愚蠢、幼稚的虚荣，甚至还往往由幼稚的恶意和毁灭欲所交织成，尽管也会发现个别人身上随处都闪烁着智慧。那么，人类的前景何在？

与人的性本能及人种保持、繁衍相关的婚姻史，难道就是个别主体上看来显得杂乱无章的东西的大杂烩？今日人们接纳同性婚姻，以为主张异性婚姻是过时的偏见，医生、专家也说，旧日以同性恋为病态，乃不合理的习俗，有违人权原则。我们反对歧视同性恋者，因其为某些人生而有的特殊性取向，但不能据此判定同性恋是人生而有之权利。此理本来明白。但是，我们仍然不得不担忧，今日专家统治的世界，若专家们都放失本心天理（即视道德原则为无物），只依从流行的意见行事，而贬“常道”为封建专制遗产，他们凭什么表明他们有资格为社会立法呢？若专家们不认天理，不循常道，我们无法预测，他们是否也会有朝一日宣布兽交、乱伦、娈童癖是合理的性本能，只要人们能使这些行为不影响别人？！

除了人类，任何物种其个体的性本能都依照不变的方式与其类的繁殖必然相关，唯独人，有着“一种能够把自己扩展到一切动物拘禁于其中的限制之外的机能”（KGS 8：112）。实在说来，这种机能就是理性。“理性是一种要把它的全部力量的使用规律和目标都远远突出到自然本能之外的能力，并且它不知道自己的规划有任何的界限。”（KGS 8：19）除了人类，任何物都依照本能而存在，此即康德所说：本能是一种“一切动物都顺从的上帝声音”（KGS 8：111）。当人第一次“去刁难自然之声”，“第一次去尝试作出一次自由的选择（einer freien

Wahl）"（KGS 8：112）。"他在自身发现一种机能，即为自己选择一种生活模式，不像别的生物那样受制于唯一的一种生活模式。"（KGS 8：112）此所以，天地万物中，唯独人类有历史，并且，历史是人自己创造的。但是，当人第一次尝试作出了自由的选择，他还根本不知道如何去选择那些对象，原来是本能为他指定了的各个对象，如今却展开了一种无限性。（KGS 8：112）当人一开始尝试摆脱自然本能的束缚而运用自己的自由时，并不知道"应该如何用自己这种新发现的机能行事"，"他可以说站在一个深渊的边缘"（KGS 8：112）。此所以，人类自己创造的历史是："从本能的学步车过渡到理性的指导，一言以蔽之，从大自然的监护过渡到自由状态"（KGS 8：115），也就是，人类逐步摆脱野蛮的无法则的自由而实现道德法则下的自由。并且，如康德指出："自由的历史从坏（Bösen）开始，因为它是人的作品。在运用其自由时只关注自己的个人来说，在发生这样一种变化时有所损失。"（KGS 8：116）人从无知因而是无辜的状态走出本能的第一步，"在德性方面是一种堕落；在自然方面，一大堆从来不知道的生命灾难就是这种堕落的后果，因而是惩罚"（KGS 8：115）。"当理性刚开始自己的工作，并且无论怎样软弱也与动物性及其全部力量发生冲突时，就必定产生灾难。"（KGS 8：115）但我们可以指出，若有学者据此断定历史只是一连串杂乱无章的个人与人群活动的演变记述，那么，他所抱持的这样一种历史观是表面的、片面的，而且是短视的。在人类历史进程中，假若果真没有"作为一个德性的物种的人类的禀赋"（即理性）在起作用，假若人的意志自由的作用在整个类那里尽管不是缓慢但能够作为其原初禀赋不断发展；也就表示说，人只是以任意的、胡作非为的方式来反抗本能，那么，我们找不出什么理由来说明人类为何仍未遭灭种之灾，何以世界末日之预言历时长久仍未兑现？

诚然，如我们所见，近代文明以来，人越来越趋向放纵地违背本能，尤其在“大自然借以照料种属保存的性本能”上，人力图把“性本能”与人之种属保存脱钩，以满足纵欲的需求。代孕行业大行其道，将怀孕和生孩子变成赚钱谋利的交易而剥削妇女，学术界的“自由市场优生学”配合着“基因超市”，生物医学研究无可避免地与以攫取暴利为原则的市场经济联手，胚胎农场、体外受精生育诊所、人工生物制品、干细胞行业，应运而生，卵子及受精卵、胚胎的交易，其后果就是生命商品化。众所周知，美国生物工程科学的快速发展，已埋下了与人类整个物种之存亡休戚相关的定时炸弹。自然科学本来理应有益于人类生存条件之改善，但是，现代文明瞎了“理性之眼”，也就无能审查和保障“科学共同体的普遍秩序”，以防止科学的发展远离人类的首要目的与永恒福祉。

俗语有说：“置之死地而后生。”现代文明就像高速驶向悬崖的火车，这个危机是否正是开启人类从文明化转进至道德化的契机呢？在危机的时刻，人们或许易于见到理性的光明，常道也不会被人们视之为无物。

第六课

人的自我置定：仁者人也，人能弘道

“仁者，人也”并非一个分析命题，不是逻辑地说人就是仁者；而是意指每一个人成就自己为仁者，此乃人之为人的定分。依此，我们可以说，“仁者，人也”包含着“自我置定”（Selbstsetzung/self-positing）之原理，与康德自我置定学说中的“实践的自我置定”若合符节。

实践的自我置定就是：人自身决定，人站立在天地之间有能力并必须使自己成为什么。北宋儒者陆象山云：“上是天，下是地，人居其间，须是做得人方不枉。”（《宋元学案·象山学案》）又云：“人生天地间，为人自当尽人道。”（同前揭书）

我置定我自己为一个“人”（as a person），也就是说，不仅是理论的自我置定，不只借着认识主体之自我构造在经验主体之自我置定中把自己决定为经验的客体；并且置定我自己作为有权利与义务的一个人。使我自己成为一个“人”，而不仅仅是一个外部感取的客体、纯然自然的有机体，甚至不只是懂得技术地运用理性来满足其特殊偏好的合理性者，而是成为道德者，也就是说，成为一个“仁者”。成为一个“仁者”，依孔子“成人”之教，就是以“己欲立而立人，己欲达而达人”为最高道德原则，以“克己复礼”为依最高道德原则而行动的格准。孔子言“仁”之本质的首出义就在于：人自身普遍地立法的能力，以及自身同时服从这种立法，并依其所立普遍法则为行为格准，以产生行动。

“夫仁者，己欲立而立人，己欲达而达人。”（《论语·雍也第六》）可以说是道德最高原则的表达，这个表达式堪称道德金律（golden rule），因为它显示出适用于一切人的那种普遍性，它对一切人具有一种“无条件的实践的必然性”。此中所言“己欲”，通于“立人”“达人”，是道德最高原则决定的“意欲”。依此，我们可以说，这“己欲”是高层的意欲。意欲力之为高层的意欲机能，与一己私欲及经验的意欲机能区别开，其根本在于这种意欲力自身包含普遍立法。“己欲立而立人，己欲达而达人”这一最高的原则与高层的意欲力相关；用康德的词语表达，它是“行为一般的普遍合法则性”（Gr 4：402），它的表达式就是：“我决不应当以别的方式行事，除非我也能够意愿我的格准应当成为一条普遍的法则。”（Gr 4：402）

“克己复礼。”（《论语·颜渊第十二》）此即道德行为的最高格准。孔子言“克己复礼”，克，约束也；克己，自我约束；复礼，回到礼。在孔子哲学中，礼，以及分言之仁，及义、智，皆“仁”所内涵，故此，“克己复礼”中所言“礼”不能理解为一般所云习俗中一套套的外在的社会规范。礼，人伦之常也，天地之序也，序即群物皆别也。“克己复礼”就是：自我约束，以归于常序。此乃出自每一个人自身的人心之仁的最高道德原则而有的行为格准，对一切人无条件地有效，因而是普遍必然的命令。此所以孔子说："克己复礼为仁。一日克己复礼，天下归仁焉。为仁由己，而由人乎哉！"又说："非礼勿视，非礼勿听，非礼勿言，非礼勿动。"(《论语·颜渊第十二》)

我置定我自己为一个"人"，依孔子哲学，是统合人作为经验主体之自我置定与实践主体之自我置定而为言者，并没有如康德那样对人的自我置定作出哲学家本务必有的层层剖析，但就康德同时作超越的综和，先分说自然因果与自由因果而最终论自由与自然之综和而言，我们仍可指出，孔子哲学包含的人之自我置定的实践智慧与康德批判哲学包含的自我置定学说从根源的思维模式上是一致的。孔子说："君子上达，小人下达。"(《论语·宪问第十四》)朱注云："君子循天理，故日进乎高明；小人徇人欲，故日究乎污下。"(朱熹《四书集注》)孔子又说："下学而上达，知我者其天乎！"(《论语·宪问第十四》)朱注云："深味其语意，则见其中自有人不及知而天独知之之妙。……盖凡下学人事，便是上达天理。然习而不察，则亦不能以上达矣。"(朱熹《四书集注》)下学乃经验之事，人不能离其经验的身份，然人并不是纯然的经验的存在，人之经验中的行事，必定依于超越的根据，此即朱子注云："上达天理。"程明道说："须是合内外之道，一天人，齐上下，下学而上达，极高明而道中庸。"(《二程全书·遗书第三》)依此可说，凡下学人事皆依天理而置定，而人之成就自己为仁者，同样依天理而置定。此所以孔子说："古之学者为己。"(《论语·宪问第十四》)"为己"之"己"不能理解为"一己""个人"。"为己",也不能如通俗解释那样理解成为个人修养。"为己"意谓为了成就自己,成就自己同时成就他人,成就万物。此即《中庸》云:"诚者非自成己而已也,所以成物也。成己,仁也;成物,知也。性之德也,合外内之道也,故时措之宜也。"(第二十五章)又云:"唯天下至诚,为能尽其性;能尽其性,则能尽人之性;能尽人之性,则能尽物之性;能尽物之性,则可以赞天地之化育;可以赞天地之化育,则可以与天地参矣。"(第二十二章)

依道德法则成就自己为仁者,即依天理(常道)置定人之为"人"。道德法则(天理、常道)根于人心之仁,离开人心之仁的普遍必然性,我们不知道何谓天理、常道。"天""道"无非就是"仁"之绝对的普遍性和严格的必然性。此即孔子说:"修身以道,修道以仁。仁者人也。"(《中庸》第二十章《哀公问政》)"天""道"绝不是什么外在的形上实体,而毋宁说,人通过人心之仁的绝对的普遍性和严格的必然性置定了世界创造的最高者(天、道),依此,天地万物通过人心之万物一体之仁隶属于天(道)而被置定为道德目的论下的和谐一体之整全,即道德的世界。此道德的世界就是孔子所言"大同世界"。(见《礼记·礼运篇》)依于人心之万物一体之仁,"大同世界"置定为每一个人应当为其实现而不停止地努力的原型。这个原型作为理性的理想,无论人类需要经过多少个世代的曲折,努力不懈地向之而趋,乃是每一个人成就自己为仁者所同时自我置定的义务。

人心之"仁"既是人自身的自然机能,同时是每一个人自身禀具的独立不依于自然因果性，而自我置定并自我实现的自由因果性，这种自由因果性通过自身立普遍法则而显露，其作用置定人自身为道德世界的创造者，亦即幸福与德行配称的创造者。因此，我们可以指出，人心之“仁”是道德的创造实体，从而堪称“天”(道)的置定者，而把“人”置定为提升于一切物之上而惟一得有尊严者。据此可说，唯独人心之“仁”堪称具有内在的无条件的价值，它能够被无限制地视为善的，作为在自身就具有其全部价值的东西，亦即具有绝对的价值。此即孔子说：“好仁者，无以尚之。”(《论语·里仁第四》)“君子无终食之间违仁；造次必于是，颠沛必于是。”(同前揭书)

用北宋哲学家张载语，就是“为天地立心”，意指：天地以人心之仁为心；“为生民立命”，意指：以“仁者人也”为人的实存分定，以“人能弘道”为人的使命。此即孔子哲学传统之实践的自我置定之全蕴，依此而“为万世开太平”。

析疑与辩难

问：人为何要自我置定为仁者？有学者认为，“仁者，人也”有泛道德化之嫌，妨碍人的自由选择，与时代流行的多元化取向不合拍。

答：首先要明白，“仁者，人也”不是由外力(强权、神的绝对权威)或社会舆论强加于人的行为规范和教条。如我们一再申论，仁内在于人心，每个人将自身禀具之“仁”实现出来，就是成就自己为一个人。依此，我们可以说，“仁者，人也”是一个自我实现、自我创造的原理。这就是孟子说：“仁，人心也。”（《孟子·告子章句上》）人居仁而安，方能克服心猿意马之躁动不安，故孟子说：“仁，人之安宅也。”（《孟子·离娄章句上》）事实上，只要人善用而不是放弃其自身本有的能力，他就能“践仁”，就能“下学而上达”。此所以孔子说：“仁远乎哉？我欲仁，斯仁至矣！”（《论语·述而第七》）“有能一日用其力于仁矣乎？我未见力不足者。”（《论语·里仁第四》）用康德的话说，人心之仁及其产生的东西“任何时候都能够现实地在具体中被给予，虽然只是部分地被给予”。（A328/B385）因而，其客观实在性都是为了理性的实践使用而充分地证明的，“并不是那仅仅是纯然的理念的虚构的逻辑物”（KU 5：468）。现实中，人要体现人心之仁，总是受限制的，而且是有缺失的，但是，并不能因而否决“仁者，人也”乃是对人而言绝对完整之概念，我们之行事应当在其指导下。它表现了一种自由因果性，“因为它把其概念所包含的东西现实地产生出来”，因此，“总是极高度地有成果的，并在其关联于我们的现实行为中是不可避免地必要的”。（A328/B385）

道德性内在于每一个人（作为有理性者）的心灵，而并非专属一些具非凡道德品性之人。人心之仁是每个人自身禀具的机能，正如人有四肢百体，无有肯自戕者，人也不应当自贼其本心；道德无非是存此人人固有之人心之仁，以及遵循根于仁心之理义而行。此乃人之尊严所在，岂有自甘放弃自家的能力而自卑自贱者？！道德非由外铄，而可以说是每个人本有的这样一个思维模式：一、独立思考，也就是独立自主性，它标示一种永不消极的理性的状态。二、站到别人的立场上思考。也就是超脱判断的主观性和个人的诸制约，并且从一个普遍的立场（只有置身于别人的立场才能规定普遍的立场）来反思自己的判断。三、首尾一贯地思考。（KU 5：294-295，又见Logik 9：57，Anthro 7：200）用孔子的话说，就是“为仁由己，而由人乎哉？”（《论语·颜渊第十二》）“仁远乎哉，我欲仁，斯仁至矣。”（《论语·述而第七》）“仁者，己欲立而立人，己欲达而达人。能近取譬，可谓仁之方也已。”（《论语·雍也第六》）“吾道一以贯之。”（《论语·里仁第四》）

可以指出，事实上，人类唯赖培养每一个人本有的道德禀赋，始能够走出人与人相互斗争、互相败坏的自然状态，而成就一个道德的人类伦理共同体，以保障人类的永久福祉与和平。明乎此，则可知，道德不能被视为一个可供人选取或放弃的被选择物。道德根本不会干扰人们在经验界中生活的自由选择，也不会排除人类生活方式的丰富多样，恰恰相反，唯赖道德方能保障每一个人取得自由之同时不会侵害和剥夺别人的自由。如康德指出，道德立法是从这一原则出发的：“把每一个人的自由限制在这样一个条件下，遵照这个条件，每一个人的自由都能同其他每一个人的自由按照一个普遍的法则共存。”（Rel 6：98）若人们借口个人特殊的无法则的不受约束的“自由”，以否决人自身本具的道德心，亦即否决人的意志自律之自由，“从而以各种藉词把人贬低为作为‘牲畜般地享受和奴隶般地服役的类而生存’”（KGS 8：120），那么，人的尊严就从根底铲掉了。无法则的自由（KGS 8：25）、无约束的自由（ungebundene Freiheit：KGS 8：22、24）、放任的自由（brutale Freiheit：KGS 8：22）、狂野的自由

(barbarischeFreiheit：KGS 8：24)，使人们处于“相互加诸自身的困境”。(KGS 8：22)人的自私的动物性倾向诱使他“对他的同类滥用自己的自由”，“尽管他作为有理性的造物也希望有一条法律来决定所有人的自由界限”。(KGS 8：23)

问：有学者认为，彰显人心之“仁”为具有绝对的价值，是一种偏见。

答：我们知道，在康德学界也有类似的说法。美国政治哲学家罗尔斯说：“人生价值依赖于人对道德法则的尊敬，这是很有争议的。许多人认为，把人生价值的重要性归结于道德是一个偏见，当它通过定言律令包括权利的优先性来表达的时候，它尤其是一个偏见。”[1]又说:“康德知道…… 对于善的意志的绝对而至上的价值的说法显得是偏激，尽管它吻合于我们的常识判断。”[2]罗尔斯本人对康德的解读较之于那些惯以一己之固定思维和学术偏见轻率地妄言“批判哲学之批判”的专家们更为真实可信，如此一位对康德怀着敬意的学者，尚且不能理解善的意志的绝对价值的说法。看来，依照习俗而言，人们并不留意价格、相对价值与绝对价值的区分，尽管人们跟随西方主流讲法，亦强调普世价值、核心价值。但普世价值、核心价值如果不要沦为相对主义的、多元话语下的观念，那么，就要追问价值之为普世的、核心的，其不论民

1 John Rawls, *Lectures on The History of Moeal Philosophy*, p.160. 中译参见罗尔斯《道德哲学史讲演录》，张国清译，第260页。

2 John Rawls, *Lectures on The History of Moeal Philosophy*, p.157. 中译参见罗尔斯《道德哲学史讲演录》，第256页。

族、国家、信仰、政治派别，而对一切人普遍必然有效的根据何在呢？如此，我们就要进入哲学的探究，而不能满足于习俗的见解。

康德把“价值”与“价格”区分开。他说：“有一种价格的东西能被某种别的东西作为等价物取代；与此相反，超乎一切价格，因而无等价物的东西，则具有一种尊严。”(Gr 4：434)又说：“构成唯一能使某物其自身即是目的之条件者，不单有一相对的价值，即一价格，而且还具有一内在的价值，即尊严。”(Gr 4：435)依照康德的思考理路：若无有理性者，则我们没有任何关于价值的概念；并且，若有理性者只把物之存在价值设定于“幸福”，那么，世界上依然没有什么终极目的可言。如果人不是有道德者，整个世界没有什么终极目的，那么，“造化就会是一片纯然的荒漠”(KU 5：442)。尽管这样的世界还可以有价格。康德提出：“我们据以估量那种绝对价值的，不是安康，不是享受(无论是肉体的还是精神的)，一言以蔽之，不是幸福。”(KU 5：442)而是“唯有他自己能给予他自己价值”，“一个善的意志是人之存在能够具有一种绝对的价值所惟一凭借者，并且唯有在与其联系中，世界的存在才具有一个终极目的”。(KU 5：443)

通过康德的周密论证，我们理解到何以言善的意志的绝对价值；借此也可以消解人们对于人心之“仁”具有绝对的价值所抱有的怀疑态度。如我们于前面已申论，人心之“仁”是每一个人自身禀具的通人性之常与自然之常而为言的立法能力，依于普遍立法之“仁”，人与他人感通，与天地万物感通，以成就“仁者以天地万物为一体”的大同世界。明儒王阳明说："明德是此心之德，即是仁。仁者以天地万物为一体，使有一物失所，便是吾仁有未尽处。"(《传习录》上，第89条)又说："夫人者，天地之心。天地万物，本吾一体者也，生民之困苦荼毒，孰非疾痛之切于吾身者乎？"(《传习录》中，《答聂文蔚》，第171条)"诸君常要体此人心本是天然之理。"(《传习录》下，第318条)"良知之在人心，无间于圣愚，天下古今之所同也。"(《传习录》中，《答聂文蔚》，第171条)

儒家与康德共同揭示：人在天地之间、在宇宙之中，通过自我立法、自我置定的活动而成就自己为道德者，从而成就世界为一个有终极目的(圆善)的世界，人就使自己成为道德世界的终极目的。据此，我们也可以说，仁者，亦即康德言禀具自由意志之道德者，堪称世界创造之实体。假若人无仁心以成己成物，也就是说，人只是满足一己私利，或仅仅关注大多数人最大综量的幸福，那么，人就不会有终极目的，一切都是相对的、偶然的，人们又如何能真正谈论价值呢？

譬如，人们所珍视的人权，无疑是十分宝贵，但试想，若人忽视自身的尊严，令"人权"贬低为个人索取利益的工具，如此"人权"岂不是只有价格，而失去其应保有的价值吗？又，自由诚可贵，但如果人们只视"自由"为不受任何约束，而忽视自身自立普遍法则的意志自由；如此一来，人们在争取个人不受约束之自由时，就不会考虑一己要求之"自由"是否能与所有人的自由并存和一致。如此"自由"岂配自由本身应有的价值呢？人们害怕：若然人心之"仁"具有绝对的价值，个人生活的各种事物就会变得无价值。其实，这只是一种流行的偏见。实情恰恰相反，如果人放失其仁心，世间事物和人的生活都会沦为手段和工具，只有价格而无价值可言。这是具有一般知性的人都能认识到的。

第七课

伦理共同体：弘文兴教与社会建设

《论语·微子第十八》记子路向隐居高士桀溺问路一段：

> 问于桀溺。桀溺曰："子为谁？"曰："为仲由。"曰："是鲁孔丘之徒与？"对曰："然。"曰："滔滔者，天下皆是也，而谁以易之？且而，与其从辟人之士也，岂若从辟世之士哉？"耰而不辍。
>
> 子路行以告。夫子怃然曰："鸟兽不可与同群！吾非斯人之徒与而谁与？天下有道，丘不与易也。"

桀溺以为天下滔滔，世界不太平，人应该跟从辟世之士。而孔子回应：与人为徒，天下无道，人就有责任改变这个世界。此亦即"人能弘道，非道弘人"（《论语·卫灵公第十五》）。也就是说，人是在一个秩序的群体（社会）中生存的，并且，人的社会是由自己建立的。

动物仅仅依照本能而活动，在个体中就完成类的自然禀赋。但人类活动并不是像动物那样仅仅依照本能，人类群体也并不像蜂群和蚁群那样按照本能分工而千篇一律，一成不变。如康德在《实用人类学》一书所言，“在人这里，只有类才能实现其整全的定分”(Anthro 7：324)。“在其余一切自顾自的动物那里，每个个体都实现着它的整全的定分。”(Anthro 7：324)在《世界公民观点之下的普遍历史理念》那篇堪称康德历史哲学总纲的论文中，康德指出：在人身上，“那些旨在运用其理性的自然禀赋，只应当在类中，但不是在个体中完全得到发展”(KGS 8：18)。“自然要使人类完完全全由其自己本身就创造出来超乎其动物生存的机械安排之上的一切东西，而且除了其自己本身不假手于本能并仅凭自己的理性所获得的幸福或美满而外，就不再分享任何其他的幸福美满。”(KGS 8：19)“人类是要由自己本身来创造一切的。”(KGS 8：19)

世间一切物种都处于一成不变的自然状态，唯独人有一种致力突破自然状态的禀赋，并且，这种禀赋(理性)开始时是极为粗糙的，以致“与作为自然物种的人类相抵触”，这种冲突“产生一切压迫人的生活的真正灾祸和一切玷污人的生活的恶习”。(KGS 8：116-117)但人既开始自己选择一种生活模式，就无法退回到“像别的生物那样受制于唯一的一种生活模式”(KGS 8：112)。唯一的道路就是：使文化“按照人和公民的教育的真正原则”而进展(KGS 8：116)，“以便使作为一个德性的物种的人类的禀赋得到与其定分相应的发展，从而使它不再与作为一个自然物种的人类相冲突”(KGS 8：116)。人类的德性的定分的最后的目标就是：使德性的禀赋与自然禀赋协调一致，直至完善的文化成为人的本性。(KGS 8：117-118)依孔子哲学，此即弘文兴教。孔子说："质胜文则野，文胜质则史；文质彬彬，然后君子。"《论语·雍也第六》"文质彬彬"就是文化使人的自由与人的自然禀赋适均而不相害。

孔子哲学传统是华夏文明弘文兴教的传统。教者，"修道之谓教"(《中庸》首章语)也；文者，人文化成也。《周易·贲卦·彖传》曰："文明以止，人文也。……观乎人文，以化成天下。"《周易·恒卦·彖传》曰："圣人久于其道，而天下化成。"从华夏文明发展史来看，近代文明是从古代原始文明进至理性文明，而华夏理性文明成熟之里程碑在孔子哲学。华夏理性文明由孔子哲学奠基，它肇始于农业社会，作为华夏农业文明的核心，也就是华夏农业社会稳固和成熟的基石。孔子自道："周监于二代，郁郁乎文哉！吾从周。"(《论语·八佾第三》)孔子身处春秋战国时代，周文衰落，而孔子以"集群圣之大成"，接续"王道之大者"为使命，开弘文兴教之传统。

弘文兴教，其血脉当在于孔子言"仁者，人也""人能弘道"八个字。"弘文兴教"是修道，同时就是社会建设。孔子以六艺(礼、乐、射、御、书、数)施教育人，《书》《诗》《易》(此三部古典，后世称为"经")为孔子教学的材料。孔子曰："君子博学于文，约之以礼，亦可以弗畔矣夫！"(《论语·雍也第六》)又曰："不学诗，无以言。""不学礼，无以立。"(《论语·季氏第十六》)教学就是育人，"学"，就是学以成人。《论语·述而第七》云："子以四教：文，行，忠，信。"(《论语·述而第七》)孔子说：

入其国，其教可知也。其为人也，温柔敦厚，《诗》教也；疏通知远，《书》教也；广博易良，《乐》教也；洁静精微，《易》教也；恭俭庄敬，《礼》教也；属辞比事，《春秋》教也。故《诗》之失，愚；《书》之失，诬；《乐》之失，奢；《易》之失，贼；《礼》之失，烦；《春秋》之失，乱。

其为人也：温柔敦厚而不愚，则深于《诗》者也；疏通知远而不诬，则深于《书》者也；广博易良而不奢，则深于《乐》者也；洁静精微而不贼，则深于《易》者也；恭俭庄敬而不烦，则深于《礼》者也；属辞比事而不乱，则深于《春秋》者也。（《礼记·经解》）

孔子弟子三千，以平民学承担弘文兴教，开启以家言开王制之典范。孔子倡："有教无类。"（《论语·卫灵公第十五》）子曰："自行束修以上，吾未尝无诲焉。"（《论语·述而第七》）《论语·述而第七》记载："互乡难与言，童子见，门人惑。子曰：'与其进也，不与其退也，唯何甚？人洁己以进，与其洁也，不保其往也。'"《礼记·学记》云：

古之教者，家有塾，党有庠，术有序，国有学。比年入学，中年考校。一年视离经辨志，三年视敬业乐群，五年视博习亲师，七年视论学取友，谓之小成；九年知类通达，强立而不反，谓之大成。夫然后足以化民易俗，近者说服，而远者怀之，此大学之道也。

教学即教育，此即《礼记·学记》云：“君子如欲化民成俗，其必由学乎。”乡村有家塾，镇有庠，郡有序，国的首都有学，“以化民易俗”。此即见，华夏文明私塾、书院传统发挥着“化民成俗”的作用，也就是担负着社会建设的重任。“学”是通着弘道的，此即孔子说：“下学而上达。”（《论语·宪问第十四》）又说：“笃信好学，守死善道。”（《论语·泰伯第八》）“弟子入则孝，出则悌；谨而信；泛爱众，而亲仁；行有余力，则以学文。”（《论语·学而第一》）

通过教学将民众组织起来，全社会成为一个伦理共同体。此乃华夏文明独特的模式，它区别于寺庙、道观、教堂，不同一般的俗世信仰，并不以济世、救赎为其功能，也不以普渡、彼岸的终极托付许诺人。我们可以指出，在印欧语系的文明中，将民众拢聚而导向合乎规范的生活，是靠赖历史性的宗教组织；宗教组织通过救济苦难大众，推行慈善布施而拢聚人；历史性的宗教是以来生、彼岸或净土的福祉诱导人向善，因而是窒碍人的知性及理性的发展的。孔子开以平民学担当化民易俗和社会建设的传统，是开启每一个人的知性及理性的道德化的文明传统。历史性的宗教需要有独立于社会而绝对地保有神性的或神秘的至高权威和权力的教士集团作为载体。而孔子教化育人，载体就在每一个人的本心中，也就在家庭、宗族、社群中，亦即在作为伦理共同体的全社会中。

析疑与辩难

问：如我们已说明，孔子弘文兴教，开理性文明之传统。但社会上流行反对教学育人的见解，大致分为两类：一类是持自由主义观点者；另一类为源于历史性宗教的直达至高的修养境界之说法而排斥教学育人的观点。

答：持自由主义观点的人主张学校以传授知识为本务，以学术中立、知识多样化为原则。现代教学体制正是依照这种自由主义立场，以多元化为方针。因此，在现代教学体制下，所谓公民教育也只是教人遵守社会规范及法律。用孔子的话说，就是："道之以政，齐之以刑，民免而无耻。"现代教育能教人避免犯法，但不教人要有羞耻心。孔子提出："道之以德，齐之以礼，有耻且格。"(《论语·为政第二》)此即以"仁者人也"教人育人，民能正而有自尊。现代社会奉行自由化之原则，以道德教化为妨碍自由而排斥之，事实上是放纵个人特殊的无法则的不受约束的"自由"，以否决人自身本具的本心良知天理。人的道德实存的身份被否定掉，人就自我贬低为"牲畜般地享受和奴隶般地服役的"(KGS 8：120)存在。人的尊严就从根底铲掉了。如此一来，人的自私的动物性倾向诱使他"对他的同类滥用自己的自由"(KGS 8：23)。哪怕人们可以使用法律手段限制形形色色的自由之滥用，但只要人类一日不通过理性启蒙进展至道德化，人类就无法摆脱野蛮的无法则的自由而实现道德法则下的自由。人就只是作为在自然法则下的实存，无论人们的知性可发展至何等高度，社会可达至何等高度的物质文明，但如康德早已指出，人类社会仍然处于“伦理的自然状态之中”(Rel 6: 95)。伦理的自然状态也就是“一种存在于每个人心中的善的原则不断受到恶的侵袭的状态”(Rel 6: 97),“是一种每个人对每个人的战争状态”(Rel 6: 97)。用孔子的话说,就是“放于利而行,多怨”(《论语·里仁第四》)的状态。

另一类排斥教学育人的观点,主张人不必通过知性、理性的启蒙,凭借某些特殊的修养方法达到至高的精神境界。这一类见解通常见诸一些历史性的宗教,通过禁欲灭念或神秘主义造就精神境界高超的领袖人物,以及通过蒙昧主义制造盲从的愚众。这一类蒙昧主义的观点无益于社会建设,不能促进人类向着伦理共同体的理想前进,与人类从原始状态进至文明化再进至道德化的预告性历史进程毫不相干。

孔子说:“下学而上达。”(《论语·宪问第十四》)“德之不修,学之不讲,闻义不能徙,不善不能改,是吾忧也!”(《论语·雍也第六》)“学而不思则罔,思而不学则殆。”(《论语·为政第二》)孔子重视“学”,正显示其学问之本性是理性的,包含着人类伦理共同体的真谛,以及一个向世界大同的理想而趋的道德的预告人类史。孔子不是一个宗教领袖,而是一位坚守着“仁者,人也”“人能弘道”的信念、与人为徒的老师。孔子说:“‘善人为邦百年,亦可以胜残去杀矣。’诚哉是言也!”(《论语·子路第十三》)又说:“如有王者,必世而后仁。”(同前)

问:曾听一位历史系教授问:中国近百年内忧外患,为什么见不到孔子思想发挥作用呢?

答:不必讳言,从世界史上看,中国社会从农业社会转型至工业社会连同其带来的现代文明，整个转进是被动的和滞后的。现代文明由西方工业革命发端，可称之为物质文明，处于西方现代文明席卷而来的滔天巨浪之吞噬中，国人惊慌失措，惶恐万状，自怨自艾者有之，自戕者有之。乃至不少“有识之士”也都认为，咱们中华儿女要进入现代文明，除了彻底抛弃自家传统，洗心革面，紧随西方物质文明之脚跟，亦步亦趋，别无出路。我们可问：为何史学家只责问孔子在近百年的中国历史中不起作用，而不究问何以国人自民国以来逾一个世纪都在不遗余力地摧毁传统文化？

我们也不必讳言，自孔子哲学建立二千余年以来，历经劫难，经秦朝焚书坑儒，残唐五代世风颓堕，人无廉耻，清代以儒制儒，至晚清儒学专事考据训诂，孔子哲学之精髓几丧失殆尽。自西方的坚船利炮打开中国大门逾一百年来，在华夏大地上，铲除传统文化的运动一浪接一浪，愈演愈烈。西方史学家都断言现代化就等同西方化。美国的著名史学家列文森就提出：“儒教最终成为历史，这是因为历史已超越了儒教。”[1]他说：孔子“是作为一个历史人物而露面的——他或许是一颗耀眼的星星，然而这颗星星已成了历史”[2]。列文森还引用李约瑟的话说：“西方给予中国的是改变了它的语言。”[3]

但我们可以指出，列文森及与其观点相同的史学家所固执的史学观点是浮浅的和短视的。错误之根源恐怕要归咎于

1 列文森：《儒教中国及其现代命运》，郑大华、任菁译，桂林：广西师范大学出版社，2009年，第340页。

2 列文森：《儒教中国及其现代命运》，第352页。

3 列文森：《儒教中国及其现代命运》，第132页。

他们的西方中心主义之独断思维，依照这种思维，人类史之现代化进程被草率而武断地等同西方化。无疑，近百年来，中国流行的语言，如科学、民主、阶级矛盾与斗争、唯物论等，都是西方舶来品，这些舶来品甚至可以说贯穿着中国现代史。但我们仍可指出:“列文森们”的结论实在下得过早了。西方现代化扩张到了今日，已然显出困境重重、危机四伏，一切从西方输出而流行全球的意识形态（左的或右的）之灾祸都泛滥过后，中国迟早要独自走上自己的现代化之路。那时候，中华民族就会回到孔子的哲学传统，我们的语言不但重获意义，也必定能配合时代之步伐而最终取得上升的维度。我们必将以孔子哲学语言书写历史，不仅是中国史，同时还是世界史。

依据前几课之一再申论，我们有理由说，孔子创辟的哲学传统是依“仁者，人也”“人能弘道”而展开的理性文明传统。迄今为止，除了孔子哲学传统堪称理性文明的传统，人们恐怕找不到另一个文明传统达到道德化的高度。尽管不必讳言，华夏文明肇始于农业社会，许多因着农业社会之环境而形成的文化与制度已成为历史，但是，孔子哲学传统所凸显的理性光明并不会随之而消逝。同样，在艰难困顿的历史行程中，我们时常只是我们民族的伟大祖先的不肖子孙，长久以来，国人的所作所为离孔子哲学传统是那么远。但是，我们可以指出，无论现实离孔子创发的理性文明有多大的距离，理性文明依然是一建永建的，它是真正普世性的，因为它扎根于理性，故而是人之为人之类的全体共同的目标。这个理性文明既向我们揭示出人自身开创道德的预告史的能力，同时标举出人类必须向之而趋的理想社会的原型。在现实的历史进程中，我们总是以这原型为不可或缺的准绳，随时检视我们的所作所为是接近它，抑或远离它。

第八课

孔子学说即哲学即宗教

孔子哲学传统是否包含宗教？类似问题的提出与讨论由来已久。总括前人的讨论，大致分两类：一类力主儒家并不是一种宗教[1]；而另一类则关注于儒家的宗教性。简括而言，前一类立论依据乃在犹太-基督教信仰的智神论，具体的裁定标准就是：一部神的（而不是人的）话语的经书，教会组织（教权制和教阶制：规章性的诫命、教规、戒律和教士阶层、神职人员）。后一类立论根据纯然是精神的[2]，甚或是神学的，

---

1 冯友兰先生说："儒家不是一种宗教。"冯先生之持论见其《中国哲学简史》，香港：三联书店，2005年，第8页。

2 唐君毅先生说："即孔子之天非一人格神，亦仍可为人所敬畏之一真实之精神的生命的无限的存在。以人物有其生命与精神，则生人物之天，不得为一无生命非精神之在。"见唐君毅《中国哲学原论：原道篇卷一》，台北：学生书局，1986年，第130—133页。陈荣捷先生亦持"天"乃"最高的精神实体"（the supreme spiritual reality）之见解，他在《中国哲学文献选编》一书中提出：殷商时期"上帝"作为人格神的信仰"延续到西周初叶，但最后却逐渐由超越的精神实体——'天'——之概念所取代"。（陈先生原著以英文撰写，见：Wing-tsit Chan, *A Source Book in Chinese Philosophy*, Princeton University Press 1963, p.4. 中译见陈荣捷《中国哲学文献选编》，杨儒宾、吴有能、朱荣贵、万先法译，台北：巨流图书公司，1993年，第30页）

裁定标准在于是否肯定有一实体存在于人的世界之外，甚或是否肯认一位人格神。[1]

我们可以指出，学界关于“宗教”一词之定义并未达成一致。若依上述第一类见解，“儒家不是一种宗教”就是顺理成章的结论，但这类见解的依据显然立不住脚。毫无疑问，以犹太-基督教信仰的“智神论”（Theism）作为定义“宗教”的标准，绝无法取得普遍肯认。德国哲学家叔本华指出：“《纯粹理性批判》对智神论发起了最严厉的攻击。”[2]并严正指责“全部教授式的哲学”以确立智神论的教条为首要义务，他说：“这个教条就是存在着一个上帝、造物主和宇宙的统治者，一个被赋予知性和意志的人格的，因而也就是单个人的存在，她从虚无中创造出了世界，并且用她那崇高的智慧力量和仁慈统治这个世界。然而，这种义务使我们的哲学教授在严肃认真的哲学上陷入了困境。”[3]他如理指出：学者们一直坚持“把

---

1 冯友兰先生一方面持“儒家不是一种宗教”之见解，另一方面又说，“孔子也觉得自己承受了一种神圣的呼唤”。（冯友兰：《中国哲学简史》，第50页）傅佩荣教授在《儒道天论发微》一书中说：“就宗教信仰而言，孔子也接受周代对‘天’的信仰，相信天是至高而关心人间的主宰。”（傅佩荣：《儒道天论发微》，北京：中华书局，2010年，第89页。该书于1985年在台湾学生书局初版）还说：“许多著名的汉学家，像卫理查（R. Wilhelm）、施利奥（J.K.Shryock）、德效骞（H.H.Dubs）等，主张中国古人所信的天是一位人格神，而且孔子相信的是一位有神论的上帝，甚至是一位一神论的上帝（a monotheistic God）。”（同上揭书，第89—90页）牟师宗三先生在《中国哲学的特质》一书中说：“孔子所说的天比较含有宗教上‘人格神’（Personal God）的意味。而因宗教意识属于超越的意识，我们可以称这种遥契为‘超越的’（transcendent）遥契。”（牟宗三：《中国哲学的特质》，台北：学生书局，1963年，第34—35页）牟先生在后来的中译本《纯粹理性批判》中，transcendent一词译作“超离的”“超绝的”。可见，把宗教和“人格神”（超离的东西）看成一回事和同义语，在学界是十分流行的。

2 Arthur Schopenhauer, *über die vierfache Wurzel des Satzes vom zureichenden Grunde*, 1813, §34; Stuttgart/Frankfurt am Main 1962, S.154. 中译见叔本华：《充足理由律的四重根》，陈晓希译，北京：商务印书馆，1996年，第131页。

3 Arthur Schopenhauer, *über die vierfache Wurzel des Satzes vom zureichenden Grunde*, §34, S.149. 中译第127页。

宗教和智神论看成是一回事和同义语”，“实在是令人反感的做法”，“事实上，宗教对智神论的关系就像属对单个的种一样，并且只有犹太教才跟智神论是一回事”。[1]

但另一方面，我们必须承认，若依据西方哲学传统的外在精神实体或人格神来说明儒家的宗教性，亦难免有疑点。我们知道，经由康德的批判，不仅智神论的根基彻底坍塌，一切彼岸的超自然的东西（包括人格神）都被宣判为人为的臆测妄作。[2]我们实在没有理由再从西方传统中取用诸种独断论来支持儒家宗教性的说明。倒是康德的批判经由对理性作出通盘考察，指出历史性的教会宗教的局限，并如理揭明宗教之真正本质。借此，我们能够依循康德的革新性洞见，有望

---

1 Arthur Schopenhauer，*über die vierfache Wurzel des Satzes vom zureichenden Grunde*, § 34, S.154；中译第131页。叔本华公正地指出：人们无权假定“智神论”是不言而喻的。他说：“我们看到无神论这个词本身，包含有一个秘密的假定，因为它把智神论看成当然不言而喻的。更为可靠的说法应当是‘非犹太教’而不是‘无神论’。”（S.155. 中译第132页）又指出：“在中文中没有同‘上帝’和‘创世’相对应的词汇。”（S.155. 中译第131页）“每当佛教的高级僧侣在提到自己的看法时，都对纯粹有神论的教义表示了极大的厌恶。”（S.151. 中译第129页）

2 诚然，如叔本华指出，“在我们今天，已经很少有人了解康德哲学的特别深刻和真正伟大之所在；因为既然他的著作不再被人研究，也就必然不再被人理解。事实上，那些误认为哲学从康德以来已经向前推进、而不是刚刚开始的人，出于历史的目的，才草率地浏览了一下康德的著作。因此，我们马上发现，尽管他们都在谈论着康德哲学，但是这些人所了解的不过是一些凤毛麟角，以及纯粹的外表，而且如果他们偶尔在这里或者那里抓住了一句离谱的言论或者拿出来一份康德哲学的粗糙的梗概，他们也决不会深入了解其含义和精神的深刻。”（叔本华：《充足理由律的四重根》，陈晓希译，第123页。S.145.）如我们所见，德国理念论者（叔本华称之为德国的伪哲学）以各种方式背离批判哲学，把哲学重新建立在“纯粹幻想的产物”“完全虚构的理性基础上”，所谓“绝对的自我”之随意构造；“对于绝对同一性或漠不相干性的理智的直观”；“纯粹的自我意识，绝对理念，概念自我运动”；以及对于神、真实性、完美性等“种种可以想到的‘性’的直接把握”，这些只是为康德的严厉批判而困惑的哲学教授们为应付“国家的法定宗教的课题”所上演的闹剧。（叔本华：《充足理由律的四重根》，陈晓希译，第127页。S.149.）更有甚者，为了维护传统的旧思维，学者们有意无意曲解康德，把康德解读为基督教思想的承继者、上帝存在说的维护者，就好像批判哲学压根儿就没有出现过。如所周知，西方学界对康德哲学的曲解一直主宰着汉语界的康德研究。

走出长久以来受制于西方传统旧思维模式之困局，而以理性决定的宗教之本义来如实说明孔子学说即哲学即宗教，用康德的词语说就是理性的纯粹的道德宗教。

依孔子哲学传统，离开天理，即离开本心之仁，根本无法对何谓“天”取得决定的概念。我们不能以为孔子主张离开本心而有一个自存潜存的“天”，也并非把人自身的本心睿智实体化而虚构一个人格神。究其实，本心（仁）在不已的实践进程中显示其绝对命令以及普遍必然性，我们抽掉其实现进程中的限制，仅仅以本心纯粹性包含的普遍性必然性和本心天理之命令的绝对性来思维“天”，亦即，通过本心之仁、天理，“天”取得了决定的概念；并且，“天”作为人道德上普遍地尊敬和侍奉的对象来看，它就是纯粹理性信仰的对象。此理路正同于康德通过意志自由、道德法则决定“上帝”的概念，并作为唯一的真正的宗教的道德侍奉的对象。

孔子所言“知天命”“畏天命”实包含认识及敬畏自身仁心之无条件命令（即天理）与不容已之道德分定。我们以本心自立法则（即天理）自我遵循作为我们每一个人的分定，并因着天理和分定的定言不容已而视之为“天命”（此即《中庸》言“天命之谓性”），我们就能够对“天命”有一个决定的概念。若如一些学者那样解“天命”为有一个外在的天在那里下命令，则我们是绝无法探知那根本不为任何人所知的天是如何在下命令以及下的是什么样的命令。若独断地臆测有一外在的天在下命令，则根本违背孔子本人的理性立场。孔子并不对鬼神之存在问题做妄测，对于人所不能知之事物，孔子不语。孔子说：“知之为知之，不知为不知，是知也。”（《论语·为政第二》)《论语·述而第七》云:“子不语怪、力、乱、神。”

依孔子言“畏天命”,“天”就包含有宗教信仰上的一个被普遍尊崇的对象之意义。但依孔子的理性立场,“天”绝非一个外在的客体或人格神,“畏天命”“事天”绝不意味有一个外在的主宰者、启示者、审判者供人去敬畏、侍奉。孔子说“仁人之事亲也如事天,事天如事亲”(《礼记·哀公问》),表示只能通过道德践履来“事天”,此即道德的侍奉。如同康德说:“通过遵守自己的一般义务来侍奉上帝。”(Rel 6:133)“真正的启蒙是要将对上帝物神化的伪侍奉转变成一种自由的,从而也是道德的侍奉。”(Rel 6:179)

在孔子哲学中,“畏天命”“事天”的“天”,我们可以说是一个依据道德上的法则(天理)颁布命令及因此普遍地受崇敬的“最高者”的纯然表象,人们把这“天”解读为“人格神”,实在说来只是一种错觉。孟子曰:“心之官则思,思则得之,不思则不得也,此天之所与我者。”(《孟子·告子章句上》)“思”乃思仁义礼智之天理也。如康德所论,上帝之理念的起源和力量,“都完全建立在与我们的以自身为根据的义务决定的联系上”(Rel 6:183)。我们人把产生自我们每一个人自身对实践法则的纯粹尊敬的义务作为神的命令,无非就是人对自身作为道德主体所立道德法则之神圣性的崇敬,此崇敬乃道德的宗教之根源。我们根据道德法则的神圣性“来认识极大的尊敬的对象”,“在宗教的层次上根据最高的、执行那些法则的原因来表象崇拜的对象,并在它的庄严性里显现”。(Rel 6:7-8)同样,可以说,孔孟言“天”完全建立在与我们以自身为根据的“天理”的联系上,根本不必言有一外在的“天”

来给予人什么命令，而毋宁表达：我们对本心天理之神圣性的崇敬，因而表象为极大的尊敬的对象“天”，以此“在宗教的层次上根据最高的、执行那些法则的原因”来遵循天理。同理，孔子说：“天生德于予，桓魋其如予何！”（《论语·述而第七》）我们不能据之推想到孔子“相信他的‘德’源自天”。[1]孔子又言“天之未丧斯文也，匡人其如予何”一句，也不能出于主观猜测而认为孔子知道有一外在的“天”拣选委派他担负把“文”传于后世的使命。[2]我们可以说，文王之“文”具有道德理性的普遍性和必然性。以此，孔子说：“匡人其如予何？”表达一种源自道德普遍性和必然性的自信，以及根于不忍人之仁心而对“弘道”怀抱“朝闻道而夕可死”的坚定信念。[3]

孔子固然有庄严的宗教感，但绝不是那种超离的人格神信仰。傅佩荣教授引孔子言：“获罪于天，无所祷也”（《论语·八佾第三》）、“吾谁欺，欺天乎”（《论语·子罕第九》）、“予所否者，天厌之，天厌之”（《论语·雍也第六》），就下结论说：“我们由此不得不认为孔子接受了《诗经》与《书经》中，相当原

---

1 语见傅佩荣《儒道天论发微》，第93页。傅教授又说：“这里所谓的‘德’应该是指孔子异于其他人的一种独特性质，不然的话，孔子凭什么宣称‘桓魋其如予何’？”（同前揭书，第93页）愚意以为，傅教授从“天生德于予，桓魋其如予何”推想到孔子相信“天”给他一种“异于其他人的”独特的“德”，实在算不上对于孔子语作哲学说明，而只能是一种意见而已。

2 傅佩荣教授说：“我们可以肯定孔子并未远离传统以天为造生者与载行者的信念。”（傅佩荣：《儒道天论发微》，第91页）又说：“他奉行使命的坚毅决心，似乎出于他个人与天之间的亲密经验。”（同前揭书，第95页）

3 如王阳明说：“夫子汲汲遑遑，若求亡子于道路，而不暇于暖席者……盖其天地万物一体之仁疾痛迫切，虽欲已之而自有所不容已。……此非诚以天地万物为一体者，孰能以知夫子之心乎？”（《传习录》中，《答聂文蔚》，第171条。）“仁者以天地万物为一体，使有一物失所，便是吾仁有未尽处。”（《传习录》上，第89条）

始的主宰之天。”并说：“这种主宰之天还同时监管人的行为。”[1]究其实，“获罪于天，无所祷也”一句意谓：背离天理、违反公道，决不能借祈祷脱罪。这表达孔子理性的态度，不知傅教授何以联想到孔子相信“主宰之天还同时监管人的行为”[2]。我们平常也说：“天网恢恢，疏而不漏。”但并不能以此为据指证我们相信一种“主宰之天”“审判之天”。“欺天乎”“天厌之”等话语在我们口头语中亦多见，以之表达一种“诚可鉴天”之情。明乎此，我们也不会如傅先生那样认为孔子言“下学而上达，知我者其天乎”(《论语·宪问第十四》)，证明孔子相信：“唯有‘天’真正了解他。”[3]毋宁说，“知我者其天乎”表达孔子“诚可鉴天”之情，而没有理由以为孔子知道有一外在的天与自己相知。究其实，“君子求其在己者而已。”孔子曰：“不患莫己知，求为可知也。”(《论语·里仁第四》)

孔子庄严的宗教感基于人心万物一体之仁与人能弘道之信念，亦即根于道德。可以说，唯独康德确立的纯粹理性的道德的宗教能与孔子哲学的理性特质相符合。

析疑与辩难

问：有学者借鉴基督教作为国教而提出儒家国教化。此

---

1 傅佩荣:《儒家哲学新论》，台北：叶强出版社，1993年，第130页。

2 傅教授引述孔子以上几句话，并认为孔子的信念“与传统以天为启示者及审判者的信仰相去不远”。(傅佩荣:《儒道天论发微》，第92页)

3 傅佩荣:《儒道天论发微》，第93页。傅教授甚至说：“在此我想起耶稣说过的一句话：‘除了父之外，没有人知道子是谁。’(《路加福音》，10：22)”愚意以为，此真是推想太过了。

说是否可取？

答： 如我们已申论，孔子学说是“即哲学即宗教”的，当与作为历史性信仰的其他宗教（包括基督教）区别开。我们在第八讲已说明：历史性的宗教（包括启示性的一元神信仰及一般的俗世信仰），以济世、救赎为其功能，以普度、彼岸的终极托付许诺人。在印欧语系的文明中，特殊的宗教组织作为拯救事业的载体具有超凡的神圣地位，而位于待救赎的大众（有罪的人、苦海中的愚民）之上，其职责在以来生、彼岸或净土的福祉诱导人向合乎规范的生活，而对人的知性及理性的培育是漠不关心的。无论历史上，神性教权与世俗皇权联手或是对抗，历史性宗教的角色并无改变。欧洲启蒙运动已经对历史性的宗教有所反省。今日中国无理由以历史性的宗教为楷模。

基于孔子哲学的宗教，因其根基是哲学，也就是纯粹理性的、道德的，是由“仁者，人也”扩展至的，每个人本心之仁就是其载体，通过家庭、宗族、社群，全社会成为一个承载道德的宗教的伦理共同体。这种道德的宗教可以通过弘文兴教遍及全社会，但不会是强行（无论是权力威迫，抑或社会舆论胁迫）皈依的国家宗教，也不会有自命负荷救赎愚民罪民之神性职责的教士团体。于道德的宗教，一切人在道德上是平等的，依人心之仁而自由地信仰共同的终极目的——大同世界的理想。

孔子哲学包含一个对宇宙怀着道德目的之终极关怀的信念，而根源上区别于各种只关注个人彼岸终极依托的信仰。

只要国人重拾信心，又何必“舍却自家无尽藏，沿门托钵效贫儿”呢？

第九课

从道德进展至宗教

人们或许会问，有“天”或“上帝”究竟有什么要紧呢？显然，对于道德，以及对于扩展和校正我们的自然知识和理论来说，“天”或“上帝”是不必要的。既然离开人的本心之仁，我们不能对“天”有决定的概念，那么，何以要尊“天”“事天”“畏天命”呢？既然康德已论明，离开人的道德立法，并无上帝之立法可言，那么，何以要把“我们每一个人禀有的自由意志自身的本质的法则”以及“产生自我们每一个人自身对实践法则的纯粹尊敬的义务”作为神的命令呢？也就是说，为何本身自足的道德“不可避免地要导致宗教”？康德的回答是：道德法则通过圆善概念导致了宗教。他说：“因为我们唯有从一个道德上圆满的（神圣的和仁慈的），同时也是全能的意志那里才能希望圆善，从而通过与这个意志的一致才能希望达到圆善。”（KpV 5：129）我们也可以说，人依循本心天理之命令必然要求在世上实现“德福一致”（“修其天爵，而人爵从之”）的大同世界，并视之为“天”所赋予的使命，以此将“德福一致”之圆满的原型表象为“天”，从而无条件地承担这个使命，坚定地朝向这“原型”而努力。唯独怀着这道德的信念，可望达到世界大同；亦唯独怀着这道德的信念，人得以有道德的宗教。

显然，从道德必然扩充至的宗教根本不是任何一种建基于“历史性的信仰”上的规章性的教派性的“宗教”，尽管形形色色的历史性的信仰长久以来就占有了“宗教”之名。[1]康德所论从道德必然扩充至的宗教是唯一堪称“真正的宗教”的“纯粹的道德的宗教”。[2]关于一个唯一的真正的宗教何以及如何因着道德法则（天理）提出并命令在世间实现圆善（大同世界）而成为必然的需要，我们可作出如下简要说明：

一、“一切义务作为神的命令”无非就是人对自身作为道德主体所立道德法则之神圣性的崇敬，同理，我们视“由仁义行”为“天命”，无非就是人对自身本心天理之神圣性的崇敬，此崇敬乃道德的宗教之根源。“道德法则是神圣的（不可侵犯的）。”（KpV 5：87）“人因着其自由之自律，他是道德法则之主体，是神圣的。因而，在其个人中的人性（Menschheit in

1　康德说：“只有一种（真正的）宗教；却可以有多种多样的信仰。”（Rel 6：107）又说：“因此，说这个人具有这种或那种（犹太教的、穆罕默德教的、基督教的、天主教的、路德教的）信仰，要比说他属于这种或那种宗教更为恰当。……一般人在任何时候都把它理解为自己所明白的教会信仰，而并未把它理解为在里面隐藏着的宗教，它取决于道德存心。就大多数人而言，说它们认信这个或那个宗教，实在是太抬举他们了，因为他们根本不知道也不要求任何宗教。规章性的教会信仰就是他们对宗教这个词所理解的一切。”（Rel 6：108）

2　详论可参阅拙作《康德的自由学说》第二篇之第一章《自由作为理性宗教的基础》，第328—337页；《物自身与智思物——康德的形而上学》，第217—230页；《孔子哲学传统——理性文明与基础哲学》之第四章《孔子哲学传统与康德的实践智慧学》，第527页。

seiner Person）对于他必定是神圣的。"（KpV 5：87）正因着我们的意志自由所立道德法则的神圣性及由此而显得我们人自身的“超感触的本性”的神圣性，我们才有充分理由依据这种神圣性置定一个道德上圆满的神圣的意志，并因为我们人既属于感触界而同时又属于智性界，这就揭示了我们每一个人的意志自由与这个最高意志一致的根据。康德指出：“正是由于自由的缘故，每个意志（jeder Wille），每一位个人（jeder Person）自身都将他自己的（eigener）、指向他自身的意志限制于这样一个条件：与有理性者的自律相一致。"（KpV 5：87）康德说：“我们有理由甚至把这个条件赋予上帝的意志。"（KpV 5：87）借此，我们也就有充分的理由说，我们实在是完全依据我们人自身之“超感触的本性”的神圣性为自己置定一个神圣的最高意志，如果不是我们人自身作为道德主体禀具这种神圣性，我们绝无法取得关于“神圣的最高意志”之决定的概念。我们据此来理解孔子言“畏天命”，可以说，就是人崇敬自身本心之仁的神圣性，以及对根于本心之天理的绝对命令之敬畏。

二、但另一方面，“就作为有理性的自然存在者的人，人还不够神圣”。（MS 6：379）现实上，人并不必然服从道德法则，“他很可能会不能符合以理性为条件的幸福的要求”，为了确定他自己是配享幸福的，人在道德践履中对自己的行为作出裁判，他需要感到自己的判断是公允的，“如同由一个局外人作出，但同时又会感到理性强迫他承认这一判断是他自己的判断"（Rel 6：6）。康德说：“这样一来，道德也就延伸到了人之外的一个有权威的道德立法者的理念。"（Rel 6：6）值得提请注意：所谓“有权威的道德立法者”只是一个“理念”，所言

“道德立法”不外是人自身意志自由之立法。康德说：“与所有人的一个道德上的立法者之单纯理念协调一致，这与一般义务的道德概念是同一的，而且就此来说，要求这种协调一致的命题也是分析的。”(Rel 6: 6)

究其实，即使圣人（如孔子）亦感到有“诚可鉴天”的需要。《论语·宪问第十四》记载：“子曰：‘莫我知也夫！’子贡曰：‘何为其莫知子也？’子曰：‘不怨天，不尤人。下学而上达。知我者其天乎！’”可知，孔子亦有叹“莫我知也夫”之时。[1]而“知我者其天乎”，正表达孔子“对越在天”的道德感，同时就包含一种宗教信念于其中。明道说：“君子当终日对越在天也。”(《二程全书·遗书第一》。见《宋元学案·明道学案》)蕺山（刘宗周）说：“直是时时与天命对越也。”(《刘子全书》卷这二，《学言上》)用康德的话说，就是“把有良心想象成在一个与我们自己有别，但对我们来说最亲密的在场的神圣者（道德上立法的理性)面前负责，并且使自己的意志服从正义的规则”(MS 6: 440)。这样一个“天”，“任何时候都包含在那种道德的自我意识中”。(MS 6: 439)倘若人没有这种道德的自我意识，就根本不会有“对越在天”这回事，因而也就不会有真正的宗教。

“诚可鉴天”并非意谓有一外在的审判者以不同于每一个

---

1 如王阳明说：“昔者孔子之在当时，有议其为谄者，有讥其为佞者，有毁其未贤，诋其为不知礼，而侮之以为东家丘者，有嫉而沮之者，有恶而欲杀之者；晨门、荷蒉之徒，皆当时之贤士，且曰‘是知其不可而为之者欤！鄙哉硁硁乎，莫己知也，斯已而已矣’。虽子路在升堂之列，尚不能无疑于其所见，不悦于其所欲往，而且以之为迂，则当时之不信夫子者，岂特十之二三而已乎？”(《传习录》中，《答聂文蔚》，第171条）此可见有理由把“配得幸福”之裁判交付于“天”。事实上，有德者“诚可鉴天”，此外不必求知于人。

人自身的本心天理为原则来审判人。关于“设想一个（与一般的人，亦即）与自己不同的他者”作为公正的审判者，康德有透彻的说明。在《德性形而上学》中有一章题为《论人对自己的义务，作为天生的自我审判者》(angebornen Richter über sichselbst)。(MS 6：437) 他说：“人的良心在一切义务里都将必须设想一个（与一般的人，亦即）与自己不同的他者，作为他的行为的审判者。”(MS 6：438)“当行动已作成，在良心中的起诉人（Ankläer）首先到来，随同到来的是辩护人（Anwalt）”，这时，“良心作出有法权效力的判决，即宣布他无罪或者谴责他，就此结束诉讼”。(MS 6：440) 这一切都是在“同一个人”的内部的良心法庭内发生的[1]，“自我，既是起诉人但也是被告，是同一个人”。(MS 6：439) 正因此，为了避免理性陷入自身矛盾，我们视自己的“立法的主体”为一个不同于我们作为感取者的他者。康德指明：这个“他者”无非是：“作为道德的、从自由概念出发的立法的主体，其中人服从于一种他自己为自己立的法则（作为智思物的人 [homo noumenon]）。”(MS 6：439) 孔子哲学传统言“良知”之良心义中也可见出有这种“内部的良心法庭”的意思，如刘蕺山说：“心是鉴察官，谓之良知最有权，触着便碎。人但随俗习非因而行有不慊，此时鉴察仍是井井却已做主不得。”(《刘子全书》

1　关于“良心”作为审判者，康德在其他著作中也多有论及。在《宗教》一书中说：“我们也可以这样定义良心：它是自己裁判自己的道德的判断力。”(Rel 6：186)“良心在最复杂的道德裁决中作为指引。”(Rel 6：185) 他在《伦理学演讲录》(Kant，*Eine Vorlesung über Ethik*，Fischer Taschenbuch Verlag，1990.) 中说：“良心是依据道德法则裁判自己的本能（Instinkt），它不仅是一种机能，而且是本能。”(Ethik 142)“我们的良心是依据道德法则的立法权威的一种直觉裁判。”(Ethik 144)

卷之二，《学言下》）

人因自身作为感取的实存而不可避免的限制，把自身作为道德的实存而禀有的普遍立法和无偏私的审判能力设想为“一个局外人”，我们可以指出，这是一种“如同”的道德的宗教思维模式。如刘蕺山说：“君子终日凛凛如对上帝。”（《刘子全书》卷之二，《学言上》）这种道德的宗教思维模式的特点在：它对“神”之存在与否存而不论，其关切不在外在的“神”的实存，而在人自身与自己设定的“神”之间的道德的关联。

三、依循本心天理之命令必然要求在世上实现“德福一致”的大同世界，朝向这个“原型”而努力，此乃每一个意识到自身为道德的实存者的人无条件地承担的使命。但是，单个人践履德行并不能保证他人也遵循天理而行，现实上并非每一个人都行其所当行。此即康德指出：“道德的圆善并不能仅仅通过单个的人追求他自己道德上的圆满来实现，而是要求单个的人，为了同一个目的，联合成为一个整体，成为一个善的人们的系统（einem System wohlgesinnter Menschen）。”[1]（Rel 6：97-98）即“德性的（善的原则）的国”。（Rel 6：95）为此，我们设想这样一个国度（康德名之为“目的王国”或“伦理共同体”）的元首（上帝）。“它将宣布对恶的原则的胜利，并且在它对世界的统治下保证一种永恒的和平。”（Rel 6：123）依孔子哲学传统，这样一个善的人们的系统就是大同世界。我们也可以设想，每一个人敬畏的“天”就是大同世界的“最高者”。并且，本心之仁是统天地万物而普遍立法的，天理把我

---

1 康德恰切地提出：人们要联合成一个伦理共同体，以避免“由于他们不一致而远离善的共同目的，彼此为对方造成重新落入恶的统治手中的危险”。（Rel 6：97）

们的实存决定于“万物一体”的道德目的秩序下的世界。依照这种实存的决定，人类整体必定要成为这种“道德目的秩序的世界”的创造者，并且，为着这个世界在世上实现，人类整体作为“目的王国”（即大同社会、人类伦理共同体），我们置定“最高者”（天），作为这个共同体的“最高者”，将根源于每一个人的普遍立法归于它，以便共同遵守。此外，我们还将它视为“自然的至上原因”，也就是，它不但被置定为一个依照源于人自身的道德法则发布命令的最高理性，“同时又作为自然的原因”。（A810/B838）在这里，我们并非自以为知道“天”是自然本身的创造者而作为真实起作用的原因，而毋宁说，它作为“道德的愿望”，“以便也在与道德的内在立法及其可能的实现的联系中把自然表象成合目的的”。（KU 5：448）依此，我们为自己确立一个作为世界创造之终极目的的“原型”，“它一方面必然与自由的立法学相联系，另一方面必然与自然的立法学相联系”（KU 5：448），而我们以此为目标，亦即朝向自由合目的性与自然合目的性的和谐一致而努力。于此，“自然”既不是作为“显相之总集”的自然，也不是天造地设的自然本身，而是我们人按照自然与自由结合的最高原则而创造的道德目的秩序下的“自然”。

在本心之仁普遍立法中全宇宙和谐一体、共同实现，在这个意义上，“仁”充其极至“天”；而人心“万物一体”之仁必“知天命”“畏天命”。此即一方面包含着对人自身的人格性的敬畏，对道德分定的义务感，并且也包含着对统宇宙全体而言的“天”的敬畏，以及担负命运的严肃感。在儒者庄严的宗教感中，“天”无以尚之，儒者不妄言天何所是，亦不妄称可以有能力知道天的启示。此所以孔子云:“非道弘人。”(《论语·卫灵公第十五》)但人以“万物一体”之仁心开创道德的世界,并不是奥秘,故孔子云:“人能弘道。”(《论语·卫灵公第十五》)

“人能弘道”就是在世上实现圆善,也就是“出自自由的合目的性与我们根本不能缺乏的自然的合目的性之结合”在人类社会中的实现,依孔子哲学传统,就是合内外之道,道德秩序即宇宙秩序。本心之仁决定人作为道德的实存,也就必然扩展至决定宇宙为道德目的秩序下的“自然”,即产生一个对于“自然的至上原因”(天)的希望和崇敬,由之伸展至纯粹的道德宗教。本心(仁)的决定是无限的,道德源于此,宗教亦源于此。

析疑与辩难

问: 有学者引《论语》记载与祭祀和祈祷相关的文句,据之指证孔子相信“天是至高而关心人间的主宰”,“相信祖先之灵不仅存在而且有力”。到底孔子是否有人格神之信仰?

答: 我们可以指出,中国学者中以人格神来解说孔子哲学中的宗教,大多是受英语界汉学家的观点影响,而英语界的汉学家则大多执持基督教的观点来理解宗教。中国学者方面,我们可举傅佩荣教授为例。傅佩荣教授在《儒道天论发微》一书中说:“就宗教信仰而言,孔子也接受周代对‘天’

的信仰，相信天是至高而关心人间的主宰。”[1]还说：“许多著名的汉学家，像卫理查（R.Wilhelm）、施利奥（J.K.Shryock）、德效骞（H.H.Dubs）等，主张中国古人所信的天是一位人格神，而且孔子相信的是一位有神论的上帝，甚至是一位一神论的上帝（a monotheistic God）。”[2]

傅佩荣教授说：“就天是造生者来说，我们读到：‘天生烝民，有物有则，民之秉彝，好是懿德。’（《诗经·大雅》）”[3]这种说法就是将“天”实体化，但我们实在不能就诗句本身推测《烝民》诗的作者认为有一外在实体的天在那里造生人类。宁可说，“天生烝民”是出自理性自然禀赋之形而上学思维，如此理解的“天”可以说是一种出自理性的纯粹概念（超越的理念），绝非要表象任何实在的对象，也就是说，不能把“天”视为构造的实体、“生烝民”的造生者。《孟子·告子章句上》云：“孟子曰：‘诗曰，天生烝民，有物有则。民之秉彝，好是懿德。孔子曰，为此诗者，其知道乎。’”我们也不能据之以为孔孟相信‘天’是造生者。

孔子曰：“天生德于予，桓魋其如予何！”（《论语·述如第七》）傅教授解读为：孔子“相信他的‘德’源自天”。[4]孔子曰：“文王既没，文不在兹乎？天之将丧斯文也，后死者不得与于斯文也。天之未丧斯文也，匡人其如予何？”（《论语·述如

---

1 傅佩荣：《儒道天论发微》，北京：中华书局，2010年，第89页。该书于1985年在台湾学生书局初版。

2 傅佩荣：《儒道天论发微》，第89—90页。

3 傅佩荣：《儒家哲学新论》，第123页。

4 傅佩荣：《儒道天论发微》，第93页。

第七》）傅教授解释说：“孔子相信自己是天所拣选委派的那一位，负有使命要把‘文’传于后世。”

第十课

孔子哲学之根源 —— 华夏古文明

从宏观的视域考论人类文明史，可大致分为三个时期：古代文明、近代文明、现代文明。

古代文明以宗教性为核心，其典型为印欧语系的历史性宗教。中国殷代文明具浓厚的宗教色彩，但毕竟并不具有印欧历史性宗教那种彼岸与世俗截然划分为二元世界的特性，而毋宁说，中国古文明的宗教性并不离世俗关切，以此大异于印欧古代文明。印欧古代文明，学界一般称之为“宗教文明”。

近代文明，从西方文明史来看，可以说是一个摆脱宗教文明而进入世俗文明的进程，经历欧洲文艺复兴、启蒙运动、近代科学，欧洲人逐步舍弃传统上集权的、绝对的极权宗教；从彼岸的、救赎的关心转向世俗的关切。从华夏文明发展史来看，近代文明是从古代原始文明进至理性文明，而华夏理性文明成熟之里程碑在孔子哲学。华夏理性文明由孔子哲学奠基，它肇始于农业社会，作为华夏农业文明的核心，也就是华夏农业社会稳固和成熟的基石。

华夏古文明的宗教并非超绝的、一元神极权钳制的，它孕育的宗教传统极高明而道中庸，最高者（名之曰“帝”“上帝”“天”）超越于天地万物之上，而又在人世间（即经验世界）普遍有效。这种宗教传统区别于其他历史性信仰的宗教，它不依赖任何超自然的、特殊的历史性事件的启示，而肇发于一种“神人以和”(《书·虞夏书·尧典》)、“天工人其代之”(《书·虞夏书·皋陶谟》)、“天聪明，自我民聪明；天明畏，自我民明威”(同前)为核心的根源智慧。这种宗教包含的“最高者”信仰之载体就在每一个人自身的心灵中，可以说是一种伦理共同体的、民众的宗教；从其肇发之始就显见出其理性的（即使是带着原始性的）萌芽，以此区别于其他依赖于特定的宗教集团（制度性的掌控超自然福报和恩赐的教职人员阶级和独断的绝对权威的教规、戒律)为载体的历史性信仰的宗教。此所以，华夏古文明进至近代文明之进程可说是调适上遂的，其发展并不像欧洲文明那样充满着世俗与宗教之冲突与斗争。

孔子曰:“周监于二代，郁郁乎文哉！吾从周。”(《论语·八佾第三》)此即表示华夏古文明与近代理性文明之延续性。华夏文明从原始时期（夏、商）至文明化（周），再进至道德化（由孔子“仁者，人也”“人能弘道”奠基的理性文明为肇始），奠定了中华民族群族生命体之根本。华夏理性文明由孔子奠立，它世代相续，为每一个个体生命立本，为社会生命体扎根。此即孔子说:“夫仁者，己欲立而立人，己欲达而达人。”(《论语·雍也第六》)“立”，立仁也:“达”，达道也。“弘道”，致力实现“大同世界”（即德国哲学家康德言“终极目的”“圆善”实现于世上：“目的王国”“伦理共同体”）也。我们之所以称孔子开创的文明为“理性文明”，因为其核心“仁”（“仁者，人也”、“人能弘道”、人心之仁与天地万物为一体）就是人的理性的本质，其首出作用见于本心良知之天理，是人同此心、心同此理的。用康德的话说，理性的真实作用是在意欲机能中立普遍法则（道德法则），这种立法“在道德上有效，亦即作为一项责成之根据而有效”（Gr 4：389），“具有绝对的必然性”（Gr 4：389）。道德法则无条件地有效，“不承认任何时间的区别”（KpV 5：99）。每一个人自身的理性是立法主体，每个人作为有理性者，“由于自身即是目的，就他所服从的任何法则而言，他必须能视他自己为普遍地立法的，因为正是他的格准之适合于普遍的立法彰显他为在其自身即是目的。随之，上说之立法之义涵蕴着他的尊严（特权）超乎一切纯然的自然物，以及他必须总是从认他自己和同样认每一其他有理性者皆为立法者（他们因此名为人格）的观点来采用他的格准”（Gr 4：438）。人性尊严（Würde der Menschheit）正在于这种普遍地立法的能力（Fähigkeit）中（Gr 4：440），纯粹理性在自由方面具有立法则的权力，这权力是人“与自己及他人普遍和谐的条件”（KGS 19：179），以达至“对于知性和感官的持久和平的管治”（A465/B493）。并且，道德法则产生终极目的（圆善），并命令人在世上实现圆善之理想，亦即建立“人类伦理共同体”（目的王国），以及天地万物隶属于终极目的下，而成统万物而言的宇宙大全。

孔子曰：“殷因于夏礼，所损益，可知也；周因于殷礼，所损益，可知也。其或继周者，虽百世，可知也。”（《论语·为政第二》）又曰：“周监于二代，郁郁乎文哉！吾从周。”（《论语·八佾第三》）孔子身处春秋战国时代，周文衰落，而孔子以“集群圣之大成”，接续“王道之大者”为使命，虽不自知其辞之谦，曰：“述而不作，信而好古，窃比于我老彭”。（《论语·述而第七》）

孔子“仁者，人也”“人能弘道”之哲学生命，其根源可追溯至先圣之德及先王之道。此乃孔子本人明示的。孔子以六艺施教育人，《书》《诗》《易》（此三部古典，后世称为“经”）为孔子教学的材料，当为事实。

我们以《尚书》为研究孔子哲学之源头的一部文献，理据在孔子本人自道：“周监于二代，郁郁乎文哉！吾从周。”（《论语·八佾第三》）《中庸》云：“仲尼祖述尧舜，宪章文武。”有必要申明，我们不必反对信史自殷商始（即甲骨文和金文所及之公元前四千年晚期到前三千年早期开始），但不应据此主张中华古文明就只限于商周；尽管考古学家提出尧、舜并非信史中的人物，然不能依之抹掉尧、舜、禹、文王、武王所代表三代圣贤之治内含的哲学思想于中华文明发展进程中的推动作用。

孔子赞尧、舜、禹、文王、武王，见于《论语》。《论语·泰伯第八》记载：“子曰：‘大哉尧之为君也！巍巍乎！唯天为大，唯尧则之。荡荡乎！民无能名焉。巍巍乎！其有成功也；焕乎，其有文章！’”“子曰：‘巍巍乎！舜禹之有天下也，而不与焉。’”“子曰：‘禹，吾无间然矣。菲饮食，而致孝乎鬼神；恶衣服，而致美乎黻冕；卑宫室，而尽力乎沟洫。禹，吾无间然矣。’”“三分天下有其二，以服事殷。周之德，其可谓至德也已矣。”《论语》于终篇（《尧曰第二十》）引《尚书》诸篇以著明全书之大旨，云：“尧曰：‘咨！尔舜！天之历数在尔躬。允执其中。四海困穷，天禄永终。’”（朱注有云：“四海之人困穷，则君禄亦永绝矣，戒之也。”）“舜亦以命禹。”（朱注云：“舜后逊位于禹，亦以此辞命之。今见于《虞书·大禹谟》，比此加详。”）“曰：‘予小子履，敢用玄牡，敢昭告于皇皇后帝：有罪不敢赦。帝臣不蔽，简在帝心。朕躬有罪，无以万方；万方有罪，罪在朕躬。’”（朱注云：“此引《商书·汤诰》之辞。盖汤既放桀而告诸侯也。与《书》文大同小异。曰上当有汤字。履，盖汤名。”）又述武王事，引周书太誓之辞云：“虽有周亲，不如仁人。百姓有过，在予一人。”

《论语》祖述尧、舜、禹、文王、武王见于各篇。《颜渊第十二》：“舜有天下，选于众，举皋陶，不仁者远矣。汤有天下，选于众，举伊尹，不仁者远矣。”《宪问第十四》：“南宫适问于孔子曰：‘羿善射，奡荡舟，俱不得其死然；禹稷躬稼，而有天下。’夫子不答，南宫适出。子曰：‘君子哉若人！尚德哉若人！’”《卫灵公第十五》：“子曰：‘无为而治者，其舜也与？夫何为哉，恭己正南面而已矣。’”（朱注：“恭己者，圣人敬德之容。”）

孔子自道“述而不作，信而好古”（《论语·述而第七》），然我们实不可以为孔子之“述”是对古史之叙事，“不作”亦不意谓无创造性。我们可指出，孔子对世代相传三代古文明圣贤之德和王道之治之“述”，同时就是对中华古文明的理性内核之提炼。也就是说，此“述”即包含一种常道性格的说明，孔子之“述”让流传于战国之世之追述古事之“书”获得上升的维度。而《尚书》亦唯据此取得其孔子哲学之根源的地位，并得以标举为“原型”—— 无论人类社会是否曾真正达到它，它都是一个预告的人类史向之而趋的目标，我们理应以这个“原型”检查自己，看看我们的所作所为是接近它，抑或是背离它，以此纠正历史的航向。

德国哲学家雅斯培在其《大哲学家》(又译《康德》)中，《孔子》一章里说:“孔子的复兴意愿乃是针对周王朝的奠基人，特别是针对周公而言的。…… 这里倡导的是对永恒真理的温习，而不是对过去的模仿。这些永恒的思想在古代是清晰显现的。”[1]孔子有深刻而庄严的历史感，但“古”“史”于孔子绝不是过去式的、死的材料。孔子的“历史”显然不是一堆一堆的关于过去事件的材料，用雅斯培的话说，它不是像黑格尔所建构的那样一个“没有未来以及对自由的诉求”[2]的普遍历史。而毋宁说，孔子如同康德那样，是在逼向理性的原型的态度指引下考察历史事件。用康德的词语说，孔子关注的是预告的人类史，亦即德性史。

析疑与辩难

问：史学界有“疑古派”提出，《尚书》为“托古”的“伪

---

1 Jaspers-Karl, *Die GrossenPhilosophen,* R.Piper& Co VerlagMünchen, 1957, S.158. 中译见雅斯培《大哲学家》，李雪涛译，北京：社会科学文献出版社，2005年，第117页。

2 Jaspers-Karl, *Die GrossenPhilosophen*, R.Piper& Co VerlagMünchen, 1957, S.583. 中译见雅斯培《康德》，赖显邦译，台北：久大文化，1992年，第282页。

书”，“尧、舜”无历史真实性。关于此等说法，我们应如何看待？

答：诚然，我们不必反对信史从殷商始，但不得不指出，当我们研究孔子哲学生命的根源，实在并非着眼于历史事件，而是要探究孔子哲学之根源于华夏古文明的理性内核。我们尊重史学家以考证史料之“真有”为己任，但不必同意某些史学家以史料之是否“真有”来裁判哲学思想之是否真实的武断手法。《书》乃古代公文、函札，流行于战国时期，相传有三千余篇，史学界已证明有“先秦百篇本”（证据是：汉景帝时，鲁恭王破坏孔子故宅，从孔壁取出的古文尚书，有百篇书序）。经秦火一劫，又遭秦末之乱，先秦所流传之百篇大多失佚，至汉文帝时，伏生所发《尚书》二十九篇，此即今文《尚书》。不必讳言，若以文献是否出自三代史臣为标准来裁定《书》之诸篇的“真”“伪”，恐怕不只是古文《尚书》要判决为“伪书”，即便今文《尚书》二十九篇，也难免都有经后人之手之嫌。事实上，古代记录事件（遑论记载思想）的工具仅限于甲骨文和青铜器，能被记录的东西就极为有限，可以推断，诸多古事通过面授口传之方式流传于世，至晚周、战国之世才被追述，并著成篇。顾颉刚编《古史辨》，书中有说：“《尧典》《皋陶谟》《禹贡》《甘誓》等篇，一定是晚周人伪造的。”[1]诚然，我们不必怀疑今文《尚书》诸篇之著成于晚周，但恐怕也不能因其为后人追述古事就一概斥之为“伪造”；即便依治史的严谨态度，对于《尚书》是否可采用为史料确实必

---

1 顾颉刚等:《古史辨》修订版第一册，海口：海南出版社，2005年，第86页。

须慎之又慎，但史学家若据此否决《尚书》为思想史的文献，则是犯了以“史料”考据取代“思想”研究的毛病。更有甚者，以为溯孔子哲学之源于《书》《诗》《易》乃系“我注六经”的“伪造”作风，此类以史学为独尊而贬斥哲学的横蛮专断，实只是学术界之霸道。同样，我们不必反对史学界对“孔子删诗书，定礼乐，赞周易，修春秋”(朱熹《四书集注》)之说提出质疑，但并不能据此否定诗书礼乐易作为孔子哲学之深厚根源，更不能以为《春秋》不过是一部鲁史。袁谷芳说：“《春秋》者，鲁史也。鲁史氏书之，孔子录而藏之……”[1]杨伯峻也说：“《春秋》本是鲁史本文……孔子不曾修改”[2]，“《春秋》和孔丘有关，仅仅因为孔丘用过《鲁春秋》教授过弟子”[3]。足见史学界流行之以历史为死材料的弊病，依此偏见，包含于《春秋》中的孔子哲学之微言大义完全被抹掉。则我们无法理解孟子何以说：“《春秋》，天子之事也。”《孟子·滕文公下》云：“世衰道微，邪说暴行有作，臣弑其君者有之，子弑其父者有之。孔子惧，作《春秋》。《春秋》，天子之事也。是故孔子曰：‘知我者其惟《春秋》乎！罪我者其惟《春秋》乎！’”

问：有学者认为必定要在历史条件的局限下解读古人思想，并要求依之决定其中使用的字词的含义。未知妥当否？

答：我们尝试揭示三代古文明之理性内核，是据孔子哲学之本旨而从事，不必与疑古惑经的史学家一般见识。尽管

---

1 杨伯峻撰注《春秋左传注》(第一卷)，北京：中华书局，1990年，第15页。

2 杨伯峻撰注《春秋左传注》(第一卷)，第13页。

3 杨伯峻撰注《春秋左传注》(第一卷)，第16页。

我们不必反对某些史学家以“训诂字义的方法”为其本务，但仍须指明，以一词之原有字义来决定该词在思想史中的意义，根本不可行，因为语音文字用于记载及传播思想，则字词之含义不会是僵固、一成不变的，而是动态的，与思想者的创造性密切相关，并于思想史之进程中取得其逐渐丰富的内涵。有学者以为必定要在历史条件的局限下解读古人思想，并要求依之决定其中使用的字词的含义，但我们可以指出，这种主张根本违背“思想”之本性，思想之为思想就在于能突破历史的局限。尤其是哲学，其本义就是理性本性之学，而理性之能就是突破现实的限制而上升至普遍必然（即任何时间任何地点对一切人皆有效）的维度。

现在，我们提出研习孔子哲学，首先要表明，我们要对孔子传统作哲学说明，其中关键词及主要命题皆不离理性之本性为根源；也就是说，我们要阐发孔子传统所含理性之内核，它不仅属于过去，而且于现在及未来皆真实，皆普遍地客观有效，确切地说，它是每个人禀具之理性的真实，同时是人类共通的理想社会之原型。

第十一课

华夏古文明的理性内核

本课讲论华夏古文明，也就是讲论华夏文明之肇始，所讲论并不及史学考据，而是依孔孟祖述尧舜所揭示之理性内核作哲学说明。

通过《书经》(先秦但称此书曰《书》，汉初始有《尚书》之称）的《虞夏书》和《商书》，我们可以判定，虞夏和殷商属于原始文化时期。概而言之，原始文化的特质在于人通过一元神（如上帝）信仰和鬼神信仰把人的事务与命运交付和依赖于外在的不可知的力量。并且，原始文化另一个重要特质是部族性的群体性，其精彩集中表现在领袖人物（王）身上。从殷代进至周初，通过《书经·周书》及《诗经》可知，周人开始显示出对人自身能力的觉醒及承担人自身事务和命运的意识，原来在原始文化中对外在的不可知的力量(上帝和鬼神)的依赖性日渐失去其在大传统中的作用。周初社会流行“天命不可知、不可信赖”之思想，见于《诗·大雅·文王》:“天命靡常。"《书经·周书·大诰》中成王曰："天棐忱辞，其考我民。"又曰："天命不易。"并且，周文化已经凸显个体意识。依据周人摆脱对外在不可知力量之依赖而显出人自身的自主自立自我承担的意识和个体意识之觉醒，我们可以指出，周代已从夏商原始文化期转进至文明期。《诗·大雅·文王》："上天之载，无声无臭，仪刑文王，万邦作孚。""仪刑"，礼仪规范也，上天运化，不以声与色示人，不是人能测度之对象；文王制礼作乐，以万邦之治言"上天之载"。周代礼乐人伦、仁义教化，灿然明备，堪称中华民族生命的文明化时期。

《中庸》记孔子语，云："子曰：'吾说夏礼，杞不足征也；吾学殷礼，有宋存焉；吾学周礼，今用之，吾从周。'"可见三代接续相传的思想发展史观是一个事实，这种发展史观由孔子体现，就是"传先王之旧"，"集群圣之大成"，以接续"王道之大者"为使命。据此，本课讲论华夏文明之肇始，旨在揭明此文明作为一整体而含蕴的理性核心，亦即对它作哲学说明，哪怕开始时带着原始文化的粗糙性质。我们可以指出华夏古文明凸显之三特性。一、敬德：为君以德，为民以德；德与社群福祉相关联；以德配天。二、凸显法则性意识及永恒性意识；法则感与共通感为根基的万物协和一体的全体之理念。三、为政之楷模：王道。

三代言"德"，指人的品德、好的行为而言，并未形成关于品德、好的行为的超越根据（即道德原则）之意识。古代，人们都是以个人的品德、好的行为而言"德"。如古希腊的伦理学中，德性、好的行为本身就是具体的善的东西，并不像现代西方伦理学那样首先要对作为行为的原则或超越根据做研究。不过，值得提请注意的是，华夏古文明中所言“德”与古希腊所论有一点根本的不同，那就是：从苏格拉底开始，“德行”成为讨论的对象，也就是被视为通过“归纳法”和“辩证法”而求取的关于善的对象的知识。苏氏就主张“知识即德行”，但他坦承自己无知，他并不告诉别人什么是知识。在市集、公共广场上，苏氏跟每个“个人”谈话，从不直接告诉他们什么是知识，而是像一个“助产婆”，引导人在自己内心发现真正的知识，而不是自己生产。柏拉图的伦理理想在于“类的伦理的完美”，至善就在于认识“善的理念”。亚里士多德因着其经验论的取向，重视人的伦理美德与社会生活中取得成功的行为相关，但仍然依循“知识即德行”的传统，他主张逻辑推理的美德是最高的，并且是在知识中获得的。

跟古希腊苏格拉底他们很不同，三代言“德”并不是伦理概念的探究。什么是品德、好行为，每个人内心都明白，根本不会成为争论的课题，也不构成有待探究的知识。华夏古文明的重德敬德与社群福祉相关，凡是有利于社群福祉的品德、行为，就是值得每个人保有的美德和好行为。德被尊崇为“配天”，三代古文明中，以德配天之思想占有极为突出的地位。“以德配天”，实意指：对一个最高者（天）之存在的信念，而此信念建立在人自身的美德上。因之我们可称这样一种对于最高者的信仰为“德性之宗教”。

尽管华夏古文明的重德敬德仍未达至从人自身之本心立普遍法则（天理）来揭示人的道德性；但我们从《诗》《书》文句已见到，华夏古文明中明显含蕴着法则感。《尧典》言“历象日月星辰，敬授人时”，显示出自然法则之感。而《烝民》

言“天生烝民，有物有则”，蕴含着一种统人与物而言之法则性；更言“民之秉彝，好是懿德”，人秉持彝常，则喜好美德，此即显示美德乃源自人秉持一种具恒常性、必然性、普遍有效性之道。《烝民》所言“天”无非指表人与万物的共同根源，此共同根源即物则之常和人德之秉彝。此所以孟子引《诗·大雅·烝民》说“故有物有则”，并明言“孔子曰：为此诗者，其知道乎”(《孟子·告子章句上》)。

三代为政之王道楷模扎根于华夏古文明敬德与法则意识的理性核心。王者作为君主，其职责是保养民众，使民众生活安康；敬德明德以为民众表率，使民众光明美好，实践美德和秉持智慧。也就是说，君主是社会管理和民众教化的最高组织者。依照王道之楷模，政治之实质是社会治理和民众教化，而不是权力和利害。

析疑与辩难

问：史学界有“殷人尚鬼”的说法，是否与我们所论华夏古文明之理性特质相冲突？

答：不必讳言，“殷人尚鬼”，尤其自从1899年殷墟发掘出的甲骨文大半有关于占卜、祭祀，反映出殷代尚鬼的风俗。但该方面的材料不在本课程考论之列，理由是：我们的讲论要旨是从哲学的视野就华夏古文明包含的哲学内核之特性做说明。因此，我们对于华夏古文明之研究是依孔孟祖述尧舜所揭示之大传统，搁置其小传统而不论，甚至亦不涉及思想史与文化史之详论，也就是说，不从经验描述的层次论及古代史现实的状况。

有必要提醒的是，当考察华夏古文明的德性之宗教的特质时，我们是搁置中国古文化中原始信仰的巫术和迷信活动的，这种性质的活动也表现在各类型人类信仰活动中，甚至延续至今天。

从华夏文化史观察，它与其他族群的文化史一样，有其原始文化时期，如德国学者、神学家孔汉思（Hans Küng）说："崇拜祖先、祭祀、占卜、巫医不但中国有基督教也有，特别是在所谓的民间或民众宗教的形式、结构或层次上。"[1]人类原始文化的一个共通现象就是：人通过一元神（如上帝）信仰或鬼神信仰把人的事务与命运交付和依赖于外在的不可知的力量。但是，如康德在《单纯理性界限内的宗教》一书中就指出："孤立无助的人受自然的、建立在对自己无能的意识之上的畏惧所迫，崇敬强大的、不可见者，这并不是与一种宗教同时开始的，而是从对上帝（或者偶像）的一种奴性的事奉开始的。"（Rel 6：175-176）各种各样的教会教派，"就它们的形式都是可怜的凡人在尘世把上帝之国感性化的尝试"（Rel 6：175）。人意识到"自己在认识超感触事物方面无能"（Rel 6：175），这可以说是一种对于人类原始文化中畏惧和崇拜超自然力量的现象所作的说明；另一方面，这种"无能认识超感触事物"之意识诱使人的思想荡越到其感取的直观无法进至之境，因而滋养出一元神信仰或鬼神信仰。

尽管夏、商、周三代，若从古代史的角度考察，不难见

1 秦家懿、孔汉思:《中国宗教与基督教》，吴华译，香港：三联书店，1989年，第29页。

出古代尤其是商代的生活方式，流行祖先崇拜、祭祀、占卜、巫术。史学界有谓“殷人尚鬼”。不必置疑，如同其他原始文化一样，古代人类处在自然状态中，面对命运的多变与多舛，人诉诸外在的不可知的东西与力量来把握命运和解释不可知的事物，这些外在的不可知的东西连同其神秘力量支配人的群体生活模式，形成神鬼信仰（多神信仰、一元神信仰、驱魔捉鬼的巫术），祭祀祖先和神灵（众多的自然神及最高的人格神）以求趋吉避凶、祈福消灾，占卜以借助通灵来为行为作出抉择。甚至在今天高度文明化的社会，亦以小传统的方式保存着。现在，我们考察华夏古代文明，并不着眼于华夏古代生活史中与其他古文化相同的、依赖外在的不可知的东西连同其神秘力量的原始文化的小传统，而是揭示华夏古文明包含的德性宗教，它与古代习俗文化迥然不同，实已发出理性内核之潜光。

问：有学者提出三皇五帝不能作为信史。然则，华夏古文明是否应剔除夏代？

答：我们于前面一课已申明，不必认同某些史学家以史料之是否“真有”来裁判哲学思想之是否真实的武断手法。无论史学界就三皇五帝是否信史的问题有什么结论，对于我们依孔孟祖述尧舜所揭示之大传统的讲论并无影响。

本课程关于华夏古文明理性核心之特性的说明，征引文献为《书》(伏生所传今文尚书二十八篇)、《诗》，尤以其中周朝文献为要。依据学界文献考证之成果，《诗》《书》所记最古上及尧舜，而编订的年代却较晚，大约于西周初期至春秋战国之间。《书》之各篇，已为学界考证为述古之作。本课程征引二书文句，其信实以学界文献考证之成果为根据，并不逐一说明。[1]

不必讳言，引《虞夏书》和《商书》乃后人追述古事，依史学界考订，《虞夏书·尧典》著成时代“最早亦不能前于战国之世”，“当在孟子之前也”。[2]《虞夏书·皋陶谟》“疑与尧典同时（或稍后）著成”，“亦当在孟子之前也”。[3]但此事实并不影响我们据之论华夏古文明之理性内核。

---

1 文献征引参见屈万里注译《尚书今注今译》，台北："商务印书馆"，1969年。朱熹:《诗经集注》，台北：万卷楼，1996年）

2 参见屈万里注译《尚书今注今译》，第3页。

3 参见屈万里注译《尚书今注今译》，第20页。

第十二课

敬德重德（一）：为君以德，为民以德

引文一

曰若稽古帝尧，曰放勋。钦、明、文、思、安安，允恭克让；光被四表，格于上下。（《书·虞夏书·尧典》）

［解说］考察古帝尧之品德：钦，敬谨也；明，睿智明通也；文，“敏而好学”（孔子语见《论语·公冶长第五》）；思，思曰睿也；安安，和柔；允恭克让，诚然恭谨能礼让。尧之德广被四方，感动上下。

引文二

月正元日，舜格于文祖，询于四岳，辟四门，明四目，达四聪。“咨，十有二牧！”曰：“食哉惟时！柔远能迩，惇德允元，而难任人，蛮夷率服。”（《书·虞夏书·舜典》）

［解说］惇，厚；允，诚然；元，善。舜言“惇德允元”，

倡德、善也。

引文三

帝（案：舜）曰："契，百姓不亲，五品不逊。汝作司徒，敬敷五教，在宽。"（《书·虞夏书·舜典》）

[解说] 五教，父义、母慈、兄友、弟恭、子孝。在宽，宽大、不胁迫。此为舜对作为司徒的契的告诫语。可见舜重视民德教化。

引文四

曰若稽古皋陶，曰："允迪厥德，谟明弼谐。"（《书·虞夏书·皋陶谟》）

[解说]《皋陶谟》述皋陶与舜、禹之谋议。迪，蹈也，践履也。皋陶言"允迪厥德"，重德之践行也。

引文五

皋陶曰："都！亦行有九德；亦言其人有德，乃言曰：载采采。"禹曰："何?"皋陶曰："宽而栗，柔而立，愿而恭，乱而敬，扰而毅，直而温，简而廉，刚而塞，强而义；彰厥有常，吉哉。"（《书·虞夏书·皋陶谟》）

[解说] 皋陶言"九德"：宽大而谨慎，柔和而能树立，谨慎而能供职，有治才而能敬事，顺而能刚毅，正直而温良，简易而明辨，刚毅而笃实，勇敢而正义。并重视人之有德在事上见，此言"载采采"之意也。彰，著。常，常度。吉，善。

引文六

夔曰："戛击鸣球，搏拊琴瑟以咏。"祖考来格，虞宾在位，群后德让。(《书·虞夏书·皋陶谟》)

[解说] 此段文述尧之后丹朱(为虞舜之宾)，在助祭之位，众诸侯推让有德者居尊位。

引文七

非予自荒兹德，惟汝含德，不惕予一人。(《书·商书·盘庚》)

[解说] 此段文句是殷帝盘庚的训辞。荒，荒废。含，舍弃。惕，惧。

引文八

五、皇极：……而康而色，曰："予攸好德。"汝则锡之福。(《书·周书·洪范》)

[解说] 周武王十三年，王拜访箕子。箕子向武王述洪范九畴。洪，大；范，法、规范。第五畴皇极。极，法则也。此中说：有人和颜悦色说"我好德"，你就赐他福。

引文九

九、五福：一曰寿，二曰富，三曰康宁，四曰攸好德，五曰考终命。(《书·周书·洪范》)

[解说] 第九畴述五福，修养美德是五福中的一种。

引文十

王曰："呜呼！封，汝念哉！今民将在祗遹乃文考，绍闻衣德言。……用康保民，弘于天若。德裕乃身，不废在王命！"（《书·周书·康诰》）

[解说]成王既伐管叔、蔡叔，以殷余民封康叔，作《康诰》。成王告诫康叔要勤勉地敬述文王，昭明地听取殷代有德者言。安定保护民众，大大被天保佑。自身充满美德，才不会被王命罢免。封，康叔名。

引文十一

王曰："呜呼！封，敬哉！无作怨，勿用非谋非彝蔽时忱。丕则敏德。用康乃心，顾乃德。"（《书·周书·康诰》）

[解说]《康诰》中，成王又告诫："要敬谨，不要制造仇怨，勿采用无谋略不合彝常的做法，以蔽塞实情。于是疾迪于德。平和你心，反省你的德行。"

引文十二

王曰："封！爽惟民，迪吉康，我时其惟殷先哲王德，用康乂民作求。"（《书·周书·康诰》）

[解说] 成王告诫康叔要思殷代先哲王之美德，安定百姓以媲美他们。爽惟，发语词。迪，导。时其，是以。惟，思。作求，媲美。

引文十三

王曰："……已！汝惟小子，未其有若汝封之心。朕心朕德，惟乃知。"(《书·周书·康诰》)

[解说] 成王对康叔说："我心我德只有你知道。"

引文十四

尔克永观省，作稽中德。(《书·周书·酒诰》)

[解说]《酒诰》，周公以成王命告康叔之辞。此句为周公告诫康叔：你能永远审察反省，则合中正之德。作，则。稽，合。

引文十五

王曰："封，我闻惟曰：'在昔殷先哲王，迪畏天，显小民，经德秉哲。'"(《书·周书·酒诰》)

[解说] 此句为周公对康叔说："听闻以前殷代先哲王敬畏天，使百姓光明，践行美德保持明哲。"

引文十六

今王惟曰："先王既勤用明德，怀为夹，庶邦享作，兄弟方来。亦既用明德，后式典集，庶邦丕享。"(《书·周书·梓材》)

[解说]《梓材》，武王诰康叔之书。有学者疑"今王惟曰"以下为周公、召公进谏成王之辞，与《梓材》误合为一篇。该段引文表彰先王奋勉践履明德为楷模。

引文十七

知今我初服，宅新邑。肆惟王其疾敬德。……其惟王位在德元，小民乃惟刑用于天下，越王显。（《书·周书·召诰》）

［解说］《召诰》，召公诰成王之辞。此句乃召公对成王说：现今我们刚任政，居新城，故王要急切敬德。王立于德之首，老百姓才从而效法，施行于天下，于是王才能光显。

引文十八

周公曰：“呜呼！自殷王中宗，及高宗，及祖甲，及我周文王，兹四人迪哲。厥或告之曰：‘小人怨汝詈汝。’则皇自敬德。”（《书·周书·无逸》）

［解说］《无逸》，周公戒成王（另有一说为戒武王之书）。此句乃周公引殷王中宗、高宗、祖甲，及周文王，说：若小百姓怨你骂你，就立即敬谨自己的德行。皇，遽。

引文十九

惟兹惟德称，用乂厥辟。（《书·周书·君奭》）

［解说］此句乃周公告召公，说：因为官员们践行美德，以保他们的君王。《君奭》，周公告召公之言。奭（shì），召公名。乂（yì），保。辟，君王。

引文二十

公曰：“前人敷乃心，乃悉命汝，作汝民极。曰：‘汝明勖偶王，在亶乘兹大命，惟文王德丕承，无疆之恤！’”

(《书·周书·君奭》)

[解说]周公对召公说：前人(武王)宣布他的心意，周详地告诉你，使你成为百姓的准则。说："你要黾勉地辅助君主，在诚。承受大命，只有继承文王之德，无尽地忧虑。"

引文二十一

乃命三后，恤功于民。伯夷降典，折民惟刑；禹平水土，主名山川；稷降播种，农殖嘉谷。三后成功，惟殷于民。士制百姓于刑之中，以教祗德。穆穆在上，明明在下，灼于四方，罔不惟德之勤。(《书·周书·吕刑》)

[解说]此段文为周穆王述三位君主(伯夷、禹、稷)的功业：使民众正当，司讼狱的官裁判刑罚公正，以教百姓敬谨于德。在上者肃穆，在下者黾勉，显耀于四方，无不勤勉于德。殷，正。制，裁判。祗，敬谨。

引文二十二

王曰："呜呼！嗣孙，今往何监，非德?"(《书·周书·吕刑》)

[解说]周穆王对继承先公的子孙说："自今以往，若非取法于德，还能取法于什么呢?"

引文二十三

王若曰："父义和！丕显文、武，克慎明德……"(《书·周书·文侯之命》)

[解说]王，周平王。父，父执辈。义和，晋文侯字。《文

侯之命》为平王赐晋文侯之辞。此句是周平王对晋文侯说：显赫的文王、武王，能够敬谨于明德。

引文二十四

王曰："父往哉！柔远能迩，惠康小民，无荒宁。简恤尔都，用成尔显德。"(《书·周书·文侯之命》)

[解说] 此为《文侯之命》最后一句。周平王说："长辈前进吧！远方如同近处一样安定，慈惠安定小百姓，不要放纵享乐，专心顾虑你的国家，以成就你显著之德。"柔，安。能，如。

引文二十五

无念尔祖，聿修厥德。(《诗·大雅·文王》)

[解说] 此诗句说：岂得不念你祖（文王），修德。聿，发语词。

引文二十六

肆成人有德，小子有造。古之人无斁，誉髦斯士。(《诗·大雅·思齐》)

[解说] 朱子注云："冠以上为成人。小子，童子也。造，为也。古之人，指文王也。誉名髦俊也。承上章言文王之德见于事者如此，故一时人才皆得其所成就，盖由其德纯而不已，故令此士皆有誉于天下而成其俊乂之美也。"（朱熹《诗经集注》）

引文二十七

王配于京，世德作求。永言配命，成王之孚。(《诗·大雅·下武》)

[解说] 此诗句言武王继先王之德，而永远合分定，成王者之信。

引文二十八

媚兹一人，应侯顺德。永言孝思，昭哉嗣服。(《诗·大雅·下武》)

[解说] 朱子注云："言天下之人皆爱戴武王，以为天子而所以应之，维以顺德。是武王能长言孝思而明哉其嗣先王之事也。"(朱熹《诗经集注》)媚，爱也。一人，谓武王。

引文二十九

威仪抑抑，德音秩秩。无怨无恶，率由群匹。(《诗·大雅·假乐》)

[解说] 朱子注云："抑抑，密也。秩秩，有常也。""率由群匹"，任众贤也。

引文三十

有冯有翼，有孝有德，以引以翼。岂弟君子，四方为则。(《诗·大雅·卷阿》)

[解说] 有冯，有可为依者。有翼，有可为辅者。岂弟君子，指成王也。(参见朱熹《诗经集注》)

引文三十一

敬慎威仪，以近有德。(《诗·大雅·民劳》)

[解说] 此为《民劳》中的一句告诫之辞。关于《民劳》，朱子注云："序说以此为召穆公刺厉王之诗，以今考之，乃同列相戒之辞耳，未必专为刺王而发。然其忧时感事之意，亦可见矣。"(朱熹《诗经集注》)

引文三十二

价人维藩，大师维垣，大邦维屏，大宗维翰，怀德维宁。(《诗·大雅·板》)

[解说] 价人(大德之人)、大师(众)、大邦(强国)、大宗(族)，"皆君之所恃以安，而德其本也"。(朱熹《诗经集注》)

引文三十三

抑抑威仪，维德之隅。(《诗·大雅·抑》)

[解说] 朱子注云："抑抑，密也。隅，廉角也。郑氏曰：'人密审于威仪者，是其德必严正也。'""卫武公作此诗，使人日诵于其侧，以自警。"(朱熹《诗经集注》)

引文三十四

无竞维人，四方其训之。有觉德行，四国顺之。(《诗·大雅·抑》)

[解说] 朱子注云："言天地之性人为贵，故能尽人道，则四方皆以为训。有觉德行，则四国皆顺从之。""觉，直大也。"(朱熹《诗经集注》)

引文三十五

辟尔为德，俾臧俾嘉。淑慎尔止，不愆于仪。不僭不贼，鲜不为则。投我以桃，报之以李。（《诗·大雅·抑》）

［解说］ 朱子注云：“既戒以修德之事，而又言为德而人法之。犹投桃报李之必然也。”“辟，君也，指武公也。止，容止也。僭，差。贼，害。则，法也。”（朱熹《诗经集注》）

引文三十六

荏染柔木，言缗之丝。温温恭人，维德之基。其维哲人，告之话言，顺德之行。其维愚人，覆谓我僭。（《诗·大雅·抑》）

［解说］ “荏染，柔貌。柔木，柔忍之木也。缗，纶也。被之纶以为弓也。话言，古之善言也。覆，犹反也。僭，不信也。”（朱熹《诗经集注》）此段诗文言古之善言如此，维德之基，顺德之行。只是愚人不信而已。

引文三十七

申伯之德，柔惠且直。揉此万邦，闻于四国。吉甫作诵，其诗孔硕，其风肆好，以赠申伯。（《诗·大雅·崧高》）

［解说］ 此段诗文颂扬申伯之德。揉，治也。“宣王之舅申伯出封于谢，而尹吉甫作诗以送之。”（朱熹《诗经集注》）

引文三十八

仲山甫之德，柔嘉维则。令仪令色，小心翼翼。古

训是式，威仪是力，天子是若，明命使赋。(《诗·大雅·烝民》)

[解说]“宣王命樊侯仲山甫筑城于齐，而尹吉甫作诗以送之。”(朱熹《诗经集注》)上引诗文“仲山甫之德”，“发而拱之事业也”。(参见朱熹《诗经集注》)

引文三十九

人亦有言，德輶如毛，民鲜克举之。我仪图之，维仲山甫举之。爱莫助之。衮职有阙，维仲山甫补之。(《诗·大雅·烝民》)

[解说]朱子注云：“言人皆言德甚轻而易举，然人莫能举也。我于是谋度其能举之者，则惟仲山甫而已。”“王职有阙失，亦维仲山甫独能补之。盖惟大人然后能格君心之非，未有不能自举其德而能补君之阙者也。”(朱熹《诗经集注》)

引文四十

佛时仔肩，示我显德行。(《诗·周颂·敬之》)

[解说]朱子注云：“赖群臣辅助我所负荷之任，而示我以显明之德行，则庶乎其可及尔。”(朱熹《诗经集注》)

引文四十一

穆穆鲁侯，敬明其德。敬慎威仪，维民之则。……明明鲁侯，克明其德。……济济多士，克广德心。(《诗·鲁颂·泮水》)

[解说]此大段诗文为颂祷之辞。“广，推而大之也。德

心，善意也。”（见朱熹《诗经集注》）

“德”（悳），许慎《说文解字》解“悳”字，云：“外得于人，内得于己也。从直从心。”《书》《诗》中，“德”字多含品德之意。此外，也有作恩惠解，如“克明德慎罚”（《书·周书·康诰》），“既醉以酒，既饱以德”（《大雅·既醉》）。一般指好的品德、行为而言，如：引文一，尧之品德：钦、明、文、思、安安、恭让。引文二，舜之“惇德允元”。引文四，皋陶曰：“允迪厥德”；引文五，皋陶言“亦行有九德”。引文十、十一，成王告诫康叔云：“绍闻衣德言。……德裕乃身，不废在王命！”“丕则敏德。用康乃心，顾乃德。”引文十七，召公诰成王曰：“肆惟王其疾敬德。”引文十八，周公戒成王曰：“皇自敬德。”引文二十，周公对召公说：“惟文王德丕承，无疆之恤！”引文二十二，周穆王对继承先公的子孙说：“今往何监，非德？”引文二十三，周平王对晋文侯说：“丕显文、武，克慎明德。”引文三十七，颂扬“申伯之德，柔惠且直。”引文三十八，颂扬“仲山甫之德，柔嘉维则。”

析疑与辩难

问：有学者以重“君德”为据而推论出华夏古文明之言“德”尚不及烝民，此说法是否可取？

答：华夏古文明突出“为君以德”，但值得注意，以重“君德”为据而推论出华夏古文明之言“德”尚不及烝民，恐乃偏颇之见。从相关古代文献看来，华夏古文明同时重视民德归厚，只不过民德与君德之表现有不同，君德重在君王个人的品德与德行，与群体、社会治理密切关联，民德则体现于伦常五教，与社群和睦相关。而二者皆与邦定民安相关。《舜典》记载：舜协于帝，“慎徽五典”，民众能够顺从五典，而成五教：父义、母慈、兄友、弟恭、子孝。孔颖达云：“五常即五典，谓父义，母慈，兄友，弟恭，子孝；五者，人之常行。”（见孔颖达疏《书·泰誓下》）

第十三课

敬德重德（二）：德福综和之关联

引文四十二

曰若稽古帝尧，曰放勋。钦、明、文、思、安安，允恭克让；光被四表，格于上下。克明俊德，以亲九族。九族既睦，平章百姓。百姓昭明，协和万邦。黎民于变时雍。（《书·虞夏书·尧典》）

[解说] 三代言“德”与社群福祉相连。见《尧典》，帝尧能够显扬俊德，使家族和睦，百官贤明，各邦国和合，百姓也都变得和顺。此见，君德为国泰民安的条件。平，辨。章，明。百姓，百官。时，是。雍，和。

引文四十三

慎徽五典，五典克从；纳于百揆，百揆时叙。（《书·虞夏书·舜典》）

[解说] 此段引文言舜善五种伦常教化，人能顺从；各

种官职都办理得井然有序。徽，善。五典，即五教：父义，母慈、兄友、弟恭、子孝。

引文四十四

曰若稽古皋陶，曰：“允迪厥德，谟明弼谐。”禹曰：“俞！如何?”皋陶曰：“都！慎厥身，修思永。惇叙九族，庶明励翼，迩可远，在兹。”禹拜昌言曰：“俞！”（《书·虞夏书·皋陶谟》）

［解说］此段引文记皋陶言，告诫：慎修其身，是思量长远之道。敦厚地叙次九族，众民勤勉辅助，由近可推及远。

引文四十五

汝克黜乃心，施实德于民，至于婚友，丕乃敢大言汝有积德。……汝不和吉言于百姓，惟汝自生毒，乃败祸奸宄，以自灾于厥身。乃既先恶于民，乃奉其恫，汝悔身何及！……无有远迩，用罪伐厥死，用德彰厥善。邦之臧，惟汝众；邦之不臧，惟予一人有佚罚。（《书·虞夏书·盘庚》）

［解说］此段文句是殷帝盘庚的告诫：施实在的恩惠于民众，才敢说自己有积德。不对百姓有和睦美好之言，因而自己招致祸害。先为民众厌恶，才遭到痛苦，后悔莫及！……作恶罚其死，行德扬其善。邦国好，惟赖众人；邦国坏，那就是我个人过错的惩罚。毒，害。奸，乱由内起。宄，乱由外起。恫，痛苦。

引文四十六

五、皇极：……而康而色，曰：“予攸好德。”汝则锡之福。……于其无好德，汝虽锡之福，其作汝用咎。(《书·周书·洪范》)

[解说] 见前引文八。此中说，有人能和颜悦色地说“我好德”，你就赐他福。若其无善德，你赐之福，则你受其咎。这里表达的德福关联并非自然因果关系，更不是一种习俗信仰的果报论，恰切地理解，德福关联是“应当”的命题，不是实然的命题。

引文四十七

九、五福：一曰寿，二曰富，三曰康宁，四曰攸好德，五曰考终命。(《书·周书·洪范》)

[解说] 见前引文九。此中说：修养美德是五福中的一种。可见德与福尽管是两种“在种类上完全相异的成素”，但它们并非对立，而是先验地综和在一起的。

引文四十八

无念尔祖，聿修厥德。永言配命，自求多福。(《诗·大雅·文王》)

[解说] 此诗句说：岂得不念你祖(文王)，修德。永远合分定，而多福在自求。

引文四十九

维此文王，小心翼翼。昭事上帝，聿怀多福。厥德

不回，以受方国。(《诗·大雅·大明》)

[解说] 此诗述说文王盛德，多福，以受四方来附之国。怀，来。回，邪也。

引文五十

威仪抑抑，德音秩秩。无怨无恶，率由群匹。受福无疆，四方之纲。(《诗·大雅·假乐》)

[解说] 朱子注云："抑抑，密也。秩秩，有常也。匹，类也。言有威仪声誉之美，又能无私怨恶以任众贤，是以能受无疆之福，为四方之纲。"(朱熹《诗经集注》)

引文五十一

于乎小子，告尔旧止。听用我谋，庶无大悔。天方艰难，曰丧厥国。取譬不远，昊天不忒。回遹其德，俾民大棘。(《诗·大雅·抑》)

[解说]《抑》乃卫武公所作。上引诗句为《抑》之末段，朱子注云："言天运方此艰难，将丧厥国矣。我之取譬乎，夫岂远哉！观天道祸福之不差忒，则知之矣。今汝乃回遹其德，而使民至于困急，则丧厥国也必矣。"(朱熹《诗经集注》)

引文五十二

申伯之德，柔惠且直。揉此万邦，闻于四国。(《诗·大雅·崧高》)

[解说] 见前引文三十七。宣王之舅申伯以其德，而治万邦，誉闻于四国。

引文五十三

无竞维人，四方其训之。不显维德，百辟其刑之。（《诗·周颂·烈文》）

[解说]《烈文》乃“祭于宗庙而献助祭诸侯之乐歌”。（朱熹《诗经集注》）上引诗句为《烈文》之末段，朱子注云：“又言莫强于人，莫显于德。先王之德所以不能忘者，用此道也，此戒饬而勤勉之也。《中庸》引‘不显惟德！百辟其刑之’而曰‘故君子笃恭而天下平’。”（朱熹《诗经集注》）《中庸》云：“诗曰：‘不显惟德！百辟其刑之。’是故君子笃恭而天下平。”（第三十二章）

依据以上引文，我们可以指出，华夏古文明重德与社群福祉关联。君德保障邦国安定，民众安康，就是说，君德通过为君者之盛德大业而显。为君者修德而人法之（见引文三十五）“光被四表，格于上下”（见引文一）。又，《召诰》云：“其惟王位在德元，小民乃惟刑用于天下，越王显。”（见引文十七）百官敬德，以保君王（见引文十九），“协和万邦”（见引文四十二），“施实德于民”。（见引文四十五）又，《敬之》云：“佛时仔肩，示我显德行。”（见引文四十）君德为民众之表率，“作汝民极”（见引文二十）。民德归厚，而天下平。民德开始没有不好的，只是为君者要“敬用治”，使民德善始善终。此即周公告召公曰：“呜呼！君！惟乃知民德，亦罔不能厥初，惟其终。祗若兹，往敬用治！”（《书·周书·君奭》）又，成王以殷先哲王为训，曰：“显小民，经德秉哲。”（见引文十五）

《书》《诗》，尤其是《书》，可以说都是以敬德、明德为要旨，为君者要务在平章百官、教化众民，以保邦定民安。三代言“德”皆关联于社群福祉，而福以德为其本。华夏古文明所言“德”并不像古希腊哲学家那样要在知识中获得，也就是说，并没有把“德”与“知识”混在一起，不像希腊人那样采取知性的态度论德性。尽管二者作为人类文明之肇始，均未及于德性、好行为的原则或超越根据，也就是说并未自觉到理性为行为定规则或立法则的能力，但通过三代言“德”与“福”之所本相关，以及言五教与人伦彝常关连，实可见出其中含藏理性之萌芽，以此有别于希腊文明乃至整个西方文明仅从知性的层次研究个体行为的合理性以论“德”。

依华夏文明，“德”与“福”既是独立之元素，同时又是不可分地关联一起而为言，福不仅就个人的祸福得失而论，而是关联于社群福祉。德创造福，乃创造社群福祉之动源，个人的幸福由一个德性创造的社群保障。用康德的话说：“德行与幸福同属一个圆善而使之成为可能。”（KpV 5：112）依此，我们可以说，从华夏古文明开始，“德”与“福”就是属于实践智慧学的，而不是归于知识学的。

析疑与辩难

问：圆善作为实践的智慧学首先由古希腊人提出，现在，我们指出，华夏古文明包含的“德”与“福”综和关联就是属于实践智慧学的，二者有何区别？

答：如康德在《实践理性批判》中提出，实践上充分地决定圆善这个理念，这就是智慧学，这种实践的智慧学在古希腊人所理解的这个词的意义上就是哲学。(KpV 5：108)，康德说："在古人那里，哲学曾经是对圆善必须在其中设立的那概念和圆善必须借以获得的那行为的指导。"他提出要让"哲学"这个词保留其古义，即"作为一种圆善的学说"，"只要理性致力在其中使圆善成为科学"。(KpV 5：108)不过，康德也同时指出："希腊各学派从来未能解决它们关于圆善的实践的可能性的问题。"(KpV 5：126)希腊哲人不承认德行和幸福是圆善的两个不同的要素，他们要么说：意识到自己导向幸福的格准，这就是德行，如伊壁鸠鲁学派；要么说：意识到自己的德行，这就是幸福，如斯多噶学派。

我们的古人并没有像希腊哲人那样在德行和幸福的问题上制造出二律背反。华夏文明从古代开始，就没有离开人的幸福和社群福祉去讨论"德"，也没有主张离开"德"而言"福"。并且，福以德为本，福德一致之必然性以"天"来表示，此即表明，"德""福"在我们的古文明中已超出世俗的只具偶然性的经验意义，而包含有超越的哲学义涵，以此初露华夏文明之理性曙光。

第十四课

敬德重德（三）：以德配天

引文五十四

帝曰："咨！汝二十有二人，钦哉！惟时亮天功。"（《书·虞夏书·舜典》）

［解说］ 帝舜告诫辅助他的二十二人，要敬谨，时时辅助至高无上的事功。功，事。有学者将"天功"中的"天"拟人化，理解为一个外在的有意图的"人格神"，"天功"就被理解为天（一元神）的事功。这种理解恐怕有过度诠释之嫌。在这里，我们宁可采取谨慎的态度，理解"天"为"极"，意指：至高无上的，定然不可移易的。

引文五十五

皋陶曰："都！亦行有九德，亦言其人有德，乃言曰：载采采。"禹曰："何?"皋陶曰："宽而栗，柔而立，愿而恭，乱而敬，扰而毅，直而温，简而廉，刚而塞，强而义；彰厥有常，吉哉。日宣三德，夙夜浚明有家。日严祗敬六德，亮采有邦，翕受敷施。九德咸事，俊乂在官。百僚师师，百工惟时。抚于五辰，庶绩其凝。无教逸欲有邦。兢兢业业，一日二日万几。无旷庶官，天工人其代之。天叙有典，敕我五典五惇哉！天秩有礼，自我五礼有庸哉！同寅协恭和衷哉！天命有德，五服五章哉！天讨有罪，五刑五用哉！政事懋哉懋哉！天聪明，自我民聪明；天明畏，自我民明威。达于上下，敬哉有土。”（《书·虞夏书·皋陶谟》）

［解说］皋陶言“九德”，重视人之有德在事上见。（见引文五）每日彰明三德，祇敬六德，保有采邑、邦国。才德出众的人任官职，百官互相效法，以达于善。日理万机，而无所任非人。此之为“天工”，而天工是由人完成的。僚、工，官员也。师师，互相师法。时，善。旷，空。庶，众。工，功。

天叙（伦序）有常，要恭谨敦厚地行五常之典。天秩（爵秩）有礼制，遵循五种礼而有常。天命有德者，有五等文彩的衣服；天罚有罪者，有五种刑法。天聪明（显扬善），由来于民众之聪明，天明畏（罚恶），由来于民众之罚恶。勅，谨。惇，厚。典，常。

引文五十六

禹曰：“安汝止，惟几惟康。其弼直，惟动丕应。徯志以昭受上帝，天其申命用休。”（《书·虞夏书·皋陶谟》）

［解说］以上所引是禹对帝舜说的一段话：“安于你的职

责，把握先机才能安康，辅助者有德，行动能得到响应。清意以明受上帝‘之命’，天将会重重赐给你幸福。”此处上帝与天有关联性，但不必是同一者。止，职责。弼，辅。直，悳之坏字[1]；悳，德也。其，将会。用，以。休，福祥也。

引文五十七

王曰：“嗟！六事之人，予誓告汝：有扈氏威侮五行，怠弃三正，天用剿绝其命，今予惟恭行天之罚。”（《书·虞夏书·甘誓》）

［解说］夏君与有扈氏战于甘，《甘誓》为其誓师之辞。誓辞指有扈国轻蔑五德，不奉夏之正朔，天因而断绝其国运，现在我只有恭敬地行使天对有扈国的惩罚。威，疑为烕字之讹[2]；烕，轻蔑。五行，终始五德。

引文五十八

王曰：“格尔众庶，悉听朕言，非台小子，敢行称乱！有夏多罪，天命殛之。今尔有众，汝曰：‘我后不恤我众，舍我穑事而割正夏？’予惟闻汝众言，夏氏有罪，予畏上帝，不敢不正。”（《书·商书·汤誓》）

［解说］商汤伐夏桀，《汤誓》为其誓师之辞。汤王于誓辞中表明：并非他敢作乱，而是夏国罪恶多端，天命诛之。众人埋怨君主不体恤大众，荒废农事，而征战攻夺夏国。王

1 见屈万里注译《尚书今注今译》，第26页。

2 见屈万里注译《尚书今注今译》，第48页。

听到这些怨言，发誓说：夏国有罪，我畏惧上帝，不敢不去征伐它。殛，诛。后，君主。割，夺。正，征。

引文五十九

盘庚迁于殷，民不适有居，率吁众戚出，矢言曰：“我王来，既爰宅于兹，重我民，无尽刘。不能胥匡以生，卜稽，曰其如台？先王有服，恪谨天命，兹犹不常宁；不常厥邑，于今五邦。今不承于古，罔知天之断命，矧曰其克从先王之烈？若颠木之有由蘖，天其永我命于兹新邑，绍复先王之大业，厎绥四方。”（《书·商书·盘庚》）

［解说］殷帝盘庚自奄迁殷，民众不悦。盘庚呼吁亲近的官员出来对民众讲话，说：“我王迁到殷，既已住在这里，是由于重视我们民众，无使他们受害。大家不能互相协助以求生存，卜问你们的所为会如何？先王有所作为，敬谨天命；且尚不能长久安宁，不能长久住在他们的都城，到现在已五换其国都。现在若不继承古人，竟不知道天之断我们的国运，何况说能够从事先王的功业？如同倒下的树木又抽新芽，天永远使我们的国运在这新的都城，继承复兴先王的大业，使天下安定。”刘，杀。服，事。矧，况。烈，业。厎，致。绥，安。

引文六十

高宗肜日，越有雊雉。祖己曰：“惟先格王，正厥事。”乃训于王。曰：“惟天监下民，典厥义。降年有永

有不永，非天夭民，民中绝命。民有不若德，不听罪。天既孚命正厥德，乃曰：‘其如台?’”(《书·商书·高宗肜日》)

[解说] 以上引文记祖己告教王的一段话：天监视世人，主持正义。降寿命有长久有不长久；不是天使民众夭折，中断其生命。民众不顺从美德，不听罚罪；天付命纠正他们的行为，他们竟然说：“天奈我何?”监，监视。典，主持。若，顺从。孚，付。如台，如何。

引文六十一

西伯既戡黎，祖伊恐，奔告于王。曰：“天子！天既讫我殷命。格人元龟，罔敢知吉。非先王不相我后人，惟王淫戏用自绝。故天弃我，不有康食。不虞天性，不迪率典。今我民罔弗欲丧，曰：‘天曷不降威？’大命不挚，今王其如台？”

王曰：“呜呼！我生不有命在天？”祖伊反曰：“呜呼！乃罪多，参在上，乃能责命于天？殷之即丧，指乃功，不无戮于尔邦！”（《书·商书·西伯戡黎》）

[解说] 西伯（周文王）战胜了黎国，祖伊（纣王之臣）报告王，说：“天既然终止殷国的命运，把大龟借给别人，我们不能知吉凶。并不是先王不帮助我们后人，皆因王荒淫逸乐而继绝了国运。因此，天舍弃我们：没有安宁的生活，失去愉快的天性，不顺从法典。现在民众没有不希望国家灭亡，诘问天为何不降罚予王，大命不至，对现今的王怎么办呢?”

纣王却说：“我生下来不是有命在天吗?”祖伊对答，说：

“你的诸多罪恶摆列在上，竟还责怪天不给好运！殷国即将灭亡，全是你所作所为；没有不灭亡你的国家的。”讫，终止。格，借。敢，能。虞，乐。迪，顺从。率典，法典。挚，至。参，摆列。

引文六十二

父师若曰：“王子！天毒降灾荒殷邦，方兴沈酗于酒，乃罔畏畏，咈其耇长、旧有位人。今殷民乃攘窃神祇之牺牷牲，用以容，将食无灾。降监殷民，用乂；雠敛，召敌雠不怠。罪合于一，多瘠罔诏。”(《书·商书·微子》)

[解说] 太师对帝乙之子微子说：“天重重降灾难来灭亡殷国，官民都沉醉于酒中，竟然不怕惩罚，违背长者、在位久者。现在殷的民众，顺手偷取祭神用的牲畜，却得到容忍，偷取祭品食用并无灾殃。天降监视殷民，以治理国家；现在却多赋敛，招致民众敌对不已。王与王的罪恶合成一体；病苦无告。”荒，亡。咈，违。瘠，病苦。罔诏，无告。

引文六十三

王曰：“今商王受惟妇言是用，昏弃厥肆祀弗答，昏弃厥遗王父母弟不迪，乃惟四方之多罪逋逃，是崇是长，是信是使，是以为大夫卿士。俾暴虐于百姓，以奸宄于商邑。今予发，惟恭行天之罚。”(《书·周书·牧誓》)

[解说] 周武王与商纣战于牧野，作《牧誓》。武王力陈纣的昏庸暴政：“专门采用妇人妲己的话，泯弃祭祀，舍弃先王遗下的同父母兄弟，却只是推崇任用四处犯罪逃亡者，让

他们任大夫和卿士，施暴虐于民众，在商国作乱。以此誓言，他伐纣是恭敬地施行天之罚。”受，纣名。妇，谓妲己。发，周武王名。

引文六十四

王若曰：“洪惟我幼冲人，嗣无疆大历服。弗造哲，迪民康，矧曰其有能格，知天命？已！予惟小子，若涉渊水，予惟往求朕攸济。”（《书·周书·大诰》）

[解说] 书序云：“武王崩，三监及淮夷叛，周公相成王，将黜殷，作《大诰》。”成王说：“我这个年轻人，继承无限重大的王位。不明智，不能领导民众安康，何况说有能力感动神到来以知天命呢！噫！我这个年轻人，就像涉深水，我只是寻求达到对岸。”洪惟，发语词。大历服，谓王位。造，成为。迪，导。矧，况。

引文六十五

予造天役，遗大投艰于朕身。（《书·周书·大诰》）

[解说] 此所引文句为成王慨叹：“我遭受天之役使，把艰巨的事情投掷在我身上。”

引文六十六

王曰：“天闷毖我成功所，予不敢不极卒宁王图事。肆予大化诱我友邦君，天棐忱辞，其考我民，予曷其不于前宁人图功攸终？”（《书·周书·大诰》）

[解说] 成王说：“天秘密地告诉我们成功，我不敢不赶

紧完成文王图谋的事业。故我诱导友邦的君主，天不可信，它考验我们的民众，我怎能不完成亡故祖先的福祥呢？”闳，秘。毖，告。卒，终。宁王，文王。肆，故。棐，匪。忱，信。辞，语词。

引文六十七

王曰：“爽邦由哲，亦惟十人，迪知上帝命。越天棐忱，尔时罔敢易法，矧今天降戾于周邦？……尔亦不知天命不易。”（《书·周书·大诰》）

[解说] 成王说：“光明国家由于睿智的人所成就，也只有十个人知道上帝命。天不可信，你们平时尚且不敢轻慢法令，何况现在天降拂逆于我们周围？你们也知道天命不容易。”越，语词。易，轻慢。戾，拂逆。

引文六十八

王若曰：“孟侯，朕其弟，小子封。惟乃丕显考文王，克明德慎罚；不敢侮鳏寡，庸庸，祗祗，威威，显民，用肇造我区夏；越我一、二邦，以修我西土。惟时怙冒，闻于上帝，帝休，天乃大命文王。殪戎殷，诞受厥命。”（《书·周书·康诰》）

[解说] 上引文摘录于武王诰康叔之辞。武王说：“你显赫的先父文王，能够公明地施恩惠，谨慎地执行刑罚，不敢欺侮鳏寡孤独的人，勤劳，敬谨，畏威，光显民众，创造了我们周和一两个邦国，以治理西方土地。因为这个缘故，为上帝闻达，帝喜。天于是大命文王，杀大商，受天之命。”封，

康叔名，武王的弟弟，诸侯之尊。越，与。休，喜。殪，杀。戎殷，大邦殷。诞，语词。

引文六十九

王曰："呜呼！小子封，恫瘝乃身，敬哉！天畏棐忱；民情大可见，小人难保。往尽乃心，无康好逸豫，乃其乂民。……已！汝惟小子，乃服惟弘王，应保殷民，亦惟助王宅天命，作新民。"(《书·周书·康诰》)

[解说] 武王告诫康叔说："痛病在你身上，要敬谨呀！天罚不可信；民情很容易见到，民众很难保障。要尽心，不要耽溺逸乐，才能治理民众。你的职责是弘王，容保殷民；也就是辅助王度量天命，作成新民众。"恫，痛。瘝，病。畏，惩罚，天畏，意指灭纣。宅，度。作，作成。

引文七十

王若曰："惟天降命，肇我民，惟元祀。天降威，我民用大乱丧德，亦罔非酒惟行；越小大邦用丧，亦罔非酒惟辜。"(《书·周书·酒诰》)

[解说] 书序谓《酒诰》乃康叔封于卫时，周公以成王命告之之辞。成王说："天降命肇国，开国改元。天降罚，我们民众大乱而丧失德行，也无不是由于流行喝酒。无论小国或是大国因之灭亡的，也无不是由于流行喝酒的罪过。"

引文七十一

王若曰："兹亦惟天若元德，永不忘在王家。"(《书·周

书·酒诰》）

［解说］成王说："天也顺从善德，永远不会灭亡王朝。"忘，亡。

引文七十二

王曰："我闻亦惟曰：在今后嗣王酣身，厥命罔显于民，祇保越怨不易。诞惟厥纵淫泆于非彝，用燕、丧威仪，民罔不衋伤心。……弗惟德馨香祀，登闻于天；诞惟民怨，庶群自酒，腥闻在上。故天降丧于殷，罔爱于殷，惟逸。天非虐，惟民自速辜。"（《书·周书·酒诰》）

［解说］成王说："我又听说，现今继位的君王酗酒，他的命令不被民众理会，却只是对民怨置之不理而不肯改正，只是放纵淫佚而不守法度，宴饮而丧失威仪，民众没有不悲痛伤心。……不使自己的品德芳香以上闻于天，为民怨恨。聚众酗酒，腥气闻于上；因此，天降灭亡于殷，再不爱护殷；只因为逸乐。天并非暴虐，只是民众自己招致罪过。"祇，但只。保，安也。越，于。衋，伤痛。诞，语词。惟，为。速，招致。

引文七十三

曰："呜呼！皇天上帝，改厥元子兹大国殷之命。惟王受命，无疆惟休，亦无疆惟恤。呜呼！曷其奈何弗敬？天既遐终大邦殷之命，兹殷多先哲王在天，越厥后王后民，兹服厥命。厥终智藏瘝在。夫知保抱携持厥妇子，以哀吁天，徂厥亡出执。呜呼！天亦哀于四方民，其眷命用懋。王其疾敬德！相古先民有夏，天迪从子保，面稽天若；今时既坠厥命。今相有殷，天迪格保，面稽天若；今时既坠厥命。今冲子嗣，则无遗寿耇，曰其稽我古人之德，矧曰其有能稽谋自天。”（《书·周书·召诰》）

[解说]《召诰》为召公诰成王之辞。召公说：“唉！皇天上帝，革去长子（纣）这大国般的国运。王已接受了天命，无穷的福祉，也是无穷的忧虑。唉！怎样能不敬谨呢！天已经结束了大殷国的国运。这殷有许多明哲的先王在天，后来的君王和民众都服从他们的命令；到了殷末世，明智的人隐居而有毛病的人在朝廷。人人带着妇女儿童，哀号呼天；他们逃亡就遭到阻截和逮捕。天怜悯四方民众，王要顾虑天命而勤勉，急切敬德。看看古时夏代民众，天爱护他们；他们违背了天旨，现在已丧失国运。如今你这青年人继承王位，不要遗弃老人；说，要考量我们古人的美德，能够考察咨谋于天。”遐，已。瘝，病。夫，人人。知，语词。眷，顾。懋，勉。面，背。稽，旨。若，语词。

引文七十四

曰：“王来绍上帝，自服于土中。旦曰：‘其作大邑，其自时配皇天，毖祀于上下，其自时中乂；王厥有成命，治民今休。’……王敬作所，不可不敬德。我不可不监于有夏，亦不可不监于有殷。我不敢知曰，有夏服天命，惟有历年；我不敢知曰，不其延。惟不敬厥德，乃早坠厥命。我不敢知曰，有殷受天命，惟有历年；我不敢知曰，不其延。惟不敬厥德，乃早坠厥命。”（《书·周书·召

诰》)

［解说］召公说：“王来卜问于上帝，用以治理中土。周公说：‘要建筑一座大城，由是配合皇天；祷告祭祀上下，由是中土平安。王若有明命，治民即美。’……王敬谨自己的行为，不可不敬德。我们不可不以夏国、殷国为鉴。我们可不知道，当年夏、殷受了天命，经过了多少年；我们也不知道，夏、殷不能延续长久。我们只知道由于他们不能敬谨自己的德行，才过早地丧失了他们的国运。”绍，卜问。自，用。服，治。旦，周公名。成命，明命。今，即。休，美。所，句末语词。监，鉴。敢，语词。

引文七十五

曰：“今天其命哲，命吉凶，命历年。知今我初服，宅新邑。肆惟王其疾敬德。王其德之用，祈天永命。……上下勤恤，其曰我受天命，丕若有夏历年，式勿替有殷历年。欲王以小民受天永命。”(《书·周书·召诰》)

［解说］召公说：“今天命哲，命吉凶，命历年。现在我们刚开始任政，居于新城。故王要急切敬德，王践行其德，求天永保国运。天子与民众勤劳忧虑，那使我们接受天命就像夏朝那样长久，勿废掉就像殷朝那样长久的年代。意愿王与民众永远接受天命。”知，语词。丕，语词。式，语词。

引文七十六

王拜手稽首曰：“公！不敢不敬天之休，来相宅，其作周匹休！”

王若曰："公称丕显德，以予小子，扬文武烈。奉答天命，和恒四方民……"(《书·周书·洛诰》)

[解说] 成王至雒，命周公留守雒邑。《洛诰》记周公受命时的典礼及君臣间之问答。上引文句为成王说："不敢不敬谨天赐之福祥，到这里视察居住的地方，以成就周的王业而配合天赐之福祥。"又说："公能显扬美德，使我这青年人弘扬文王武王功业，以报答天命，使四方民众和顺。"天之休，天赐之福祥。匹，配合。

引文七十七

王若曰："尔殷遗多士，弗吊旻天，大降丧于殷，我有周佑命，将天明威，致王罚，敕殷命终于帝。肆尔多士！非我小国敢弋殷命。惟天不畀允罔固乱，弼我，我其敢求位？惟帝不畀，惟我下民秉为，惟天明畏。"(《书·周书·多士》)

[解说] 成王迁殷顽民于雒邑，周公以王命诰，作《多士》。王对殷朝遗臣这样说："不幸，天降灭亡之灾予殷朝；我们周人配合天命，行天之扬善罚恶，推行王者之罚，使殷的国运结束于帝。不是我们小国周胆敢取殷朝国运，只是天不与谄佞、诬罔、蔽塞、惑乱，而助我们周人；我们岂敢求取王位？只是帝不予殷国，只是我们的民众顺从教化，只是天扬善罚恶。"佑，配。将，行。致，推行。敕，令、使。肆，语词。弋，取。畀，与。允，佞。罔，诬。固，塞。乱，惑。秉，顺。为，化。

引文七十八

我闻曰："上帝引逸，有夏不适逸；则惟帝降格，向于时夏。弗克庸帝，大淫泆有辞。惟时天罔念闻，厥惟废元命，降致罚；乃命尔先祖成汤革夏，俊民甸四方。自成汤至于帝乙，罔不明德恤祀。亦惟天丕建，保乂有殷，殷王亦罔敢失帝，罔不配天，其泽。在今后嗣王，诞罔显于天，矧曰其有听念于先王勤家？诞淫厥泆，罔顾于天显民祗，惟时上帝不保，降若兹大丧。惟天不畀不明厥德，凡四方小大邦丧，罔非有辞于罚。"（《书·周书·多士》）

［解说］王对殷朝遗臣说：我听见说，"上帝引导人们安乐"。夏朝享乐适度，帝则降临，前往合时的夏。后来不依从帝，放纵享乐，有了罪状；于是天不眷念恤问他们，废了他们的国运，降予惩罚。就命令你们的祖先汤革夏命，才智之士治理四方。自成汤到帝乙，没有不明德、慎于祭祀的；也因此天建立殷朝，保护殷朝；殷王也没有敢违背帝，没有不配合天。到了现在继位的君王（纣），不显于天，更不用说他能顾念到先王勤劳治国？他放纵享乐，不顾天显和民众病苦。于是上帝就不保护他，降如此亡国之灾。这只是天不与不昭明其德者；但凡小国大国灭亡，没有不是有罪而受罚的。逸，安乐。适，合度。甸，治理。丕，语词。后嗣王，指纣。诞，语词。天显，"古成语；犹言天道"。[1]民祗，"犹民病也"。

1 见屈万里注译《尚书今注今译》，第132页。

(《书·周书·多士》)。

引文七十九

王若曰："尔殷多士，今惟我周王，丕灵承帝事，有命曰：'割殷！'告敕于帝。惟我事不贰适，惟尔王家我适。予其曰惟尔洪无度，我不尔动，自乃邑。予亦念天，即于殷大戾，肆不正。"(《书·周书·多士》)

[解说] 王对殷朝遗臣如此说："现在只有周王善任帝事。'夺取殷国！'此令由帝宣告。那么，我们不攻伐别的地方，只是到你们殷王的地方。我要说，你们极端无法度；我没有扰乱你们，乱自你们殷国而起。我也是顾念天对殷国大罪的重罚，故来纠正你们。"丕，语词。灵，善。割，夺。敕，令。洪，大。度，法度。动，骚动。戾，罪。肆，故。不，语词。

引文八十

王曰："猷！告尔多士，予惟时其迁居西尔，非我一人奉德不康宁，时惟天命。无违，朕不敢有后，无我怨。"(《书·周书·多士》)

[解说] 王说："我于是把你们迁到西方，并非我个人的德性不好安宁，这是天命。你们不要违背！我不敢怠慢，别埋怨我。"

引文八十一

周公曰："呜呼！我闻曰：昔在殷王中宗，严恭寅畏，天命自度，治民祗惧，不敢荒宁。肆中宗之享国七十有五年。其在高宗，时旧劳于外，爰暨小人。作其即位，乃或亮阴，三年不言。其惟不言，言乃雍。不敢荒宁，嘉靖殷邦。至于小大，无时或怨。肆高宗之享国五十年有九年。其在祖甲，不义惟王，旧为小人。作其即位，爰知小人之依，能保惠于庶民，不敢侮鳏寡。肆祖甲之享国三十有三年。自时厥后立王，生则逸；生则逸，不知稼穑之艰难，不闻小人之劳，惟耽乐之从。自时厥后，亦罔或克寿。或十年，或七八年，或五六年，或四三年。”(《书·周书·无逸》)

[解说] 周公说：“我听说，以前殷王中宗，庄重敬谨，自己思量天命，治理民众敬谨而畏惧，不敢放纵逸乐。因此中宗在位七十五年。到了高宗，实久劳苦于外，与民众一起。到了即位时，谅阴不言三年，言则和穆，不敢放纵逸乐，使殷国美好安定。无论青年人或老人，都没有一点怨言。因此高宗在位五十九年。到了祖甲，他以为自己不合为王，做了很久的平民，就知道民众疾苦；能保护平民，不敢欺负鳏寡。因此祖甲在位三十三年。自此以后，所立的君王一出生就安逸，而不知农作之艰难，也不听闻民众之劳苦，只耽溺享乐。自此以后，君王没有享高寿的了，在位或者十年，或者七八年，或者五六年，或者三四年。”

引文八十二

周公若曰：“君奭！弗吊，天降丧于殷，殷既坠厥命，我有周既受。我不敢知曰厥基永孚于休。若天棐忱，我亦不敢知曰其终出于不祥。呜呼！君已曰时我，我亦不敢宁于上帝命，弗永远念天威越我民；罔尤违，惟人。在我后嗣子孙，大弗克恭上下，遏佚前人光在家，不知天命不易，天难谌，乃其坠命，弗克经历嗣前人恭明德。”……又曰：“天不可信，我道惟宁王德延，天不庸释于文王受命。”(《书·周书·君奭》)

[解说]《君奭》为周公告召公之言。周公这样说：“不幸，天灭亡殷朝，殷朝已丧失其国运，我们周朝已接受国运。我不知道，我们的功业可否永远吉祥；天不可信赖，我不知道，我们是否会终于不吉祥。我们也不敢安然于上帝命，不敢不永远顾念天威与我们的民众。要是我们的子孙不能够恭敬上下，断绝失掉祖先在国家的光辉；不知道天命不易、天难以信赖，就会失掉国运，不能够长久继承祖先那恭敬光明之美德。”周公又说：“天不可信，我们只有延续文王之德，天就不会废弃文王所受的国运。”遏，绝。佚，失。谌，信赖。经历者，长久也。道惟，发语词。庸释，舍弃。

引文八十三

公曰：“君奭！我闻在昔，成汤既受命，时则有若伊尹，格于皇天。在太甲，时则有若保衡。在太戊，时则有若伊陟、臣扈，格于上帝；巫咸乂王家。在祖乙，时则有若巫贤。在武丁，时则有若甘盘。率惟兹有陈，保乂有殷，故殷礼陟配天，多历年所。天维纯佑命，则商实百姓王人，罔不秉德明恤，小臣屏侯甸，矧咸奔走。”(《书·周书·君奭》)

[解说] 周公引闻说殷代先王成汤、太甲、太戊、巫咸、

祖乙、武丁既受天命，就得到贤臣辅助。并说：所以殷礼祭天而以先王配之，经历了许多年代。天命辅助之臣予殷王，于是商的官员，王之同宗之臣，没有不秉德明恤，小官和诸侯，也都勤劳地服务。有陈，位列。陟，升。所，语词。纯，专。佑，助。屏，并。矧，亦。咸，皆。

引文八十四

文王在上，于昭于天。周虽旧邦，其命维新。有周不显，帝命不时。文王陟降，在帝左右。

……

穆穆文王，于缉熙敬止。假哉天命，有商孙子。商之孙子，其丽不亿。上帝既命，侯于周服。侯服于周，天命靡常。

……

上天之载，无声无臭。仪刑文王，万邦作孚。

（《诗·大雅·文王》）

[解说] 朱子注云：“周公追述文王之德，明周家所以受命而代商者，皆由于此，以诫成王……夫文王在上而昭于天，则其德显矣。周虽旧邦而命则新。则其命时矣。故又曰：有周岂不显乎，帝命岂不时乎。”（朱熹《诗经集注》）

……

朱子注云：“言穆穆然文王之德不已，其敬如此，是以大命集焉。以有商孙子观之，则可见矣。盖商之孙子其数不止于亿，然以上帝之命集于文王，而今皆维服于周矣。”“商之孙子而侯服于周，以天命不可常也。”（朱熹《诗经集注》）穆穆，深远之意。于，语词。缉，续。熙，明亦不已。止，语词。假，大。丽，数也。不亿，不止于亿也。侯，维也。

朱子注云："然上天之事无声无臭，不可得而度也。惟取法于文王，则万邦作而信之。"仪，象。刑，法。孚，信也。（朱熹《诗经集注》）

引文八十五

维此文王，小心翼翼。昭事上帝，聿怀多福。厥德不回，以受方国。天监在下，有命既集。……有命在天，命此文王。（《诗·大雅·大明》）

［解说］朱子注云："将言武王伐商之事，故此又推其本而言天之监照，实在于下，其命既集于周矣。"（朱熹《诗经集注》）又，见上引文五十。

引文八十六

皇矣上帝，临下有赫。监观四方，求民之莫。

……

维此王季，帝度其心，貊其德音。

帝谓文王，予怀明德，不大声以色，不长夏以革。不识不知，顺帝之则。帝谓文王，询尔仇方，同尔兄弟，以尔钩援，与尔临冲，以伐崇墉。（《诗·大雅·皇矣》）

［解说］朱子注云："首章先言天之临下甚明，但求民之安定而已。""言上帝制王季之心，使有尺寸能度义，又清静其德音。""言上帝眷念文王而言其德之深微，不暴著其形迹，又能不作聪明，以循天理。故又命之以伐崇也……虽兴兵以伐

崇，莫非顺帝之则而非我也。”（朱熹《诗经集注》）皇，大。临，视。赫，威明。监，视。莫，定。则，法也。

引文八十七

假乐君子，显显令德。宜民宜人，受禄于天。保右命之，自天申之。（《诗·大雅·假乐》）

[解说] 朱子注云：“言王之德既宜民人而受天禄矣。而天之于王犹反覆眷顾之不厌，既保之右之命之，而又重申之也。”（朱熹《诗经集注》）假，嘉美也。申，重也。

引文八十八

上帝板板，下民卒瘅。出话不然，为犹不远 。靡圣管管，不实于亶。犹之未远，是用大谏 。

……

敬天之怒，无敢戏豫。敬天之渝，无敢驰驱。昊天曰明，及尔出王。昊天曰旦，及尔游衍。（《诗·大雅·板》）

[解说] 上引第一段为《板》首段，朱子注云：“序以此为凡伯刺厉王之诗……此章首言天反其常道而使民尽病矣。而女之出言皆不合理，为谋又不久远，其心以为无复圣人，但恣己忘行而无所依据，又不实之于诚信，岂其谋之未远而然乎。世乱乃人所为，而曰上帝板板者，无所归咎之辞耳。”上引第二段为《板》末段，朱子注云：“言天之聪明无所不及，不可以不敬也。昊天曰明，及尔出王。昊天曰旦，及尔游衍。无一物之不体也。”（朱熹《诗经集注》）板板，反也。卒，尽。瘅，病。犹，谋。渝，变也。王，往。旦，明。

引文八十九

荡荡上帝，下民之辟。疾威上帝，其命多辟。天生烝民，其命匪谌。靡不有初，鲜克有终。(《诗·大雅·荡》)

[解说] 朱子注云："言此荡荡之上帝乃下民之君也。今此暴虐之上帝，其命乃多邪辟者何哉？盖天生众民，其命有不可信者，盖其降命之初无有不善，而人少能以善道自终，是以致此大乱，使天命亦罔克终，如疾威多辟也。"(朱熹《诗经集注》)荡荡，广大貌。辟，音璧，君也。多辟，多邪辟；辟，音僻。谌，信也。

引文九十

天生烝民，有物有则，民之秉彝，好是懿德。天监有周，昭假于下，保兹天子，生仲山甫。(《诗·大雅·烝民》)

[解说] 朱子注云："宣王命樊侯仲山甫筑城于齐，而尹吉甫作诗以送之。"(朱熹《诗经集注》)则，法。彝，常。懿，美。监，视。假，至。

引文九十一

维天之命，于穆不已，于乎丕显，文王之德之纯。(《诗·周颂·维天之命》)

[解说] "于，叹辞。穆，深远也。"(见朱熹《四书集注·中庸》第二十六章)丕，大也。

引文九十二

时迈其邦，昊天其子之。……

载戢干戈，载櫜弓矢。我求懿德，肆于时夏。允王保之。(《诗·周颂·时迈》)

[解说]《时迈》为王巡守而朝会祭告之乐歌。朱子注云：“言我之以时巡行诸侯也，天其子我乎哉。盖不敢必也。”“收敛其干戈弓矢，而益求懿美之德，以布陈于中国，则信乎王之能保天命也。”(朱熹《诗经集注》)

引文九十三

执竞武王，无竞维烈。不显成康，上帝是皇。自彼成康，奄有四方，斤斤其明。(《诗·周颂·执竞》)

[解说]《执竞》乃祭武王、成王、康王之诗。朱子注云：“言武王持其自强不息之心，故其功烈之盛，天下莫得而竞，岂不显哉。成王、康王之德，亦上帝之所君也。”斤斤，明之察也。言成康之德，明著如此也。(朱熹《诗经集注》)

引文九十四

思文后稷，克配彼天，立我烝民，莫匪尔极。贻我来牟，帝命率育。无此疆尔界，陈常于时夏。(《诗·周颂·思文》)

[解说] 朱子注云：“思，语辞。文，言有文德也。立，粒通。极，至也。贻，遗也。来，小麦。牟，大麦。率，遍。育，养也。”“言后稷之德真可配天，盖使我烝民得以粒食者，莫非其德之至也，且其贻我民以来牟之种，乃上帝之命，以

此遍养下民者，是以无有远近彼此之殊，而得以陈其君臣父子之常道于中国也。”（朱熹《诗经集注》）

引文九十五

于皇来牟，将受厥明。明昭上帝，迄用康年。（《诗·周颂·臣工》）

［解说］朱子注云：“于皇，叹美之辞。来牟，麦也。明，上帝之明赐也，言麦将熟也。迄，至也。康年，犹丰年也。”（朱熹《诗经集注》）

引文九十六

假哉皇考，绥予孝子。宣哲维人，文武维后。燕及皇天，克昌厥后。（《诗·周颂·雝》）

［解说］朱子注云：“假，大也。皇考，文王也。绥，安也。孝子，武王自称也。”“宣，通。哲，知。燕，安也。”“此美文王之德宣哲，则尽人之道，文武则备君之德，故能安人以及于天，而克昌其后嗣也。”（朱熹《诗经集注》）

引文九十七

敬之敬之，天维显思，命不易哉。无曰高高在上，陟降厥士，日监在兹。（《诗·周颂·敬之》）

［解说］朱子注云：“显，明。思，语辞也。士，事也。”“成王受群臣之戒，而述其言曰敬之哉，敬之哉。天道甚明，其命不易保也。无谓其高而不吾察，当知其聪明明畏常若陟降于吾之所为，而无日不临监于此者。不可以不敬也。”

（朱熹《诗经集注》）

引文九十八

绥万邦，娄丰年。天命匪解。桓桓武王，保有厥士。于以四方，克定厥家，于昭于天。皇以闲之。（《诗·周颂·桓》）

[解说] 朱子注云："绥，安也。桓桓，武貌。大军之后必有凶年，而武王克商则除害以安天下，故此获丰年之祥。……然天命之于周久而不厌也，故此桓桓之武王保有其士，而用之于四方，以定其家，其德上昭于天也。闲字之义未详。"（朱熹《诗经集注》）

引文九十九

帝命不违，至于汤齐。汤降不迟，圣敬日跻。昭假迟迟，上帝是祇，帝命式于九围。（《诗·商颂·长发》）

[解说] 朱子注云："商之先祖既有明德，天命未尝去之，以至于汤。汤之生也应期而降，适当其时。其圣敬又日跻升，以至昭假于天，久而不息。惟上帝是敬，故帝命使为法于九州也。"（朱熹《诗经集注》）

引文一百

天命降监，下民有严。不僭不滥，不敢怠遑。命于下国，封建厥福。（《诗·商颂·殷武》）

[解说] 朱子注云："监，视。严，威也。僭，赏之差也。滥，刑之过也。遑，暇。封，大也。""言天命降监，不在乎他，

皆在民之视听，则下民亦有严矣。惟赏不僭，刑不滥，而不敢怠遑。则天命之以天下，而大建其福，此高宗所以受命而中兴也。”（朱熹《诗经集注》）

通观以上所引《书》《诗》文句，我们可以指出其中凸显的以德配天，并据之说明华夏古代文明涵藏的理性内核，正是此核心，使华夏古文明之宗教根本不同于其他依赖超自然的、特殊的历史性事件的启示的历史性信仰的宗教。它不是一元人格神集权的、绝对的极权宗教，而是德性之宗教。在华夏古文明的德性之宗教中，人通过崇敬“德”来表达对最高者（称为帝、上帝、天）的崇拜。绝对的一元人格神极权宗教预设一个最高的世界统治者的存在为人间一切事件的前提，包括最早期的摩西十诫及继后的各种教会教规和戒律。在德性之宗教中，对一个最高者之存在的信念建立在人（先祖、君王，及民众）的德性上。

德性之宗教已完全根于人自身的主动性，在个体德性之自觉与群体福祉结合之理性要求上建立宗教意义之最高者信仰。此德性之宗教中的最高者，见于《虞夏书》言“天”“上帝”——《尧典》云：“钦若昊天。”《舜典》云：“惟时亮天功。”（见引文五十四）又云：“肆类于上帝。”《皋陶谟》云：“徯志以昭受上帝，天其申命用休。”（见引文五十六）《商书》言“天”“上帝”：《汤誓》云：“有夏多罪，天命殛之。”“予畏上帝，不敢不正。”（见引文五十八）《盘庚》云：“先王有服，恪谨天命，……今不承于古，罔知天之断命。”（见引文五十九）《高宗肜日》云：“惟天监下民，典厥义。降年有永有不永，非天夭民，民中绝命。”（见引文六十）《西伯戡黎》云：“天既讫我殷命。”（见引文六十一）《微子》云：“天毒降灾荒殷邦。”（见引文六十二）《周书》言“天”“上帝”——《牧誓》云：“惟恭行天之罚。”（见引文六十三）《洪范》云：“鲧陻洪水，汩陈其五行。帝乃震怒，不畀洪范九畴，彝伦攸斁。鲧则殛死，禹乃嗣兴，天乃锡禹洪范九畴，彝伦攸叙。”《大诰》云：“予造天役，遗大投艰于朕身。”（见引文六十五）“天闷毖我成功所，予不敢不极卒宁王图事”“天棐忱辞”。（见引文六十六）“越天棐忱，尔时罔敢易法，矧今天降戾于周邦？”（见引文六十七）《康诰》云：“闻于上帝，帝休，天乃大命文王。”（见引文六十八）“用康保民，弘于天若。德裕乃身，不废在王命！”（见引文十）“天畏棐忱，民情大可见”“应保殷民，亦惟助王宅天命，作新民”。（见引文六十九）《酒诰》云：“惟天降命，肇我民，惟元祀。天降威，我民用大乱丧德。”（见引文七十）“弗惟德馨香祀，登闻于天”“庶群自酒，腥闻在上。故天降丧于殷，罔爱于殷，惟逸。天非虐，惟民自速辜”。（见引文七十二）《召诰》云：“皇天上帝”“天既遐终大邦殷之命”“天亦哀于四方民”“相古先民有夏，天迪从子保，面稽天若；今时既坠厥命。今相有殷，天迪格保，面稽天若；今时既坠厥命”“今冲子嗣，则无遗寿耇，曰其稽我古人之德，矧曰其有能稽谋自天”。（见引文七十三）“王来绍上帝，自服于土中。旦曰：‘其作大邑，其自时配皇天……’”（见引文七十四）“今天其命哲，命吉凶，命历年”“肆惟王其疾敬德。王其德之用，祈天永命”“欲王以小民受天永命”。（见引文七十五）《多士》云：“旻天大降丧于殷，我有周佑命，将天明威，致王罚，敕殷命终于帝”“非我小国敢弋殷命。惟天不畀允罔固乱，弼我，我其敢求位？惟帝不畀，惟我下民秉为，惟天明畏”。(见引文七十七)“上帝引逸。”(见引文七十八)“今惟我周王，丕灵承帝事。”(见引文七十九)“时惟天命。”(见引文八十)《无逸》云：“天命自度。”(见引文八十一)《君奭》云：“天降丧于殷”“若天棐忱”“我亦不敢宁于上帝命，弗永远念天威”“不知天命不易，天难谌，乃其坠命”。(见引文八十二)“格于皇天”“格于上帝”“故殷礼陟配天”。(见引文八十三)

又，德性之宗教中的最高者，见于《诗》:《文王》云：“文王在上，于昭于天”“帝命不时”“文王陟降，在帝左右”“假哉天命，有商孙子”“上帝既命，侯于周服。侯服于周、天命靡常”“上天之载，无声无臭”。(见引文八十四)《大明》云：“昭事上帝”(见引文八十五)《皇矣》云：“皇矣上帝，临下有赫”“不识不知，顺帝之则”。(见引文八十六)《假乐》云：“宜民宜人，受禄于天。保右命之，自天申之。”(见引文八十七)《抑》云：“天方艰难”“昊天不忒”。(见引文五十一)《烝民》云：“天生烝民。”(见引文九十)《维天之命》云：“维天之命。”(见引文九十一)《时迈》云：“时迈其邦，昊天其子之。”(见引文九十二)《执竞》云：“上帝是皇。”(见引文九十三)《思文》云：“思文后稷，克配彼天”“贻我来牟，帝命率育”。(见引文九十四)《臣工》云：“明昭上帝，迄用康年。”(见引文九十五)《雝》云：“燕及皇天。”(见引文九十六)《敬之》云：“天维显思，命不易哉。”(见引文九十七)《桓》云：“天命匪解”“克定厥家，于昭于天”。(见引文九十八)《长发》云：“帝命不违”“上帝是祇，帝命式于九围”。(见引文九十九)《殷武》云：“天命降监，下民有严。”(见引文一百)

华夏古文明包含的德性宗教则是以根于人自身的德性为

信仰最高者的根据，最高者之何所是完全由人的德性之纯粹性以及公正性决定，根本不依赖任何历史性的先知启示，不以任何智测的或神秘的力量来强迫人崇拜一个外在自存的最高者，而根本上区别于西方传统中依赖历史性的先知启示的信仰而成立的历史性的宗教。历史性宗教包含的戒律预设一个最高的世界统治者的存在为前提，以人崇拜最高者为信仰核心。据此，我们可以指出，华夏古文明的宗教已显发理性之光明，而于其他文明的原始宗教中，理性是隐藏而不见的。

析疑与辩难

问：汉学界流行以“人格神”来解说华夏古文明中所言“天”“上帝”。其立论是否可取？

答：首先，我们可以指出，“天”，尤其是“上帝”，在古人的文字表述上，会有些地方带有“人格神”之味道，但这些表述上的“人格神”并无离开人之懿德与公正性而独自可决定的意志和意图，因而可说只是词语上的、想象力的拟人化，而不能混同于犹太-基督教传统中实体性的“一元神”。为此之故，我们必须审慎运用“人格神”一词，应避免将之用于华夏文明中“天”之哲学说明。

有学者视《诗经》《书经》所言“天”（上帝）为统治者、启示者、审判者、造生者与载行者。[1]这种说法是基于一种西方神学的思维模式：将“神”实在化，进而实体化，最后人

1 参见傅佩荣《儒道天论发微》，第23—47页。

格化，然后基于这种虚构而论人与外在实存的神之种种关系。此见解来自西方汉学界，而尤其为持基督教信仰的学术团体所宣扬。

我们必须提防将一种象征的拟人法误解为独断的神人同形同性论。如康德指出：独断的神人同形同性论“把我们思维经验的对象所凭借的任何特性就其自身而言加给最高的存在者”(Proleg 4：357)。而象征的拟人法只是根据类比，只是相对而言的，我们只是把这些特性转用到最高者与世界的关系，“仅仅涉及语言，而不涉及客体本身”(Proleg 4：357)。康德说：“这样一来，就使我们不致使用理性的特性去思考上帝，而是用它去思考世界，为了就世界而言按照一个原则最大可能地使用理性，这样做是必要的。”(Proleg 4：359)并指出：“我们由此承认：最高者按照它就其自身而言所是的样子对我们来说是完全不可探究的，甚至不能以确定的方式去思想。”(Proleg 4：359)

我们实在没有证据，也没有理由以西方传统独断的神人同形同性论来解读华夏古文明中所言“天”。我们于上文已一再申明，华夏古文明包含的德性宗教是以德性作为对最高者(天或曰上帝)之信仰的前提条件，以此根本不同犹太-基督宗教。后者乃以独断极权之一元神(耶和华或曰神、上帝)为一切的绝对条件，信者得救、因信称义；不信者、拜偶像者为异端人士，是犯死罪的。德国哲学家赫费先生指出：“一神教总是说——甚至作为十诫中的第一诫——除了我以外，你不可有别的神。(《出埃及记》20：3)《新约》对此又进行了强化：‘不与我相合的，就是敌我的。'(《马太福音》12：30)"[1]他指出《古兰经》第9章《忏悔》第5节有这样的句子："当禁月逝去的时候，你们在哪里发现以物配主者，就在那里杀戮他们，俘虏他们，围攻他们，在各个要隘侦候他们。"[2]

极权之一元神信仰乃是以历史性的神启为绝对权威，且视其他不同信仰为敌。而华夏古文明中所言对"天"(上帝)之信仰，是超越的；也就是说，它不来自历史性的神启或任何神秘启示，其普遍必然性来自每一个人自身的理性，其绝对权威并不是一个外在主宰者的极权，而是每一个人自身的理性禀具的尊严和公义性。以德性为前提条件的宗教信仰，信仰最高者(天或曰上帝)作为天地万物的超越根据，是基于视天地万物隶属于最高者之下而成就一个和谐的全体。此所以，我们从《书》《诗》可见，信仰最高者(天或曰上帝)，并不妨碍人们同时信仰诸自然神、祖先神。《舜典》记载："正月上日，受终于文祖。在璇玑玉衡，以齐七政。肆类于上帝，禋于六宗，望于山川，遍于群神。""神人以和。……百兽率舞。"在以德性为前提条件的宗教信仰中，信仰最高者并不排斥其他与德性相配称的幸福之期望及依于幸福期望而来的信仰，因而，各种信仰有各自位置而关联为和谐的整体。此所以，华夏文明的德性宗教，其对"天"(德性及与德性相配称的福祉之最高表征)的信仰，并不排斥其他信仰。

有持西方中心主义者，以犹太-基督教为标准，认为宗教

---

1 [德]奥特弗里德·赫费：《以启蒙的名义》，黄燎宇译，北京：北京大学出版社，2010年，第53页。

2 [德]奥特弗里德·赫费：《以启蒙的名义》，第51页。

必定要以救赎为目的，以彼岸为对象；据此斥中国人没有信仰。另一方面，又标举一神教是哲学和神学的进步，有意无意地以基督教神学来解说华夏文明传统中的“天”。但只要我们如实如理地将华夏古文明的宗教与其他文明的原始宗教从根底上区别开，则不会以犹太–基督教传统中独断的专制的主宰的外在的实体性的“一元神”来解说华夏古文明中的最高者（天或者上帝）。

问：史学界关于古文化习俗研究，有认为“帝”是人格神，“天”是非人格神，且认为至周朝文献才显示“帝”与“天”之互换的等同性，并趋向重天轻帝。[1]

答：但就我们于《书》《诗》所见，尤其就我们考察华夏古文明之德性宗教中最高者的含义之目的而言，并无亦不必作“天”“上帝”(帝)之分别说。我们可以指出:《书·虞夏书·尧典》已有云“古帝尧”，并以“帝”称天子，可见并非如某些学者主张那样，至商才以“帝”为祖先神。同时，《尧典》亦已有以“上帝”“天”指表最高者:“钦若昊天。”《舜典》云:“惟时亮天功。”（见引文五十四）又云:“肆类于上帝。”于《书·虞夏书·皋陶谟》亦见“上帝”“天”通言:“傒志以昭受上帝，天其申命用休。”（见引文五十六）《商书》通“天”与“上帝”而言见《汤誓》:“有夏多罪，天命殛之。”“予畏上帝，不敢不正。”(见引文五十八)《周书》通“天”与“上帝”而言见《康诰》:“闻于上帝，帝休，天乃大命文王。”(见引文六十八)《召诰》:“皇

1 详论参见傅佩荣《儒道天论发微》，北京：中华书局，2010年，第1—11页。

天上帝”“天既遐终大邦殷之命”（见引文七十三），“王来绍上帝”“旦曰：‘其作大邑，其自时配皇天……’”（见引文七十四）《君奭》:“天降丧于殷”“我亦不敢宁于上帝命，弗永远念天威”（见引文八十二），“格于皇天”“格于上帝”“故殷礼陟配天”（见引文八十三）。《周书》言“帝”为“上帝”，并通“天”而言见《洪范》:“帝乃震怒，不畀洪范九畴”“天乃锡禹洪范九畴”。见《多士》:“昊天，大降丧于殷……敕殷命终于帝”“惟天不畀允罔固乱，弼我，我其敢求位？惟帝不畀，惟我下民秉为，惟天明畏”。（见引文七十七）“上帝引逸。”（见引文七十八）“今惟我周王，丕灵承帝事。”（见引文七十九）“时惟天命。”（见引文八十）

又，《诗》言“帝”为“上帝”，并通“天”而言见于《文王》:“文王在上，于昭于天”“帝命不时”“文王陟降，在帝左右”“上帝既命，侯于周服”。（见引文八十四）言“上帝”与“天”相通见于《大明》:“昭事上帝”“天监在下”“有命在天”。（见引文八十五）《诗》言“帝”与“上帝”相通见《皇矣》:“皇矣上帝，临下有赫”“不识不知，顺帝之则”。（见引文八十六）见《长发》:“帝命不违”“上帝是祗，帝命式于九围”。（见引文九十九）《诗》言“天”与“帝”相通见《思文》:“思文后稷，克配彼天”“贻我来牟，帝命率育”。（见引文九十四）

第十五课

敬德重德（四）：以德言天命

通观《书》《诗》，于华夏古文明中的最高者（“天”“上帝”）之意志仅依照人之懿德与公正性决定，以“德”和公义，以及因德而有之福祉来标示天命。此外，恐怕不能找到文献证据指出，“天”可依特殊人物（如先知）或异于常人的特异功能（如特殊的直观）来任意显示其意志和意图。因此，视“天”（上帝）为独立于人之外而自存的东西来对人间下命令，实行统治、启示、审判，诸如此类的说法皆为无根据且违反理性的猜测，将这种猜测强加于华夏古文明，是极为草率的、非学术的做法。

观《书》所言天“命历年”，并不意谓在人之外有一个“天”以其自身之意愿来任命王者；而毋宁说，君王之得以为君王的条件（明德敬德，造福四方民）的定然不可移易，故以“天命”表示，以表征为君以德的定然不可移易性，及据此标示君王地位和国运的正当性、公义性。《书》《诗》一再表示，天命本身是什么是不可知的，求能保“天命”惟一可靠的是“王其疾敬德”“用康保民”。此即《书·周书·康诰》云：“用康保民，弘于天若。德裕乃身，不废在王命!”

《诗·大雅·文王》说：“上天之载，无声无臭。仪刑文王，万邦作孚。”(见引文八十四)上天之事无声无臭，人不可得而知之；言“天命”，惟取法于文王。又，《诗·周颂·维天之命》说：“维天之命，于穆不已，于乎丕显，文王之德之纯。”(见引文九十一)天之命乃深远不可测，而以文王之德之纯表征之。

《书·周书·召诰》记召公诰成王，说：“我们可不知道，当年夏、殷受了天命，经过了多少年；我们也不知道，夏、殷不能长久。我们只知道由于他们不能敬谨自己的德行，才过早地丧失了他们的国运。”(见引文七十四)又，《书·周书·大诰》记成王说：我，遭受天之役使，把艰巨的事情投掷在我身上。(见引文六十五)我不能说知天命。(见引文六十四)并慨叹天不可信，说：“天棐忱辞，其考我民。”(见引文六十六)“越天棐忱”“尔亦不知天命不易”。(见引文六十七)我们从《书》的记载可知，周人时常不忘“监于有夏”，“监于有殷”。《召诰》告诫：“惟不敬厥德，乃早坠厥命。”(见引文七十四)“曰其稽我古人之德。”(见引文七十三)“王其德之用，祈天永命。”(见引文七十五)又，《酒诰》云：“故天降丧于殷，罔爱于殷，惟逸。天非虐，惟民自速辜。”(见引文七十二)

《书·商书·西伯戡黎》记载，西伯(周文王)战胜了黎国，纣王之臣祖伊跑去报告王。纣王说：“我生下来不是有命在天吗?”祖伊反驳，说：“你的诸多罪恶摆列在上，竟还责怪天不给好运！殷国即将灭亡，全是你所作所为；没有不灭亡你的国家的。”(见引文六十一)从《书》的记载可见，天“命历年”，亦即王朝更替、国运兴亡，皆归到人(包括君王、百官、民众)的行与事。天命历年总是与“恭行天之罚”连在一起。《书·虞夏书·甘誓》记夏君与有扈氏战于甘，其誓师之辞云：“天用剿绝其命，今予惟恭行天之罚。”(见引文五十七)《书·商书·汤誓》记商汤伐夏桀时誓师之辞，云：“非台小子，敢行称乱！有夏多罪，天命殛之。”又，成王归自奄，在宗周，诰庶邦，作《多方》，云：“亦惟有夏之民，叨懫日钦，劓割夏邑。天惟时求民主，乃大降显休命于成汤，刑殄有夏。”又云：“惟夏之恭多士大不克明保享于民，乃胥惟虐于民，至于百为，大不克开。乃惟成汤，克以尔多方，简代夏作民主。”《书·周书·多士》云：“旻天大降丧于殷，我有周佑命，将天明威，致王罚，敕殷命终于帝。”

依以上所述可见，华夏古文明(包括夏、商、周)包含的“天命”观念乃以人的自动性、自主性为首出，人自身的德性之绝对价值及行为之正义性为“天命”之为天命的条件，而决非倒转过来，以“天命”决定人的行与事。据此，我们可以指出，只依据古人有“天命说”、祭祀及卜筮，来谈论华夏古文明之“君权神授”，“神权政治”，那是武断和草率的。

《洪范》云：“惟天阴骘下民，相协厥居”“天乃锡禹洪范九畴，彝伦攸叙”。又云：“天子作民父母，以为天下王。”成王曰：“往敷求于殷先哲王，用保乂民”(《康诰》)、“用康保民”(《康诰》，见引文十)、“若保赤子，惟民其康乂”(《康诰》)、“惟文王之敬忌，乃裕民”(《康诰》)、“爽惟民，迪吉康，我时其惟殷先哲王德，用康乂民作求”(《康诰》，见引文十二)。又，成王曰："奉答天命，和恒四方民。"（《洛诰》，见引文七十六）周公赞先殷王，曰："天命自度，治民祗惧，不敢荒宁""爰知小人之依，能保惠于庶民，不敢侮鳏寡"（《无逸》，见引文八十一）。周穆王述三位君主（伯夷、禹、稷）的功业，说："三后成功，惟殷于民。士制百姓于刑之中，以教祗德。"（《吕刑》，见引文二十一）又说："嗟！四方司政典狱，非尔惟作天牧？"（《吕刑》）"天齐于民，俾我一日，非终惟终，在人。……惟敬五刑，以成三德。一人有庆，兆民赖之，其宁惟永。"（《吕刑》）周平王说："父往哉！柔远能迩，惠康小民，无荒宁。简恤尔都，用成尔显德。"（《文侯之命》，见引文二十四）《诗·周颂·思文》赞后稷，云："思文后稷，克配彼天，立我烝民，莫匪尔极。"（见引文九十四）《诗·鲁颂·泮水》赞鲁侯，说："穆穆鲁侯，敬明其德。敬慎威仪，维民之则。"（见引文四十一）

依以上引文可见，《书》《诗》所言"天阴骘下民""天命，和恒四方民"，都是通过君王敬明其德、保惠于庶民、维民之则、作民表率、以教祗德而实现的。不必以为实有一个仁慈的"天"（上帝），有意命令君王"替天行道"，也不必以为实有一个"天"（上帝）有着怜悯人的"天心""帝心""天意""天德"。亦即不必如傅教授说："天是人民的大父大母，自然须对人民的幸福负最终的责任。"[1]与此相反，我们于《书》《诗》多处明确表示人的自动性、自主性。如：《无逸》云："天命自度。"（见引文八十一）《吕刑》云："惟克天德，自作元命，配享在下。"又云："天齐于民，俾我一日，非终惟终，在人。"《孟

---

1 傅佩荣：《儒道天论发微》，北京：中华书局，2010年，第29页。

子·公孙丑章句上》引《诗》、《书》云:“祸福无不自己求之者。《诗》云:‘永言配命，自求多福。’《太甲》曰:‘天作孽，犹可违；自作孽，不可活。’此之谓也。”综以上所论，我们可以指出，作为华夏古文明中所言“天”(上帝)不必理解为实有一个人之外的主宰者、统治者；所言“天命”“天心”“天意”“天德”皆不必实指一个外在于人的超绝者(the transcendent)之“命”“心”“意”“德”，而毋宁是人的自我之分定的定然不可移易性、无条件必然性、普遍的有效性、无可置疑的公义性，故冠之以“天”，曰“天命”“天心”“天意”“天德”。这种意义之“天”连同“天命”“天心”“天意”“天德”必须理解为超越的(transcendental)。我们提出华夏古文明中所言“天”(上帝)的“超越的”意义，意谓我们使用“天”一词决不是以人的特性去思考天，而是用它去思考世界，如康德说:“为了就世界而言按照一个原则最大可能地使用理性，这样做是必要的。”(Proleg 4:359)这样做仅仅表示:“我们不知道的最高原因与世界的关系，为的是在它里面在最高程度上符合理性地决定一切。”(Proleg 4:359)至于“天”按照它就其自身而言所是的样子对我们来说是完全不可探究的，甚至不能以确定的方式去思想。天不可闻，无声无臭，它不是我们可以言说的实在的对象。

析疑与辩难

问：傅佩荣教授认为《书》《诗》中言“天”“上帝”是一位外在实存的统治者，君王是代行天命者。并以此断定：周朝政体建立于神权的基础上。其说是否确当？

答：傅佩荣教授引《书》《诗》中言："皇矣上帝，临下有赫。监观四方，求民之莫。"(《诗·大雅·皇矣》)"天监在下，有命既集。"(《诗·大雅·大明》)"在昔，上帝割申劝宁王之德，其集大命于厥躬。"(《书·周书·君奭》)据之作出结论，说："可见天是主动的统治者，随时监观下界，求一合格的人代行天命。"[1]依照这种说法，就是肯定有一外在实存的"天"或"上帝"，现实地监观下界，以寻求合格的人代行天命。但从《书》《诗》所言观之，毋宁说，宁王（即文王）以其德而受大命，以此言"天命"，而不见得有一个在上界的"天"，作为"主动的统治者，随时监观下界"，并依据其判断下达命令。实情是，王之德的纯粹性，及其带领民众获取社群福祉的公义性，使王之为王堪称为"天"之决定，离开王之德及与德相连的民之福，《书》《诗》并无表示"天"本身有什么命令，以及以什么方式向人间下达命令。我们可以说，《书》《诗》所言"监观""临下"均为象征语，不必以为主张现实上有一外在的"天"在监视。同理，傅教授引《诗·大雅·板》，"昊天曰明，及尔出王。昊天曰旦，及尔游衍"，也不必如他所解说的那样，真有一外在的"天"出而有所往，四处巡视，而毋宁说，此乃象征语法，表征天之无所不体。

又，傅教授于其大作《儒道天论发微》中说："周朝政体建立于神权（或天权，因以天为神。为便于了解，仍用神权

1 傅佩荣：《儒道天论发微》，第25页。

Theocracy）的基础上……因为天是全能的主宰。”[1]又说：“天是主动的统治者。”[2]“君王的任务是‘代天行道’。”但如我们一再引《书》《诗》言“天”（上帝）所见，并无主张实有一外在于人的行与事而主宰、统治人的“天”（上帝）。若有言“天工人其代之”，也是象征语法，并不是主张有一个“天”在主宰、统治人，而由君王代为主宰、统治。我们甚至可以指出，君王“作民主”，也并非作民的主宰和统治者的意思。依《书》《诗》所言，王作为君主，其任务在：“用康保民”（《康诰》）“施实德于民”（《盘庚》，见上引文四十五）“显小民，经德秉哲”、（《酒诰》，见引文十五）“作汝民极”（《君奭》，见引文二十）。就是说，君王的职责是保养民众，使民众生活安康；敬德明德以为民众表率，使民众光明美好，实践美德和秉持智慧。依此，可以说君主的身份地位是主理众人之事的治理者，此与后世权力政治中独揽国家大权的帝皇、独裁者根本不同，不可混为一谈。

华夏古文明中对“天”（上帝）之信仰是超越的，作为天地万物之根据而堪称天地万物之“主”，此“主”含“引导”作用之意，而绝不是西方传统独断、极权之一元神的绝对宰制一切。此所以我们能见到，一方面，华夏古文明凸显敬天、畏天的德性信仰，另一方面，民间同时流行着对命运义的“天”的习俗信仰。命运多舛，民众埋怨天、咒骂天。这在极权之一元神绝对宰制一切的宗教中，是犯死罪的。于《诗》（尤

---

1 傅佩荣：《儒道天论发微》，第25页。

2 傅佩荣：《儒道天论发微》，第26页。

其是突出个人情感、独立个性与人格的国风和小雅）中，问天、责天的诗句很常见。兹摘录如下：

出自北门，忧心殷殷。终窭且贫，莫知我艰。已焉哉，天实为之，谓之何哉。（《诗·国风·北门》）

谁从穆公，子车奄息。维此奄息，百夫之特。临其穴，惴惴其栗。彼苍者天，歼我良人。（《诗·国风·黄鸟》）

昊天不佣，降此鞠讻。昊天不惠，降此大戾。（《诗·小雅·节南山》）

民今方殆，视天梦梦。（《诗·小雅·正月》）

浩浩昊天，不骏其德。降丧饥馑，斩伐四国。昊天疾威，弗虑弗图。舍彼有罪，既伏其辜。若此无罪，沦胥以铺。

……

如何昊天，辟言不信。如彼行迈，则靡所臻。凡百君子，各敬尔身。胡不相畏，不畏于天。（《诗·小雅·雨无正》）

弁彼鸒斯，归飞提提。民莫不穀，我独于罹。何辜于天，我罪伊何。心之忧矣，云如之何。

……

靡瞻匪父，靡依匪母。不属于毛，不离于里。天之生我，我辰安在。(《诗·小雅·小弁》)

彼何人斯，胡逝我陈。我闻其声，不见其身。不愧于人，不畏于天。(《诗·小雅·何人斯》)

昊天孔昭，我生靡乐。视尔梦梦，我心惨惨。(《诗·大雅·抑》)

问：傅佩荣教授认为《书》《诗》中言“天”是有“天心”“天意”，与人心分属上、下两界。其立论是否成立？

答：傅教授于其大作《儒道天论发微》有一小节标题为“天人同心”，依其见解，“天心”是外在于人而自存，与“人心”分属上、下两界，然后说二者之“同”。并说：“人类的道德意识既然推源于天，那么他们的共同心志自然可以反映天意。”[1]查傅教授引以为据的文句有：“古人有言曰：‘人无于水监，当于民监。’”(《书·周书·酒诰》)“天亦哀于四方民，其眷命用懋。王其疾敬德!”(《书·周书·召诰》)“昔在殷王中宗，严恭寅畏，天命自度，治民祗惧，不敢荒宁。”(《书·周书·无逸》)“天视自我民视，天听自我民听。”(《书·泰誓上》)“天聪明，自我民聪明，天明畏，自我民明威。达于上下，敬哉有土。”(《书·虞夏书·皋陶谟》)

---

1 傅佩荣：《儒道天论发微》，第29—27页。

然而，我们可以指出，傅教授所引文句本身并不见得有离开人心而有："天心"之意；而毋宁说，这些文句的主旨在表达："天"之视、聪明、明威均以民之视、聪明、明威来表示，除却民之视、聪明、明威，《书》《诗》文句根本没有对"天"本身的视、聪明、明威有任何言说。离开"民监"，也没有"天"本身有什么"监观"之表述。所谓"天亦哀于四方民"，是以"王其疾敬德"来表示的，"哀"当理解为象征语，不见得有一个会哀的"天心"在人心之外。《书》明确表示："天工人其代之。""天叙"以人的五典五惇示之，"天秩"以人的五礼示之，"天命"以人的有德示之。（见引文五十五《书·虞夏书·皋陶谟》）王之所以受命于天，亦惟有依据"王其疾敬德""和恒四方民"。（见引文七十六《书·周书·洛诰》）明乎此，我们可以指出，依《书》《诗》所言观之，所谓王权由天命，并不表示"天"有其意旨并据之主动地命令一个人为"王"，以代为统治下界。

又，傅教授引《诗·大雅·皇矣》："维此王季，帝度其心"，据之以为天"曾经度量王季的心"。并说："天本身也应该是'有心的'，才能一再观察文王之德。"但从《皇矣》看来，王季受大伯之让而益修其德，是以，实质是王季有美德，然后譬喻"帝度其心"。也就是说，实质是以人之德性心为帝心，不必是先肯定一外在的帝"是'有心的'"，然后说人心与天心同。

此外，傅教授提出商民族和周民族的"帝""天"是启示者、审判者。理由是商民族和周民族都以占卜为重要方法。无疑，《书》《诗》多有关古代占卜的记载，且若从习俗小传统而论，亦即从心理学的、经验的层面观之，古人占卜活动确实表现了人类原始文化的一个共通的现象：孤立无助的人通过一元神信仰或鬼神信仰把人的事务与命运交付和依赖于外在的不可知的力量。这种活动甚至在人类史上从未中断，直接现今文明社会仍不鲜见。但是，必须指出：这一类习俗小传统只反映“人受自然的、建立在对自己无能的意识之上的畏惧所迫”而奴性地盲目崇敬和依赖“强大的、不可见者”。事实上，从《书》所记载，我们能见到占卜活动在华夏古文明包含的德性宗教中的含义，根本上不同于习俗小传统。兹摘引相关文句如下：

盘庚迁于殷，民不适有居，率吁众慼出，矢言曰：“我王来，既爰宅于兹，重我民，无尽刘。不能胥匡以生，卜稽，曰其如台？”(《书·商书·盘庚》)

西伯既戡黎，祖伊恐，奔告于王。曰：“天子！天既讫我殷命。格人元龟，罔敢知吉。非先王不相我后人，惟王淫戏用自绝。”(《书·商书·西伯戡黎》)

七、稽疑：择建立卜筮人，乃命卜筮。……三人占，则从二人之言。汝则有大疑，谋及乃心，谋及卿士，谋及庶人，谋及卜筮。汝则从、龟从、筮从、卿士从、庶民从，是之谓大同。(《书·周书·洪范》)

既克商二年，王有疾，弗豫。二公曰：“我其为王穆卜。”周公曰：“未可以戚我先王？”(《书·周书·金縢》)

> 王若曰："宁王遗我大宝龟，绍天明。即命曰：'有大艰于西土，西土人亦不静，越兹蠢。'殷小腆，诞敢纪其叙。……我有大事，休，朕卜并吉。肆予告我友邦君，越尹氏、庶士、御事，曰：'予得吉卜，予惟以尔庶邦，于伐殷逋播臣。'……
>
> 已！予惟小子，不敢替上帝命。天休于宁王，兴我小邦周，宁王惟卜用，克绥受兹命。今天其相民，矧亦惟卜用。呜呼！天明畏，弼我丕丕基！"
>
> ……
>
> 王曰："天亦惟休于前宁人，予曷其极卜？敢弗于从率宁人有指疆土？矧今卜并吉？肆朕诞以尔东征。天命不僭，卜陈惟若兹。"（《书·周书·大诰》）

> 惟兹惟德称，用乂厥辟，故一人有事于四方，若卜筮罔不是孚。(《书·周书·君奭》)

依以上引文，我们可以指出，若学者们能够如理承认，当我们研究之题旨在探明华夏古文明包含的德性宗教中的理性核心，那么，我们有理由搁置三代文化中习俗小传统而不论。如此，则能如实见到，无论商代文明或周代文明，占卜活动都含有其德性之目的与意涵。即使自从1899年开始的殷墟发掘，甲骨文也大半有关于占卜，祭祀，从卜辞多见"殷人尚鬼"的生活；夏、商之际，夏桀丧德无道，由此种种，史学家多以为殷人尚鬼，而周人重德，因此把商代文明与周代文明划分为截然不同的两个时期。但如我们一再申论，只要我们从大传统来认识三代文明，夏、商、周三代文明都以重德为核心，这是一脉相承的。此所以《中庸》云：“子曰：‘吾说夏礼，杞不足征也；吾学殷礼，有宋存焉；吾学周礼，今用之，吾从周。’”

第十六课

华夏古文明蕴含的法则感

引文一〇一

天生烝民，有物有则，民之秉彝，好是懿德。(《诗·大雅·烝民》)

引文一〇二

乃命羲和，钦若昊天，历象日月星辰，敬授人时。(《书·虞夏书·尧典》)

引文一〇三

天叙有典，敕我五典五惇哉！天秩有礼，自我五礼有庸哉！同寅协恭和衷哉！天命有德，五服五章哉！天讨有罪，五刑五用哉！(《书·虞夏书·皋陶谟》，见引文五十五)

引文一〇四

天乃锡禹洪范九畴，彝伦攸叙。（《书·周书·洪范》）

《尧典》言“历象日月星辰，敬授人时”，蕴含着对自然法则之感。而《烝民》言“天生烝民，有物有则，民之秉彝，好是懿德”，即显示对人与万物的共同根源怀有一种法则之感，以及蕴含着对人德之秉彝的法则之感。《皋陶谟》言“天叙”，即伦常之序；五典五教：父义、母慈、兄友、弟恭、子孝，于人伦中显德性法则之感。“天秩”指爵秩之礼制，遵循五种礼而有常。“天命”“天罚”亦指普遍必然的“命”“罚”而言。具普遍必然性的秩序感就是法则感。《洪范》所云九畴，即人与社会遵循之九种大法。故云“洪范九畴，彝伦攸叙”。人伦之彝常之感，亦即法则性及普遍有效性之感。华夏古文明中言“天”既包含天地万物之超越根源之义，也包含道德之超越根源之义，同时也指表宇宙秩序与道德法则。此如康德提出：“法则之感”（sensus juris）起源于人类心灵之本性。“借着这本性，它断然地（而非依利益）判断什么是善；并非依一己福祉，亦非依他人福祉，而是将同一行为放在他人的立场（案：即所谓“设身处地”）—— 如果有对立与抵牾，便引起不快；如果是和谐与一致，便产生愉快。”（Bemerkungen zu den Beobachtungen über das Gefühl des Schönen und Erhaben, KGS 20：156）我们可据此说明，《诗》《书》中言“思永”（《书·虞夏书·皋陶谟》），“协和万邦。黎民于变时雍”（《书·虞夏书·尧典》），“神人以和”“百兽率舞”（《书·虞夏书·舜典》），此中凸显的永续与和谐，包含着人之本性禀具的法则之感。

法则感之萌发就包含对于永续、恒常之追求，即皋陶所言“思永”。并且，法则感与和谐关联，此即《虞夏书·尧典》言“九族既睦”，“协和万邦”；人与天地协调、与万物和谐，有云：“神人以和”，“百兽率舞”。(《书·虞夏书·舜典》)

这种法则之感，就是“一种能够把自己扩展到一切动物拘禁于其中的限制之外的机能”(KGS 8：112)之运用的萌芽。这种机能，用康德的词语说，就是理性。理性以其自身所立原则“对本身漫无法则的自由加以限制”(A569/B597)。唯独凭着理性，人类才能够离开“无法的和暴力的自然状态”，也就是说，人类必须通过继续不断的启蒙，最后使人成为道德的。人性的启蒙必须是“启发每一个人善用他自己的理性不被动地而是时时自己立法”(KU 5：294)。

在漫长的欧洲中世纪史中，我们见到，人走出本能的努力被误认为兽类的罪和恶，教会的绝对权威以上帝之名配合着利他主义、自我牺牲、怜悯和普世的爱，把被打上“永恒的罪人”之烙印的人类统整于上帝的震慑之中。但到了近代，欧洲文明史走上另一极端，动物性本能被标举为人的“真我”、实存的本性。两头极端都忽略了人除了在遵循其本性中所具备的动物性，更重要的是禀具在意欲机能中立法的理性。康德在《人类历史起源揣测》一文中提出：“一方面是人道在努力追求其道德的定分，另一方面则是它始终不变地在遵循其本性中所具备的野蛮的与动物性状态的法则。”(KGS 8：116)人的道德的定分无非就是在意欲机能中立普遍法则（天理）的理性。

历史已证明，任何宗教的钳制力或极权专制暴力都不能彻底清除人作为自然物种的禀赋，同时，种种由外力加于人身上的自上而下的教育，往往是粗暴的、给人带来不幸的。另一方面，历史亦已证明，即使最平庸的知性都不会否认，放纵人的野蛮的与动物性的状态，将道德发展弃之如敝屣，其产生的后果使人处于危险的困境。这种困境不但对于道德，而且对于自然福祉都是最负累和最危险的，人们相互间酿成损害与灾难，陷入“所有人反对所有人的状态”。唯独通过不断的人性的启蒙，使每一个人善用自己的立普遍法则的理性，人类才可以有希望在世界上实现永久和平。

法则性与天地万物成就为和谐之整体密切相关，此乃人之为人的根本智慧，此智慧早就表现于华夏古文明中。法则感通着华夏古文明的敬德重德，同时为王道楷模奠基。

只是西方主导的现代文明，完全忽略人的理性的真正使用。迄今为止，人类远没有“像有理性的世界公民那样在整体上依照一个商定的计划行事”（KGS 8：17）。甚至可以说，即使在主流的哲学观点中，冠以“理性”之名的也只不过是知性（理智计量），人们对康德所揭示的在意欲机能中立法的“理性”一如既往地疏远而陌生。伴随欧洲启蒙运动而席卷全球的现代化急速且高度地发展人的知性，而人的理性却停在不成熟状态。西方文化史上形形色色离开理性立法而自命，因而难免伴随入侵性的“世界主义”“普世价值论”，并不能为世界带来和平；相反，倒成了制造战争和灾难的根源。

西方主导的物质文明发展至今，已呈现种种弊病和危机，人们不得不对一直奉行的西方化思维模式作深入的哲学反思。事实上，康德早就指出，西方文明“缺少一只眼睛，亦即真正的哲学的眼睛”(Anthro 7: 227)。真正的哲学的眼睛也就是理性的眼，它“通过理性合乎目的地”(Anthro 7: 227)，“根据一种预定的计划而行进”(KGS 8: 17)。但现代文明就像一个自负的独眼巨人，以知性取代理性之名，随之而来的结果就是摒弃人本有的理性在意欲机能中立法的能力。自康德哲学面世以来，起始于西方工业革命和启蒙运动的现代文明急速扩张，令人们根本无暇理会康德通过其批判哲学而提出的理性启蒙之严肃课题。

原本在每一个人心中的天理（道德最高原则）被错误的哲学原则扭夺掉了，一个以“放于利而行”为人生、社会的基础原则的时代，人们以为一切的准则来自社会精英、专家、教授，而诸如此类的精英往往又只是一个虚罔时代的产品。一个虚罔的时代必定是奠基于一个错误的哲学原则上，只是这个时代的人们（即使是“有识之士”）看来都漠视哲学之根本问题。今日，我们提出要回到华夏文明的理性传统，正是要审视现代文明的哲学基础，以求我们十三亿多中华儿女及人类全体走上向永久和平而趋的道德的现代化之正途。

析疑与辩难

问：自民国以来，西方的法治一直为国人趋之若鹜，难道我们还有什么理由批评西方文明仍未达至理性立法的高度吗？

答：我们不必否定西方发端而以强力扩展至全球的工业化带来的物质丰富和科学发展，在人类生存状态之改善方面而论，确实堪称长足进步；我们亦不反对西方法治制度于社会管治方面有其实效性及可学习处。但我们需要指出的是：只效仿西方法治制度，而轻忽每个人自身的立法理性之使用，是一种偏颇的做法。不必怀疑，西方悠久而良好的法治制度于使人避免犯法方面能行之有效，但若不教人有羞耻心，此即孔子说："道之以政，齐之以刑，民免而无耻。"又："道之以德，齐之以礼，有耻且格。"（《论语·为政第二》）以道德教人育人，民能正而有自尊。刑政，也就是法治，属于经验界，用康德的话说，属于知性立法范围；道德属于自由领域，亦即每一个人依于本心之仁的天理而"由仁义行"的领域，用康德的话说，就是人自身的立法理性之使用管辖的领域。唯独"道之以德，齐之以礼"，人始能保有尊严，用孟子的话说就是保有人皆有之的"良贵"。

于现实社会中，我们不反对法治制度的建立与完善；但不能据之摒弃"道之以德，齐之以礼"；而毋宁说，二者并行，前者为手段、为治标；后者为主导、为立本。

问：我们该如何看待时下流行的西方进步论？

答：我们之所以提出要对盲目的"西方进步论"进行反思，并非要把现代的困局归罪西方而向其追究罪责，绝非要鼓动民族仇恨和分裂；恰恰相反，通过每一个人（不分东方人还是西方人）理性的反思，我们才有希望团结全世界向一个永久和平的健康的现代化前进。为此，我们需要指明，"西方进步论"只限于历史判断而成立，我们还必须以道德判断来考量。西方化包含的极端个体主义原则、物欲刺激和无度膨胀、科学独断和至上，致使人的心灵之丰富性枯萎，道德性、宗教性、美感窒息了。据之可以说，就人的心灵之成熟方面而论，西方化是一种退步。事实上，西方发端并主导的现代文明已呈现种种失控，险象横生，以致最热衷于西方资本主义永恒论的学者（如美籍日本学者弗朗西斯·福山 [Francis Fukuyama]）都日渐变得缄默。我们无意于争论是否没有西方坚船利炮的攻击，中国就不能独立实现现代化，在谈论历史时使用"假如"是毫无作用的。但我们有理由提出：十三亿华人要走自己的现代化之路，要凝聚成具健旺生命力的大社会。尽管我们仍未知具体的步子如何走，但有一点当该是明确的，那就是：它是依照预告的人类道德史的视野而规划的，因而必须是离开近几个世纪西方主导的现代文明，而回到华夏理性文明之轨道。

如我们一再申论，我们要弘扬的是华夏文明的理性的实践智慧；并已论明华夏理性文明不仅属于过去，而且于现在及未来皆真实，皆普遍地客观有效，确切地说，它乃是每个人禀具之理性的真实，同时是人类共通的理想社会之原型。我们不能贬视之为一个群体、某个特殊阶级、某个民族、国家的意识形态。明乎此，就不会有什么"陷入国粹主义和民族沙文主义"之误判。倒是要提醒，西方中心主义者以物质主义和科学主义为标尺来判定何谓"进步"，执持一种短视的历史观，更以西方式的民主和自由来裁决什么是"普世价值"，实在是妨碍时代进步的落后思维。

第十七课

华夏古文明之为政之道：王道之范型

引文一〇五

帝曰："畴咨若时登庸?"放齐曰："胤子朱启明。"帝曰："吁！嚚讼可乎?"

……

帝曰："咨！四岳。朕在位七十载，汝能庸命，巽朕位?"岳曰："否德忝帝位。"曰："明明扬侧陋。"师锡帝曰："有鳏在下，曰虞舜。"帝曰："俞? 予闻，如何?"岳曰："瞽子，父顽，母嚚，象傲；克谐以孝，烝烝乂，不格奸。"(《书·虞夏书·尧典》)

引文一〇六

帝曰："格！汝舜。询事考言，乃言厎可绩，三载。汝陟帝位。"舜让于德，弗嗣。(《书·虞夏书·舜典》)

引文一〇七

天聪明，自我民聪明；天明畏，自我民明威。（《书·虞夏书·皋陶谟》）

引文一〇八

无偏无陂，遵王之义；无有作好，遵王之道；无有作恶，尊王之路。无偏无党，王道荡荡；无党无偏，王道平平；无反无侧，王道正直。会其有极，归其有极。曰：皇，极之敷言，是彝是训，于帝其训，凡厥庶民，极之敷言，是训是行，以近天子之光。曰：天子作民父母，以为天下王。（《书·周书·洪范》）

引文一〇九

乃命三后，恤功于民。伯夷降典，折民惟刑；禹平水土，主名山川；稷降播种，农殖嘉谷。三后成功，惟殷于民。士制百姓于刑之中，以教祗德。（《书·周书·吕刑》，见引文二十一）

引文一一〇

上天之载，无声无臭，仪刑文王，万邦作孚。（《诗·大雅·文王》）

如我们于前面已论，王者作为君主，其职责是保养民众，使民众生活安康；敬德明德以为民众表率，使民众光明美好，实践美德和秉持智慧。也就是说，君主担负社会管理和民众教化的最高责任；依照王道之范型，政治之实质是社会治理和民众教化，而不是权力和利害。此即《吕刑》云“恤功于民”“惟殷于民”“以教祗德”。《文王》云“仪刑文王，万邦作孚”。《舜典》更述及禅让，“舜让于德”。于《尧典》所述，尧臣放齐推荐尧的儿子朱继天子之位，帝尧认为他言论荒谬，又好争斗，不可继位。帝尧要把帝位让给四岳（四位诸侯首长），四岳推辞以“否德忝帝位”，并推举虽然出身微贱却高明且有德的舜继帝位。而舜初亦让于有德之人，不继承帝位。（见引文一〇五）

王道“无偏无陂”“无有作好”“无有作恶”“无偏无党”，“王道平平”“王道正直”“极之敷言，是彝是训”。（《洪范》）此王道理想根自“民聪明”“民明威”。（《皋陶谟》）王阳明于《答顾东桥书》述及王道之学的范型，云：

> 三代之学，其要皆所以明人伦，非以辟不辟、泮不泮为重轻也。……尧“命羲和，钦若昊天，历象日月星辰”，其重在于“敬授人时”也。舜“在璇玑玉衡”，其重在于“以齐七政”也。是皆汲汲然以仁民之心，而行其养民之政，治历明时之本，固在于此也。
>
> ……
>
> 圣人有忧之，是以推其天地万物一体之仁以教天下，使之皆有以克其私，去其蔽，以复其心体之同然。其教之大端，则尧、舜、禹之相授受，所谓“道心惟微，惟精惟一，允执厥中”。而其节目则舜之命契，所谓“父子有亲，君臣有义，夫妇有别，长幼有序，朋友

有信”五者而已。唐、虞、三代之世，教者惟以此为教，而学者惟以此为学。当是之时，人无异见，家无异习，安此者谓之圣，勉此者谓之贤，而背此者虽其启明如朱亦谓之不肖。下至闾井、田野、农、工、商、贾之贱，莫不皆有是学，而惟以成其德行为务。何者？无有闻见之杂，记诵之烦，辞章之靡滥，功利之驰逐，而但使之孝其亲，弟其长，信其朋友，以复其心体之同然。是盖性分之所固有，而非有假于外者，则人亦孰不能之乎？学校之中，惟以成德为事，而才能之异，或有长于礼乐，长于政教，长于水土播植者，则就其成德，而因使益精其能于学校之中。迨夫举德而任，则使之终身居其职而不易，用之者惟知同心一德，以共安天下之民，视才之称否，而不以崇卑为轻重，劳逸为美恶；效用者亦惟知同心一德，以共安天下之民，苟当其能，则终身处于烦剧而不以为劳，安于卑琐而不以为贱。当是之时，天下之人熙熙皞皞，皆相视如一家之亲。

（《传习录》中，《答顾东桥书》，第141条）

阳明详述“唐、虞、三代之世”，“人无异见，家无异习”，人人“惟以成其德行为务”，人人“孝其亲，弟其长，信其朋友”，尽“性分之所固有”，而不假外求，“举德而任”，“而不以崇卑为轻重，劳逸为美恶”，“惟知同心一德”，“天下之人熙熙皞皞，皆相视如一家之亲”。并说：“盖其心学纯明，而有以全其万物一体之仁，故其精神流贯，志气通达，而无有乎人己之分，物我之间。”“大端惟在复心体之同然。”(《传习录》中，《答顾东桥书》，第141条)我们不必以为阳明意在叙述史实，而毋宁说，其志在标举三代王道理想。此王道之范型乃是“万物一体之仁”必然要创造的世界，用康德的话说，它包含着人们自身本有的一种“普遍的和绝对的视野”，这种视野与“人的全部完满性的界限完全一致”。(Logik 9：41)在这种宇宙视野中，我们“以能够永存的理念来把握历史”。

析疑与辩难

问：史学界中“疑古派”提出：儒家美化二帝(尧、舜)三王(禹、汤、武王)，只是儒家一个学派之言。《尚书》记述二帝三王之文远离古代社会之真实。

答：诚然，我们知道史学界关于二帝三王之史实问题有各种说法。著名史学家顾颉刚先生著《古史辨》，提出六经的历史信实的价值远在《史记》《新唐书》之下。[1]首先，我们必须表明，我们遵重史学界的任何研究成果，并不主张《尚书》为史官记述之史料，亦不对二帝三王作任何臆测。我们同意防止以思想等同历史事件之真实的做法，而必须申明，当我们弘扬华夏文明传统中的王道之型范(如敬德、禅让等)，并不意谓我们以该型范为历史上已有完满实现；而毋宁说，此型范作为华夏文明传统中的理性的实践智慧是真实的，并且，它作为全人类致力而趋的一个理想的原型，是在人的理性中

1 顾颉刚：《古史辨》(修订版)第一册，海口：海南出版社，2005年，第107—108页。

有其根源，因而可为每一个人自由接纳，并任何时候都对社会发展具有指示方向的意义。依此，我们可说，以圣王之名而彰理性之理想之实，是实践智慧学本有之义。不应以“历史事实”为由而斥之为托古之“幻想”。亦惟明乎此，我们始能明白，何以孔子说：“大哉！尧之为君也。巍巍乎，唯天为大，唯尧则之。荡荡乎，民无能名焉。”(《论语·泰伯第八》)又，《中庸》云：“仲尼祖述尧舜，宪章文武。”

问：王道之范型是否只不过是柏拉图式的理想国，类乎西方传统所言乌托邦？

答：王道之范型，用康德的词语，就是理性理想之原型；而绝不是柏拉图的理想国，更不是西方传统所言乌托邦。用《中庸》的话说：“凡事豫则立，不豫则废。言前定则不跲，事前定则不困，行前定则不疚，道前定则不穷。”人以恒长久远的理性之理想为原型设定向之而趋的目标，并时时以之检察人类社会之行程是接近它还是远离它，以便随时纠正航向。此所以，王道之范型不能混同于由想象力之梦幻产生的乌托邦；并且要与独断唯理论之空想区分开来。如我们一再申论，王道之范型乃理性理想之原型，它产生自人自身的理性，并由理性在意欲机能中立法而成为人自身要求并努力实现于世界上的终极目的。

若人们以鼠目寸光，死盯着经验原则不放，则不能承认理性理想之原型，而斥之为虚无缥缈的乌托邦。其实，早在二百多年前，康德已严格地将理性的理想与柏拉图的理型论区别开。康德把柏拉图比喻为在空中自由翱翔的轻盈鸽子，当它感受到空气的阻力时，便想象在没有空气的空间里飞行必定更为容易。他批评说："柏拉图正是这样以为感触界（Sinnenwelt）对于知性的限制太多，就索性离开感触界而鼓起观念的双翼，冒险地超出感触界而进入纯粹知性的真空里去。"（A5/B9）柏拉图主张："理念源自最高的理性，由此出发而为人类理性所分有。"并以为人类理性"必须千辛万苦地通过回忆（这回忆称为哲学）去唤回旧有的、如今已极其模糊的理念"（A313/B370）。柏拉图主张主体与客体一致的根源在一种先天前定的知性，如一切唯理论者，他们主张："在感取中只有幻象，而只有知性才认识真东西（Wahre）。"（A853/B881）他们要求："真正的对象是纯然智性的。"（A854/B882）并因而主张一种"仅仅借着纯粹的知性而不通过任何感取之伴随的直观"（A854/B882）。依照这种思维模式，哲学家难免要制造幻象，产生出形形色色神秘体系，而被人们嘲笑为吹牛家。此所以康德提醒：理性以其自身所立原则"对本身漫无法则的自由加以限制"。（A569/B597）防止像柏拉图那样，把纯粹知性的东西视为生而具有的，避免在它们之上建立对超感触物的理论的无尽头的僭妄要求。但以此同时，康德提醒，当我们把它们视为是获得的，又要防止像经验论者（如伊壁鸠鲁）那样，把它们的全部使用，甚至是实践意图中的使用，都仅仅限制在感取的对象和决定根据上。（KpV 5：141）依照这种经验论的粗浅思维模式，就难免要把理性之理想误判为乌托邦。实质上，如康德说："从那已作成的东西中去引生出那关于我应当做之事的法则，或者想要由此对我应当做之事的法则作出限制，这是卑鄙的。"（A319/B375）

康德说："即使不想入非非，我们也得承认，人类理性所包含的不只是理念，而还有理想。虽然这些理想不像柏拉图的理念那样具有创造力量，但是仍然有（作为轨约的原则）实践的力量，并且形成一定活动的可能的圆满性的根据。"（A569/B597）"理想提供了理性的一种不可或缺的准绳，理性需要在自己的类中完备无缺的东西的概念，以便由此估量和衡量不完备的东西的程度和缺陷。"（A569-570/B597-698）

第十八课

孔子言仁（一）：最高的哲学词

《中庸》云："仲尼祖述尧舜，宪章文武。"又云："大哉圣人之道！洋洋乎，发育万物，峻极于天。优优大哉！礼仪三百，威仪三千，待其人而后行。故曰，苟不至德，至道不凝焉。"孔子上承华夏古文明传统，将三代之宏规奠立在"仁"之根基上，以此确立一个理性文明的传统。"仁"提升为诸德的超越根据，通过"仁者，人也"决定"仁"乃人之为人的实存定分，并由"践仁知天"将礼义教化归摄于彻上彻下、由每个人自身之仁心贯注，同时又通着"畏天命"的感通、润物的道德的宗教。明乎此，则我们能够肯认：孔子言"仁"已上升至道德创生实体之高度。

"仁者，人也"，乃对人之为人作出实存决定的哲学命题，其中意谓：其一，"仁"乃每一个人所生而固有；其二，此言生而固有，并不意谓不必后天不已地努力实现，而是说，每一个人分定要致力成就自己为仁者。就"仁"乃每一个人所生而固有的成就自身为道德者的能力而言，我们即可说，“仁”乃人自我创造之实体。并且，孔子说：“修身以道，修道以仁。”“诚者，天之道也；诚之者，人之道也。”（见《中庸》第二十章《哀公问政》）人成就自身为仁者，即“修道”，也就是孔子说：“人能弘道。”（《论语·卫灵公第十五》）据此，我们即可说，“仁”乃实现天道的创造实体。

如果说，哲学之本务在寻求对于真实的恒常不易的创造实体的认识，并且能如理承认，“哲学”一词之真正意义不在传统西方哲学之逻各斯（logos），不在于知性所管辖的知识论及逻辑学，甚至也不能停在思辨的形而上学；那么，我们就没有理由像一些学者那样，以为“philosophy”源自西方，况且“哲学”也是借自日本的译名，就断言“哲学非中国本有”。相反，我们可以依据德国哲学家康德对于西方传统哲学作出的彻底反省，如实指出，“哲学”在西方漫长的历史中一直陷于独断的，因而备受二律背反困扰的困境中；亦可指出，哲学的真实意义在实践的智慧学。如康德在《纯粹理性批判》就通过批判指出：就思辨理性这个来源而对自然形而上学作出裁决与限制，以便指示我们要把对于超感触者之“无结果而夸奢的思辨转到那有结果的实践使用上去”（B421）。康德说：“一切通过纯粹理性在其思辨使用上的综合认识，都是完全不可能的。”（A796/B824）“理性对于它有很大兴趣的对象有预感，但当它踏上纯然的思辨之路想要接近这些对象，它们却在它面前溜走了。也许理性可希望在给它剩下的唯一的道路，也就是实践的使用的道路上有较好的运气。”（A796/B824）

我们接纳康德说：“形而上学的三个基本命题对知识

（Wissen）来说根本不需要，但我们的理性却锲而不舍地追求之，其实恰当说来，它们的重要性必定只有关于实践（Praktische）。所谓实践，就是指通过自由而成为可能的一切东西。"（A800/B828）那么，我们就能如理如实地指出：孔子言"仁"对人之为人的实存做决定的命题，乃至言"修道以仁"以通"人之道"与"天之道"的命题，就是有关于实践，亦即有关于通过自由而成为可能的一切东西的命题。据此，我们可以说，孔子所言"仁"是作为独立不依于自然因果性而成立的纯粹哲学之核心。明乎此，我们即可肯认：中国哲学自孔子始。

孔子根于华夏古文明的理性核心，而开发并奠定一个哲学传统，这个传统的一切哲学命题都能够归根到孔子所言"仁"。并且，如前文所论，这个传统的根源智慧正通于康德批判地建立的实践智慧学。现在，我们能够援用康德的批判方法，也就是对我们人自身的心灵机能的诸能力作出考察，以查明孔子言"仁"所包含的每一含义的方式及其理据。我们知道，孔子"原创性的思想"是圆融智慧之学统，采用的方式是于身教言教中随时随地指点，并不需要概念作为媒介。但这并不排斥后人可以使用概念和命题的方式来理解孔子的哲学。尤为重要的是，以康德的哲学专词来表达孔子哲学传统的义理，以期以一个清晰的整体体系表达出来，由之收到于全世界每一个人之间普遍传通之效。如雅斯培说："这种体系一旦完成，可以把一种充分的存有意识传达给别人，而别人亦能再设定其运作。"（Jaspers-Karl，Die GrossenPhilosophen，

S.591）[1]在孔子圆融智慧之学统中，“仁”是最高的哲学词。因此，我们对孔子之学统作整体体系的说明，从对孔子言“仁”之哲学说明开始；而如前文已一再申论，孔子所言“仁者，人也”，指示出“仁”乃人自身禀具的机能，我们首先于此作哲学说明。兹引相关文献如下：

子曰：“为仁由己，而由人乎哉。”（《论语·颜渊第十二》）

子曰：“求仁而得仁，又何怨？”（《论语·述而第七》）

子曰：“仁远乎哉？我欲仁，斯仁至矣！”（《论语·述而第七》）

子曰：“欲而不贪。”
“欲仁而得仁，又焉贪？”（《论语·尧曰第二十》）

子曰：“有能一日用其力于仁矣乎？我未见力不足者。盖有之矣，我未之见也。”（《论语·里仁第四》）

孔子言“为仁由己”，“求仁而得仁”，“我欲仁，斯仁至矣”，“欲仁而得仁”，“有能一日用其力于仁矣乎？我未见力不足者”，指示出：“仁”是每一个人自身禀具的能力，它是与

---

1 卡尔·雅斯培：《康德》，赖显邦译，台北：久大文化股份有限公司，1992年，第288—289页。

人的意欲机能相关的。并且，可以进一步指明，这种意欲机能并不是只依据自然因果性的，它包含“应当”（亦即道德行为）的根据，也就是包含自由因果性。人的尊严就通过这种自由因果性而显露。故孔子说：“好仁者，无以尚之。”又，《礼记·礼运》（孔子弟子或再传、三传弟子所记）云：“仁者，义之本也，顺之体也，得之者尊。”用康德的话说，“仁”是每一个人的“人格中的人性”：

> 这东西无非就是人格性，亦即不依赖于整个自然的机械作用之自由和独立性，但同时被视为一个生物的机能，这个生物服从自己特有的、亦即由他自己的理性所立的纯粹实践的法则，因而人格作为属于感触界的，就其同时属于智性界而言，服从于自己的人格性。（KpV 5：87）

析疑与辩难

问： 有学者提出，对孔子之学作哲学说明有“哲学化”之嫌。

答： 如前文已指出，汉学界流行一种对“哲学”的误解，就是以西方中心主义为标准来看“哲学”，只看到西方传统哲学中五花八门的流派，知识论的、思辨理性的，乃至现代哲学逻辑实证的、语言分析的、实用主义的等等，难免会对哲学产生嫌恶之感。提及“哲学”，人们总是联想到：知识化、抽象化、空洞化。用康德的话说：哲学是一桩丑闻。

但哲学作为理性本性之学，原本是“人同此心，心同此理”之学。人要对自身的真实本性有所决定，而不流于一虚无的无意义的存在；人类社会要实现真正公义的、永久和平的秩序，而不陷入自然主义的、纷争的、撕裂的状态，就需要有哲学来奠定人类共同的善的原则，以及向之而努力的终极目的和社会范型。尽管在历史条件的限制中，现实总是有缺陷。但如康德所言，理性本性之学包含的东西，“任何时候都能够现实地在具体中被给予，虽然只是部分地被给予”（A328/B385）。它表现了一种自由因果性，“因为它把其概念所包含的东西现实地产生出来”，因此，“总是极高度地有成果的，并在其关联于我们的现实行为中是不可避免地必要的”。（A328/B385）

若我们只把孔子之学作为文化、思想来讲，也就是落于历史限制中，视其为一特定时空、特定民族的产物，则势必丢失孔子哲学本具的普遍性与必然性之内涵。但从前文对孔子哲学之申论可知，孔子哲学根本上就是建基于实践理性之正确使用上，并没有像西方哲学那样产生永无休止的虚妄。用康德的话说，哲学唯独作为理性本性之学，它能够“形成一切科学的用途的根据和至上的格准”，以“保证科学共同制度的一般秩序、和谐，乃至它的安宁”，以免那些致力科学的人忽视了“人类的首要目的，即全人类的福祉”。（A851/B879）

问：有学者认为，孔子之学作为儒家思想只是中国传统文化中诸子百家的一种。

答：有必要将孔子哲学与“孔子既殁，儒分为八”之“儒家”区分开来。我们讲论孔子哲学，乃是申明其常道性格。正如康德通过三大批判而达至的一个结论：“既然只有一种人类的理性，就不会有多种的哲学。”(MS 6：207)按照原则建立的哲学体系只能有一种。尽管从哲学史的角度而言，哲学派别多种多样，“甚至自相矛盾，人们可以各自对同一个命题作哲学的阐述”(MS 6：207)。

第十九课

孔子言仁（二）：道德原则之根源

自由因果性之积极意义在于：意志之立法性。孔子所言“仁”，区别于人的自然本能，而显露人使自身提升至自己本身的自然生命之上的能力，其首出义及核心作用见于其包含最高的道德原则，表达于《论语·雍也第六》，就是：

> 子曰：“夫仁者，己欲立而立人，己欲达而达人。能近取譬，可谓仁之方也已！”

依据上面引文，“己欲立而立人，己欲达而达人”“能近取譬”，可以说是道德最高原则的一个表达，这个表达式堪称为道德金律（golden rule）。“能近取譬”，朱注：“近取诸身，以己所欲譬之他人。”此中所言“己所欲”并非一己私欲，而是“欲立”“欲达”，亦即“我欲仁”之高层的意欲。此高层的意欲之所以根本区别于个人私欲，在于它是在“尽己”中推己及人。孔子曰:“吾道一以贯之。”曾子曰:“夫子之道,忠恕而已矣!”(《论语·里仁第四》)朱子注:“尽己之谓忠,推己之谓恕。”又曰:“圣人之心,浑然一理,而泛应曲当。”“夫子之一理浑然而泛应曲当,譬则天地之至诚无息,而万物各得其所也。”(《四书集注》)我们可以说,依孔子言,道德最高原则就是本于仁而发的“浑然一理”,是依于“浑然一理”的“尽己”,“以己及物”。用康德的话说,它就是理性在意欲机能中立普遍法则,此法则为普遍必然的,固并无具体的内容,而是这样一个形式:“要依照能使自己同时成为普遍法则的那种格准而行动。”(Gr 4: 436)也可以说,此即孔子言“己欲立而立人,己欲达而达人”所表达之义。

正如康德的批判以揭示心灵机能的立法能力为首出,并以理性在意欲机能之立法性(自由)作为纯粹理性体系的拱心石,我们也以“仁”作为孔子哲学传统的拱心石,并阐明“仁”乃是内在于每一个人的立普遍法则的能力,人的心灵具有的立普遍法则的能力用康德的哲学专词表达就是“理性”。“仁”的丰富内涵始基于人自身的立普遍法则的能力,这一层意义见于孔子本人的话语,尽管孔子并没有使用“机能”这一字眼。

又,孔子说:“克己复礼为仁,一日克己复礼,天下归仁焉。”(《论语·颜渊第十二》)

于“人的自我置定”那一课中,我们已说明:“克己”,自我约束;“复礼”,回到礼。“礼”,人伦之常,天地之序也。“克己复礼”就是:自我约束,以归于常序。因而也可以说是:依最高道德原则而行动的格准。学界中流行一种解释,视“克己复礼”中“己”为私己，因之就把“克”解释作克服、战胜、超越，如此一来，“己”被视为被对治的对象。更有进一步，有学者就以“去人欲”来解说“克己复礼”。但这种见解实在有遗孔子所言“己”的原意。孔子此处所言“己”是指每一个人自己，并且，并非专就人的经验性格而言的私己，而是综合一个人自己的经验性格与超越性格为一体而言之“己”。故此可说，“克己”是自己依据根于自身的道德原则而约束自己。事实上，孔子言“己”以这种综合意居多，并不合适往“私己”之意去理解。同样，孔子言“我”亦如是，也有并不指只是经验意义的(生物学、心理学、物理学而论的)一己之私的“我”。如:“己欲立而立人，己欲达而达人”(《论语·雍也第六》)、“为仁由己，而由人乎哉”(《论语·颜渊第十二》)、“己所不欲，勿施于人”(《论语·颜渊第十二》)诸句，各文句中言“己”明显不能作“私己”理解。“我欲仁，斯仁至矣”(《论语·述而第七》)，此句中“我”也明显不能解作一己之私的“我”。

我们可以指出，“己欲立而立人，己欲达而达人”“一日克己复礼，天下归仁焉”，显示出道德法则应当适用于一切人的那种普遍性，它对一切人具有一种“无条件的实践的必然性”。依康德批判揭明，一项法则要具有绝对的必然性，它显然不能是材质的、经验的，而只能是形式的、先验的。其为形式的并非逻辑形式那样纯然思想的规则，而是能创发道德行为的实践的、自由因果性的原则。依孔子哲学传统而言，也就是“浑然一理”，人的行为依之而“泛应曲当”，无非就是“己欲立而立人，己欲达而达人”这一最高的原则。“克己复礼”，用康德的话表达，也就是每一个人依据根于自身的普遍法则而行，但现实上未免有阻碍和主观的限制，道德法则就对人有一种强制，人自我约束而回到以道德法则为根据的格准以行动，此即抉意自律。

援用康德的意志自律学说来说明，总说“意志”(Wille)，“意志就是意欲力”，“就理性能决定意欲机能而言，在意志下可涵摄抉意(Willkür)”。(MS 6: 213)意志(立客观原则)、抉意(订主观格准)，总说“意志自律”，就包含“抉意自律”。明乎此，我们即可避免以一般习俗中自动自觉遵守行为规范而言“自律”。而亦能恰切地了解孔子言“仁”包含之意志自律义就在:“己欲立而立人，己欲达而达人”(本心之天理)，以及“克己复礼”之抉意自律。

“仁”作为最高的道德原则及道德行为格准之根源，用康德的话，此乃“理性在意欲机能中立法”的事实，亦即意志自律自由的事实。康德说:“道德就是行为之关联于意志自律，也就是说，关联于借意志之格准而成为可能的普遍立法。”(Gr 4: 439)“意志自律必然与道德概念相连系，甚或毋宁说是道德之基础。”(Gr 4: 445)依此，也可以说，“仁”是道德之基础。我们一再申论根于“仁”的道德原则及道德行为格准，无非就是申明“藉意志之格准而成为可能的普遍立法”这层意思。又，如康德揭明:“意志被思为是一种符合某种法则之表象来决定自己去行动的机能。”(Gr 4: 427)“每一个人的意志就是在其一切格准中制定普遍法则的意志。”(Gr 4: 432)我们也可以说，“仁”是每一个人的本心在其一切格准中制定普遍法则并据之产生行动的能力。此所以，明儒王阳明明确提出:本心良知之天理。“天理”之称为天理，就是“普遍必然的法则”之意，不必理解为从外在的天而来的“理”，也不必理解为外在地潜存的“理”。“天理”无非是本心良知之普遍立法，这种立法在每一个人的本心之仁中见，是根于仁者。如康德说：“这种立法必须在每一个有理性者自身中被见到，而且能由其意志产生出来。”(Gr 4: 434)此所以孔子说：“有能一日用其力于仁矣乎？我未见力不足者。”(《论语·里仁第四》)又说：“为仁由己”(《论语·颜渊第十二》)，“求仁而得仁”。(《论语·述而第七》)。意志自律无非就是意志独立，不依于意愿的对象而对自己就是一法则的那种特性。(Gr 4: 440)此如孔子说：“我欲仁，斯仁至矣。”(《论语·述而第七》)又说：“欲仁而得仁。”(《论语·尧曰第二十》)

道德，亦即意志自律，无非是人服从于法则，而他服从的法则就只是他自己订立的同时也是普遍的法则，他自己的意志是一个天造地设地要制订普遍法则的意志，而他只是必须与自己的意志之立法相符合而行动。(Gr 4: 432)现实上，人并不是必然地与他自己订立的普遍的法则这个客观原则一致的，但人通过“克己”服从普遍的法则。由之，道德导出“不同的有理性者通过共同的法则形成的系统结合”。(Gr 4: 433)也就是孔子说：“克己复礼为仁，一日克己复礼，天下归仁焉。”(《论语·颜渊第十二》)

析疑与辩难

问：学界流行一种对康德自律学说的批评，并据之反对以“意志自律”说明孔子义理包含的自律道德义。

答：我们可以指出，这种批评根源自与康德同时代的德国哲学家黑格尔，其要害在否决康德所论人自身有自立客观的普遍法则的能力。黑格尔就是信不过每一个人同具的立法主体。主体自身的立法既主观而又具客观的必然性，这在黑格尔看来是不可思议的。依康德，自由自律的意志立道德法则，此即孔子言人心之仁欲立己立人，达己达人。孟子承孔子，说：“心之所同然者何也？谓理也，义也。”(《孟子·告子上》)宋明儒者言“本心即天理”。天理自本心出，此即含人自身立实践的普遍法则义，亦含康德所言人的尊严及人自身是目的之义。但是，在黑格尔看来，世界历史是上帝意志之自我展现，人只不过作为上帝实现其目的的手段而已，故而无法接纳意志自律学说。

问：黑格尔及其追随者认为“意志自律”实质是主张“人是他自身的奴隶”。

答：黑格尔在《基督教的精神及其命运》一文中提出：那些有其主人在他们自身之外的人“顺从于外在于他们的主人”，而听从他自己的义务命令的人，“则把他的主人带入自身之内，然而同时却成为自身的奴隶；由于特殊者有着本能、爱好、病理学之爱、感性经验，如此等等，所以普遍者就必然是并且始终是某种外来且客观之物”。[1]黑格尔主张“普遍者就必然是并且始终是某种外来且客观之物”，拒绝承认人作为个体本有理性在意欲机能中立普遍法则的能力。黑格尔将意志自由之主体与个人的特殊的感性的自我对立起来。他看不到人之所以堪称“道德者”，端赖人的意志自由是一种自立普遍法则的能力，并且有能力依据自立的普遍法则订定格准以行动，也就是说，人有能力使其依于感性之本性而来的一切格准隶属于道德法则而与之相一致。这就是康德所论意志自律，其真义在：人服从他自己固有的依其本性就是普遍立法的意志所立的道德法则，这并非恐惧，亦非对感性本性的钳制，而是对感性可能的放纵无度自我约束，由此见人自身的尊严。康德说：“人的尊严正在于他具有这样普遍立法的能力，尽管同时以他本身服从这种立法为条件。”（Gr 4：440）而如前文所论，孔子言“克己复礼”，其义与康德所论若合符节。每一个人自身的理性立法，以管辖自身的意欲之杂多，达成对知性和感官的持久和平。明乎此，我们就不会像黑格尔及其后百多年来的各种追随者那样，指责康德的自律道德学说包含理性对感性的暴君般的统治，把人沦为自身的奴隶。

黑格尔及其追随者将“道德法则下的实存”只视为理性我，而将“自然法则下的实存”视为感性我，据此制造所谓“理性我与感性我截然二分”。但依康德考论，当人视自身为“自由法则下的实存”才是真正的自我，依此，人的理性“独

---

1 Hegel，*Der Geist des Christentums und sein Schicksal*，G.W.F.Hegel Werke 1 Frühe Schriften，Suhrkamp Verlag Frankfurt am Main 1970. 中译参见黑格尔《宗教哲学》（下），魏庆征译，北京：中国社会出版社，1999年，第983—984页。

立不依于感性”而立法，道德法则直接地定言地应用在他身上，感触界的全部本性（性好与嗜欲）便不能损害他作为一睿智者的意愿（Wollens）之法则，他亦不认那些性好与嗜欲可归于他的真正的自我。（Gr 4：457-458）在这里，感性必定与理性立法相谐和。道德法则（亦可说立法的道德主体）对人有一种强制，约束人的感触本性以防止其无度膨胀，而不伤害人的感性。只有当感触本性企图僭妄地要求主宰权，感性才会使自己成为道德主体之异己之物，因而使自己陷于与理性的紧张状态中。

第二十课

孔子言仁（三）：实践活动的根源之能

孔子所言“仁”既是最高的道德原则（己欲立而立人，己欲达而达人）之根源；又是道德行为的格准（克己复礼）之根源。此见意志自律之真义，道德之真义亦在此。人心之仁的法则义既立，则我们可以理解，孔子何以视“仁”为内在于人的一切实践活动的不可或缺的根据。孔子说：

1. 人而不仁，如礼何？人而不仁，如乐何？（《论语·八佾第三》）

2. 唯仁者，能好人，能恶人。（《论语·里仁第四》）

3. 苟志于仁矣，无恶也。（《论语·里仁第四》）

4. 富与贵，是人之所欲也；不以其道得之，不处也。贫与贱，是人之所恶也；不以其道得之，不去也。君子去仁，恶乎成名？君子无终食之间违仁；造次必于是，颠沛必于是。(《论语·里仁第四》)

5. 我未见好仁者，恶不仁者。好仁者，无以尚之；恶不仁者，其为仁矣，不使不仁者加乎其身。(《论语·里仁第四》)

6. 志于道，据于德，依于仁，游于艺。(《论语·述而第七》)

7. 人而不仁，疾之已甚，乱也。(《论语·泰伯第八》)

8. 仁者必有勇，勇者不必有仁。(《论语·宪问第十四》)

9. 君子而不仁者有矣夫！未有小人而仁者也。(《论语·宪问第十四》)

10. 志士仁人，无求生以害仁，有杀身以成仁。(《论语·卫灵公第十五》)

11. 当仁，不让于师。(《论语·卫灵公第十五》)

“礼”，德性之体现也；“乐”，人情之抒发也；礼、乐不可离人心之“仁”，此孔子指出：“人而不仁，如礼何？人而不仁，如乐何？”（引文 1）“依于仁。”（引文 6）真正的“勇”，亦含于人心之“仁”，此所以孔子说：“仁者必有勇。”（引文 8）又，孔子说：“唯仁者，能好人，能恶人。”（引文 2）道德的（即无偏私的）好、恶，其根据在“仁”；而好、恶之客观标准就在人心之“仁”之普遍立法中。若仁者不是依于本心之仁的普遍立法为准，凭什么说唯独仁者能好人、恶人呢？《论语·子路第十三》记载：子贡问：“乡人皆好之，何如？”“乡人皆恶之，何如？”孔子说：“未可也！不如乡人之善者好之，其不善者恶之。”

如康德说：“为了使我自己的意愿在德性上是善的，我应当怎么办？”这不需要请教任何人，也根本不需要高远的洞察力，而只要问自己：你也能够意愿你的格准成为一条普遍的法则吗？（Gr 4：403）“如果不能，这个格准就是应予抛弃的。”（Gr 4：403）又，康德说：“道德（Moralität）就是行为之关联于意志之自律，即是说，关联于借意志之格准而来的可能的普遍立法。能够与意志自律兼容的行为是允许的；不能与之一致的行为则是不允许的。”（Gr 4：439）这就是孔子指出：“志于仁”，则“无恶”。（见引文 3）反之，“人而不仁，疾之已甚，乱也”（引文 7）。一切德行皆根于“仁”，故孔子说：“恶不仁者，其为仁矣，不使不仁者加乎其身。”（引文 5）“当仁，不让于师。”（引文 11）“无求生以害仁，有杀身以成仁。”（引文 10）君子之为君子，在“无终食之间违仁”（引文 4），而小人之为小人，则在其不仁。（引文 9）

康德通过批判揭明的“道德”（Moralität）之义，亦以此区别于一切他律道德学。一切他律道德都是虚假的，败坏道德的。有一种人，貌似循规蹈矩，却对自家本心之仁的立法懵然不知，于自身依“仁”而本有的实存意识无所觉，此等人孔子称之为“乡愿”。孔子说：“乡愿，德之贼也。”（《论语·阳货第十七》）朱子注云：“夫子以其似德非德，而反乱乎德，故以为德之贼而深恶之。”（朱熹《四集注》）乡愿“似德非德”，乃“德之贼”，就是康德说：意志他律是虚假的，败坏道德的。

本心之仁的普遍立法的普遍性与必然性，乃一切实践活动不可或缺的根本，而此正是任何经验伦理学所忽略的。据此，我们能够向世人说明，孔子哲学决非一种仅仅为己的修养之学，更不能贬视为一种时移势易的风俗伦理，甚至不能把孔子哲学解读为一种主观的学问，只能经由个人工夫去体证，而不能有任何真正的哲学证明。不必讳言，孔子并不以专业哲学家的身份立论，此即庄子说“圣人怀之”，而有别于“众人辩之以相示”。

析疑与辩难

问：学界流行一种说法，以为孔子之学只是一种为己的修养之学。

答：黑格尔就认为孔子《论语》只不过是一些嘉言懿行的记录。有学者援引孔子说：“古之学者为己，今之学者为人。”（《论语·宪问第十四》）以此为据就把孔子之学定性为为己的修养之学。汉学界更有学者以孔子之学为心性之学为由，判定它只是心性修养、教人成圣人之学。郑家栋教授在其大作《当代新儒学论衡》一书的《没有圣贤的时代——代序论》中就以儒学为“圣学”，提出“为己之学”作为儒学的本质规定。[1]如此一来，他们就把孔子之学的本质抹杀了。如我们一再申论，孔子之学的本质在“仁”，而“仁”的根本义是人之为人自身禀具的创造人为道德者及世界为道德世界的能力。

如我们已申论，孔子言“为己”意谓：依人心之仁，亦即依道德法则成就自己为仁者，成就自己同时成就他人、成就万物，就是“人能弘道”，为实现大同世界奋进不已。

问：有学者认为，伦理学就是美德之学，不必与形而上学有涉。

答：唐文明教授在其大作《隐秘的颠覆：牟宗三、康德与原始儒家》中就提出儒家伦理思想为“美德伦理学”的观点。[2]这种见解是生搬硬套西方经验伦理学的观点所致。美德伦理学可追溯到古希腊，亚里士多德因着其经验论的取向，重视到人的伦理美德与社会生活中取得成功的行为相关，而依循的仍然是“知识即德行”的希腊传统。西方伦理学鲜有离开这个大传统，而从人的理性立普遍法则论道德而确立伦理的形上学基础，此一方面是受希腊“知识即德行”的传统影响；另一方面受基督教影响，人只是上帝的工具，故不能承认人立普遍法则的理性之能。康德所论德性形上学乃伦理学之基础，在西方传统中可说是一个异素。故此在学界中一直

---

1 郑家栋：《当代新儒学论衡》，台北：桂冠图书公司，1995年，第5—7页。

2 唐文明：《隐秘的颠覆：牟宗三、康德与原始儒家》，北京：生活·读书·新知三联书店，2012年。

遭受各种曲解与诘难。

康德在《德性形上学的基础》一书中，开宗明义："一门德性形而上学是不可或缺地必要的"(Gr 4：389)，"德性形而上学应当研究的是一种可能的纯粹的意志之理念与原则"。(Gr 4：390)他提出：要先有"仅仅从先验原则出发阐明其学说的"纯粹的哲学(Gr 4：388)，就伦理学而言，就是要先建立"完全清除了一切只能是经验的、属于人类学的东西的一门纯粹的道德哲学"(Gr 4：389)，作为伦理学的基础。"首先把德性学说(Lehre der Sitten)确立在形而上学上，在它稳固地确立后，再通过通俗性使它易于接受。"(Gr 4：409)就孔子哲学而论，就是首先要揭明"仁者，人也"，即"仁"乃人之实存的分定，也就是人的真正的自我，而人的德性、德行皆根于"仁"。

康德说："凡是真正的至上的德性原理都必须独立不依于一切经验，而仅仅依据纯粹理性。"(Gr 4：409)依孔子，这就是"克己复礼为仁"(《论语·颜渊第十二》)。而礼根于"仁"。根于人心之仁的立法作为一切行为的格准，此即进入一个以"仁"为创造实体的形而上学，如康德所说："首先把德性学说(Lehre der Sitten)确立在形而上学上，在它稳固地确立后，再通过通俗性使它易于接受。"(Gr 4：409)并且，如康德提醒，"这是进入形而上学的一个与思辨哲学的领域完全不同的领域，亦即进入德性形而上学"(Gr 4：426)。德性形而上学属于实践哲学。

究其实，汉学界流行反对伦理学涉及形而上学，是受到西方流行的经验伦理学影响，其实质是否认每一个人作为有理性者而禀具的理性在意欲机能中自我立法的能力，因而也不承认“仁”是人的实存之真我，更不承认人心之仁的普遍立法。跟随西方盛行的相对主义、实用主义伦理学，学者们只津津乐道于伦理习俗、社会规范，以伦理学这个概念取代道德概念大行其道，并美其名曰“去形而上学化”，“清除对儒家伦理精神的道德主义解释”。把孔子哲学作为经验伦理学来讲，从而把孔子言“仁”之为常体义抹杀掉。

第二十一课

孔子言仁（四）：当机指点

更多时候，孔子以随机指点的方式言“仁”。兹条列相关文献如下：

1. 子曰：“弟子入则孝，出则弟；谨而信；泛爱众，而亲仁；行有余力，则以学文。”（《论语·学而第一》）

2. 子曰：“巧言令色，鲜矣仁！”（《论语·学而第一》《论语·阳货第十七》）

3. 子曰：“里仁为美，择不处仁，焉得知？”（《论语·里仁第四》）

4. 子曰：“不仁者，不可以久处约，不可以长处乐。仁者安仁，知者利仁。”（《论语·里仁第四》）

5. 子曰："人之过也，各于其党。观过，斯知仁矣！"（《论语·里仁第四》）

6. 樊迟问知。子曰："务民之义，敬鬼神而远之，可谓知矣。"问仁。曰："仁者先难而后获，可谓仁矣。"（《论语·雍也第六》）

7. 宰我问曰："仁者，虽告之曰：'井有仁焉'，其从之也？"子曰："何为其然也？君子可逝也，不可陷也；可欺也，不可罔也。"（《论语·雍也第六》）

8. 仲弓问仁。子曰："出门如见大宾；使民如承大祭；己所不欲，勿施于人；在邦无怨，在家无怨。"（《论语·颜渊第十二》）

9. 司马牛问仁。子曰："仁者，其言也讱。"曰："其言也讱，斯谓之仁矣乎？"子曰："为之难，言之得无讱乎？"（《论语·颜渊第十二》）

10. 子张问："士，何如斯可谓之达矣？"子曰："何哉，尔所谓达者？"子张对曰："在邦必闻，在家必闻。"子曰："是闻也，非达也！夫达也者，质直而好义，察言而观色，虑以下人；在邦必达，在家必达。夫闻也者，色取仁而行违，居之不疑；在邦必闻，在家必闻。"

(《论语·颜渊第十二》)

11. 樊迟问仁。子曰:“爱人。”(《论语·颜渊第十二》)

12. 樊迟问仁。子曰:“居处恭,执事敬,与人忠;虽之夷狄,不可弃也。”(《论语·子路第十三》)

13. 子曰:“刚、毅、木、讷近仁。”(《论语·子路第十三》)

14. 子贡问为仁。子曰:“工欲善其事,必先利其器。居是邦也,事其大夫之贤者,友其士之仁者。”(《论语·卫灵公第十五》)

15. 子张问仁于孔子。孔子曰:“能行五者于天下,为仁矣!”“请问之。”曰:“恭、宽、信、敏、惠。恭则不侮;宽则得众;信则人任焉;敏则有功;惠则足以使人。”(《论语·阳货第十七》)

16. 宰我问:“三年之丧,期已久矣!君子三年不为礼,礼必坏;三年不为乐,乐必崩。旧谷既没,新谷既升,钻燧改火,期可已矣!”子曰:“食夫稻,衣夫锦,于女安乎?”曰:“安。”

“女安,则为之!夫君子之居丧,食旨不甘,闻乐不乐，居处不安，故不为也。今女安，则为之。”

宰我出。子曰：“予之不仁也！子生三年，然后免于父母之怀。夫三年之丧，天下之通丧也。予也有三年之爱于其父母乎？”（《论语·阳货第十七》）

以上引文记载孔子以当机指点方式言“仁”。本人所言“当机指点”，即学界通用“随机指点”。百姓日用中种种当机诱因，显发人心之仁，故孔子可从人现实上的仁心之发用来指点“仁”。从“孝”“弟”“谨而信”“泛爱众”（见引文 1），“里仁为美”（见引文 3），“观过”（见引文 5），“先难而后获”（见引文 6），“其言也讱”（见引文 9），“爱人”（见引文 11），“居处恭，执事敬，与人忠”（见引文 12），“刚、毅、木、讷”（见引文 13），“恭、宽、信、敏、惠”（见引文 15），居丧“不安”（见引文 16），指点“仁”。又，从“巧言令色”（见引文 2），“不可以久处约，不可以长处乐”（见引文 4），居丧“食夫稻，衣夫锦”而“安”（见引文 16），指出“不仁”。从以上引文亦可见，孔子答弟子问“仁”，多因应各人的职志和品性做指点。孔子以致敬答仲弓问“仁”（见引文 8）。仲弓（冉雍）气度宽宏，《史记·仲尼弟子列传》云：“孔子以仲弓为有德行，曰：‘雍也可使南面。’”又，以“事其大夫之贤者，友其士之仁者”答子贡问“为仁”。（见引文 14）子贡（端木赐），有担当大任之才，孔子曾称其为“瑚琏之器”。（《论语·公冶长》：“子贡问曰：‘赐也何如？’子曰：‘女，器也。’曰：‘何器也？’曰：‘瑚琏也。’”）又，宰我（又名宰予），擅长言辞，孔子曾说：“吾以言取人，失之宰予。”孔子答其关于仁者之问，告诫他“不可陷也”“不

可罔也”。(见引文 7)

由孔子当机指点“仁”可见，依孔子，社会伦理德性、个人的德行，皆根源于“仁”。人的一切道德践履皆不能离“仁”而有，但不能误以为“仁”由人的经验行事归纳出来。只凭人的外表行为，并不知其为仁否。此即孔子答“雍也，仁而不佞”之说，曰:“不知其仁，焉用佞?”(《论语·公冶长第五》)又，孔子答子张问“达”时指出:“色取仁而行违”，只是“闻”而非“达”。(见引文 10)“善其颜色以取于仁，而行实背之”(朱熹《四书集注》)，近名也，非达也。

析疑与辩难

问: 有学者以孔子答樊迟问仁曰“爱人”(《论语·颜渊第十二》)，及从居丧“不安”指点“仁”(《论语·阳货第十七》)，就判定孔子以道德情感言“仁”。

答: 诚然，“爱”“不安”是情，但恐怕不能粗心地以此断言:“仁”只是道德情感。情发于外而可见，且具明显的感染力，故人容易执“情”而忽略本心内发之“理”(道德法则)。这种情形，康德所感甚深，他指责这是“一种虚报事实的错误”(vitium subreptionis)，“一种视觉幻象”。(KpV 5：116)康德道德哲学的创辟性洞见就在于揭明：道德哲学必须以道德法则为首出，而道德法则乃理性在意欲机能中的普遍立法。假若人自身的心灵机能没有这种立普遍法则的能力，也就不会有什么情感称得上是道德的；若无道德法则(内发自本心之理)，人们就不会对绝对价值(道德价值)形成任何概念，而只能产生一些相对价值（价格）之观念。亦即根本无“道德”可言，而充其量只有一套套因习惯而延续、又因环境而变更的行为规范和社会习俗而已。

如前文一再论及，人心之仁的普遍立法是孔子言“仁”之首出的本质义，此与康德所论以道德法则为首出若合符节。在实践之事中，我们直接意识到人心之仁的普遍立法，当以“克己复礼”为格准来决定我们的意志，就能直接意识到人心之仁的普遍立法之最高原则，正是这普遍立法之意识就直接让我们认识到人心之“仁”的本质的首出的作用。此即康德揭明：“正是我们直接意识到道德法则（一旦我们为自己拟定了意志之格准），它自身首先呈现（darbietet）给我们。”（KpV 5：29）“所以道德法则就径直导致（führt）自由概念。”（KpV 5：30）理由是：“理性把道德法则展现为一种不让任何感取的条件占上风的、确实完全独立不依于这些感取的条件的决定根据。”（KpV 5：30）“纯粹的，就其自身而言实践的理性在这里是直接立法的。”（KpV 5：31）

诚然，我们不能忽略人心之仁禀具的先验的道德情感，若人没有这种情感，就是没有了人与人之间借着情感而有的普遍传通性。如康德说：“没有人完全无道德情感，因为如果他真对于这‘感觉’完全没有感受性，他在德性上就会死了。”（MS 6：400）康德不遗余力地强调，道德情感只应被看作道德法则影响于人心的一种后果，而不能误作为道德法则的根据，也不能视为道德判断与道德价值的根源。尽管在日常经验中，道德情感总是发挥着助长德行的作用。同样，要注意避免把孔子哲学视为情感主义伦理学，因为它损害到孔子哲学之为理性本性之学。

问：学界有流行的说法，以孔子言“己所不欲，勿施于人”为道德银律，并以为逊于基督教“爱人如己”之金律。

答：“己所不欲，勿施于人。”(《论语·颜渊第十二》)此无疑是一项重要的行为格言，并且不能错误地只以消极义来解读之。但是，不能以之作为道德的最高原则。我们已一再论明道德的最高原则用孔子的话表达是：“己欲立而立人，己欲达而达人。”(《论语·雍也第六》)这个表达式堪称道德金律(golden rule)。理由是：此中所言“己所欲”并非意谓一己特殊的意欲，而是“欲立”“欲达”，立己立人、达己达人，也就是具普遍性的，因而是高层的意欲，而与经验层的意欲根本区别开来。而“己所不欲，勿施于人”，此中所言“欲”指一般而言的意愿而言。

基督教“爱人如己”是神的戒律，恰切地说，是宗教之金律，而不必称之为道德之金律。究其实，“爱”诚然是十分令人称颂之美德，然而，如康德揭明，爱是不可以命令的。我不能因为“我应当去爱”，所以才爱。(MS 6：401)人们常把“无私的慈惠”称之为“爱”，这是不恰当的。“爱人如己”可以作为来自上帝信仰的诫命，但不能作为人自身自立的道德原则；它可以是一种好品行，却与真正的道德不相干。康德在《实践理性批判》中恰当指出：“出于对人的爱和同情的关怀而去对人做善事，或出于爱秩序而主持正义，是十分好的，但这还不是我们的行为的真正的道德格准，即：切合于我们之在有理性者间作为人的地位的道德格准。”(KpV 5：82)

并且，必须注意，孔子言“己所不欲，勿施于人”与子贡言“我不欲人之加诸我也，吾亦欲无加诸人”意思有不同。《论语·公冶长第五》记载：“子贡曰：‘我不欲人之加诸我也，吾亦欲无加诸人。’子曰：‘赐也，非尔所及也。’”台湾学者黄进兴教授认为：“康德明白反对‘己所不欲，勿施于人’的概念。”[1]其实，查康德说：“我们切莫以为：‘自己不愿意的，也不要对他人做’这句俗话在此能作准则或原则。”（原文为拉丁文：quod tibinonvisfierietc. 德文：Was du nichtwillst, daß man dir tu, usw.）必须指出：“willst”（不定式：wollen）不能视为与孔子所言“己所不欲”之“欲”意义相同。从康德所论上文下理来看，其意与子贡言“我不欲人之加诸我也，吾亦欲无加诸人”意思相同。二者都是意指：我自己不愿意人对我所做者，我也不对人做。明显是就个人的意愿及行为而言，并不似“己所不欲，勿施于人”句之表达一种规则。黄进兴教授的草率比附既曲解了康德，也不忠实于孔子。

1 黄进兴：《所谓道德自主性：以西方观念解释中国思想之限制的例证》，《食货》复刊第14卷第7、8期，1984年，第83页。

第二十二课

孔子言仁（五）：圣与仁吾岂敢

孔子说："若圣与仁，则吾岂敢？抑为之不厌，诲人不倦，则可谓云尔已矣！"（《论语·述而第七》）可见孔子极为重视"仁"必须在限制中表现，"践仁"乃每一个人一生努力进德之事。用康德的话说：把"神圣的道德法则"持续而正确地置于眼前，其格准朝着这个法则前进不已，以及遵循道德法则之格准在不断进步中坚定不移，这就是德行。（KpV 5：32-33）如康德所告诫，当我们提出"道德性"（仁）是每一个人自身禀具的能力，我们要防止像独断的唯理论者那样，误以为它是不必经由后天获得的；而当我们指出它必须在百姓日用中实现时，又要避免像经验论者那样，把它的起源误置于感触界中，因而视之为经验的、心理学的。

朱子注云："此亦夫子之谦辞也。圣者，大而化之。仁，则心德之全而人道之备也。为之，谓为仁圣之道。诲人，亦谓以此教人也。"（朱熹《四书集注·论语集注卷四》）学界依朱子说一般以为“若圣与仁，则吾岂敢”为孔子之谦辞。然通观孔子之学，个中看来应有更深之含义，而不必只为“谦辞”。一般以孔子之学为“圣学”“成圣之学”，并因之以为其终极关切就是如何修养自己以达生命之纯洁化，以成为圣人为目标。尽管这种见解已讲得耳熟能详，但仍有可商榷之余地。

孔子说：“君子之道四，丘未能一焉：所求乎子，以事父未能也；所求乎臣，以事君未能也；所求乎弟，以事兄未能也；所求乎朋友，先施之未能也。庸德之行，庸言之谨，有所不足，不敢不勉，有余不敢尽；言顾行，行顾言，君子胡不慥慥尔！”（《中庸》第十九章）孔子曾表示自己不能称“圣与仁”，并表明“为之不厌，诲人不倦”为宗旨。“为之”，依人心之仁而实践之；“诲人”，以“仁者，人也”“人能弘道”而教人；“不厌”“不倦”，人心之仁之扩充、发用不已。此即孔子重知过能改，而不标榜无过。孔子赞颜渊“不迁怒，不贰过”。（《论语·雍也第六》）又说：“丘也幸！苟有过，人必知之。”（《论语·述而第七》）“过则勿惮改。”（《论语·学而第一》）“已矣乎！吾未见能见其过而内自讼者也。”（《论语·公冶长第五》）“主忠信，毋友不如己者，过则勿惮改。”（《论语·子罕第九》）“过而不改，是谓过矣！”（《论语·卫灵公第十五》）据此，我们可以说，孔子之学重点关注人与圣人相同之处，而不在追求人与圣人不同之圣境，其宗旨在践仁之进程之不已，即“下学而上达”之进程之不已。

人心之“仁”之普遍立法是神圣的（不可侵犯的），人之为人本身之“仁”是神圣的，这神圣性内在于每一个人，依此，人与圣人同，“仁”并非专属某些具非凡德行品性之人，更非由外在神力（如上帝）恩宠人而有。此如康德说："道德法则是神圣的（不可侵犯的）。"（KpV 5：87）"人因着其自由之自律，他是道德法则之主体，是神圣的。因而，在其个人中的人性（Menschheit in seiner Person）对于他必定是神圣的。"（KpV 5：87）又说："人毕竟感到自己作为道德者（当他客观地、按照自己的人格中的人性考量自己，看自己被自己的纯粹实践理性决定为什么的时候），他就神圣得足以不喜欢（ungern）违背内在的法则；因为还没有如此卑鄙的人，在有这种违背时在内心感受不到抗拒和对自己的厌恶。"（MS 6：379）

但是，现实上，人并不必然服从道德法则，此即康德在《德性形而上学》中说，"就作为有理性的自然存在者的人，人还不够神圣。他们虽然承认道德法则的威望本身，但也可能会一时感到违背它的愉快，甚至当他们遵从它时，也仍然不喜欢（借助抵制他们的性好）这样做，而这正是约束之所在。"（MS 6：379）即便通过长久不断的践行，就如孔子说："七十从心所欲不逾矩。"（《论语·为政篇》）但这并非说，孔子自以为不必再"畏天命"了，依孔子，"为之不厌，诲人不倦"，践仁进德是一生努力不已之事。有谁能声称在其有限的一生中就达至道德之圆满之境？无人能于此生自称成了圣人——若自称圣人，则便不是圣人了。

依孔子，圣人之所以为圣人，并非他全无感性限制，也并非不必在无限进程中扩充人心之仁，以不已地实现其道德性。象山云："千古圣贤只去人病，如何增损得道？"（《陆象山全集》卷三十四）此重视一生中努力实现"神圣性的道德性"而不已，此义并不碍道德性在每个人的道德践履中当下呈现之义。我们亦不必以为揭明每一个人内具之“仁”之发用必须在限制中不已体现，就等于否认人心之“仁”的纯粹性和实在性。“仁”之为人的真实存有，属于实践领域的命题，其证真或证伪均不依据现实上人是否能圆满呈现之。而在人能不已地实践“仁”，不断地克服限制，使用自身本具之“仁”而成己成物。此所以孔子强调“有恒”，说：“善人，吾不得而见之矣！得见有恒者，斯可矣！亡而为有，虚而为盈，约而为泰，难乎有恒矣！”（《论语·述而第七》）

事实上，假若人超出一切依赖性而有一种神圣性（Heiligkeit），也就是他的意志与道德法则“永远不可更移地一致”（KpV 5：82），“在他心中就连诱惑他背离这些道德法则的一种欲望的可能性也不会有”（KpV 5：83）。那么，他根本没有“尊敬”道德法则的意识了，因为他“绝不可能被诱惑去背弃道德法则”，道德法则对他来说根本不是命令。（KpV 5：82）道德法则连同人性也无所谓尊严了。康德引用哈勒的句子，说：“人即使有其缺陷，也胜过一群无意志的天使。”（MS 6：306）唯独人保有的尊严，“使永不被诱惑犯罪的神明本身也黯然失色”（MS 6：306）。

孔子以“仁者，人也”教人，要旨在“圣人与我”共同之本性的根源处立教，并不教人一心着意去成一个圣人。孔子说：“回也，其心三月不违仁；其余，则日月至焉而已矣。”（《论语·雍也第六》）此所以象山云：“圣贤地位未易轻言也。”（《陆象山全集》卷一）事实上，孔子并不以“仁者”“圣人”赞许人，也不轻易许人以仁、以圣。兹录相关文句如下：

1. “克、伐、怨、欲不行焉，可以为仁矣？”子曰：“可以为难矣！仁，则吾不知也。”(《论语·宪问第十四》)

2. 子贡曰：“如有博施于民，而能济众，何如？可谓仁乎？”子曰：“何事于仁？必也圣乎！尧舜其犹病诸。”(《论语·雍也第六》)

3. 孟武伯问：“子路仁乎？”子曰：“不知也。”又问。子曰：“由也，千乘之国，可使治其赋也；不知其仁也。”“求也何如?”子曰：“求也，千室之邑，百乘之家，可使为之宰也；不知其仁也。”“赤也何如?”子曰：“赤也，束带立于朝，可使与宾客言也；不知其仁也。”(《论语·公冶长第五》)

4. 子张问曰：“令尹子文，三仕为令尹，无喜色；三已之，无愠色；旧令尹之政，必以告新令尹。何如?”

子曰:“忠矣!”曰:“仁矣乎?”曰:“未知，焉得仁?”

“崔子弑齐君，陈文子有马十乘，弃而违之。至于他邦，则曰：‘犹吾大夫崔子也!’违之。之一邦，则又曰：‘犹吾大夫崔子也!’违之。何如?”

子曰:“清矣!”曰:“仁矣乎?”曰:“未知，焉得仁?”(《论语·公冶长第五》)

去除“克、伐、怨、欲”，则可以为仁乎？孔子答：“可以为难矣。仁则吾不知也。”宋明儒者喜言“去人欲”，但我们有必要谨记孔子的告诫：即便将人欲去除干净，不等于人心之仁就发用了。孔子弟子子路之才，可为千乘之国治其赋；冉求之才，可使为邑长家臣；公西赤之才，可司礼宾之职。然若问到其人仁与否，孔子皆答曰“不知”。又，论到“圣”，孔子有两次明白表示，“尧舜其犹病诸”，即是说，圣人亦有不足、不能。论到博施济众，孔子说：“必也圣乎！尧舜其犹病诸。”另一次，孔子答子路问君子，说到“修己以安百姓，尧舜其犹病诸”。（《论语·宪问第十四》）子贡答太宰问“夫子圣者与？何其多能也”，曰：“固天纵之将圣，又多能也。”孔子闻之曰：“太宰知我乎？吾少也贱，故多能鄙事。君子多乎哉？不多也！”（《论语·子罕第九》）显见，孔子对“天纵之将圣”一说不以为然。又，孔子说：“我非生而知之者，好古敏以求之者也！”（《论语·述而第七》）然而，当子贡以为孔子是“多学而识之者”时，孔子说：“非也！予一以贯之。”（《论语·卫灵公第十五》）贯之以“仁”也。

孔子多勉励人成君子，说：“圣人吾不得而见之矣。得见君子者斯可矣。”（《论语·述而第七》）兹条列孔子言“君子”相关文句如下：

1. 子曰：“人不知而不愠，不亦君子乎？”（《论语·学而第一》）

2. 子曰：“君子不重，则不威，学则不固。主忠信，无友不如己者，过则勿惮改。”（《论语·学而第一》）

3. 子曰："君子食无求饱，居无求安，敏于事而慎于言，就有道而正焉，可谓好学也已。"(《论语·学而第一》)

4. 子曰："君子不器。"(《论语·为政第二》)

5. 子贡问君子。子曰："先行其言，而后从之。"(《论语·为政第二》)

6. 子曰："君子周而不比，小人比而不周。"(《论语·为政第二》)

7. 子曰："君子无所争。必也射乎！揖让而升，下而饮，其争也君子。"(《论语·八佾第三》)

8. 子曰："富与贵，是人之所欲也；不以其道得之，不处也。贫与贱，是人之所恶也；不以其道得之，不去也。君子去仁，恶乎成名？君子无终食之间违仁；造次必于是，颠沛必于是。"(《论语·里仁第四》)

9. 子曰："君子之于天下也，无适也，无莫也，义之与比。"(《论语·里仁第四》)

10. 子曰："君子怀德，小人怀土；君子怀刑，小人

怀惠。”（《论语·里仁第四》）

11. 子曰：“君子喻于义，小人喻于利。”（《论语·里仁第四》）

12. 子曰：“君子欲讷于言，而敏于行。”（《论语·里仁第四》）

13. 子谓子产有君子之道四焉：其行己也恭；其事上也敬；其养民也惠；其使民也义。（《论语·公冶长第五》）

14. 子谓子夏曰：“女为君子儒，无为小人儒！”（《论语·雍也第六》）

15. 子曰：“质胜文则野，文胜质则史；文质彬彬，然后君子。”（《论语·雍也第六》）

16. 子曰：“君子博学于文，约之以礼，亦可以弗畔矣夫！”（《论语·雍也第六》）

17. 子曰：“文莫吾犹人也；躬行君子，则吾未之有得。”（《论语·述而第七》）

18. 子曰：“君子坦荡荡，小人长戚戚。”（《论语·述

而第七》)

19. 子曰:“君子笃于亲,则民兴于仁。”(《论语·泰伯第八》)

20. 司马牛问君子。子曰:“君子不忧不惧。”曰:“不忧不惧,斯谓之君子已乎?”子曰:“内省不疚,夫何忧何惧?”(《论语·颜渊第十二》)

21. 子曰:“君子成人之美,不成人之恶;小人反是。”(《论语·颜渊第十二》)

22. 孔子对曰:“子为政,焉用杀?子欲善,而民善矣!君子之德风,小人之德草;草上之风,必偃。”(《论语·颜渊第十二》)

23. 子曰:“野哉!由也。君子于其所不知,盖阙如也。”(《论语·子路第十三》)

24. 子曰:“君子和而不同,小人同而不和。”(《论语·子路第十三》)

25. 子曰:“君子易事而难说也;及其使人也,器之。小人难事而易说也。及其使人也,求备焉。”(《论语·子路第十三》)

26. 曰："君子泰而不骄，小人骄而不泰。"(《论语·子路第十三》)

27. 子曰："君子上达，小人下达。"(《论语·宪问第十四》)

28. 子曰："君子而不仁者有矣夫！未有小人而仁者也。"(《论语·宪问第十四》)

29. 子曰："君子耻其言而过其行。"(《论语·宪问第十四》)

30. 子曰："君子道者三，我无能焉！仁者不忧；知者不惑；勇者不惧。"子贡曰："夫子自道也。"(《论语·宪问第十四》)

31. 子路问君子。子曰："修己以敬。"曰："如斯而已乎?"曰："修己以安人。"曰："如斯而已乎?"曰："修己以安百姓。修己以安百姓，尧舜其犹病诸!"(《论语·宪问第十四》)

32. 子曰："君子固穷，小人穷，斯滥矣!"(《论语·卫灵公第十五》)

33. 子曰："君子哉！蘧伯玉！邦有道，则仕；邦无道，则可卷而怀之。"(《论语·卫灵公第十五》)

34. 子曰："君子义以为质，礼以行之，孙以出之，信以成之，君子哉！"(《论语·卫灵公第十五》、《论语·微子第十八》)

35. 子曰："君子病无能焉，不病人之不己知也。"(同前及《子张第十九》)

36. 子曰："君子疾没世而名不称焉。"(《论语·卫灵公第十五》)

37. 曰："君子谋道不谋食，忧道不忧贫。耕也，馁在其中矣！学也，禄在其中矣！"(《论语·卫灵公第十五》)

38. 子曰："君子不可小知，而可大受也；小人不可大受，而可小知也。"(《论语·卫灵公第十五》)

39. 子曰："君子贞而不谅。"(《论语·卫灵公第十五》)(朱注：贞，正而固。谅，则不择是非而必于信。)

40. 孔子曰："侍于君子有三愆：言未及之而言，谓

之躁；言及之而不言，谓之隐；未见颜色而言，谓之瞽。”（《论语·季氏第十六》）

41. 孔子曰：“君子有三戒：少之时，血气未定，戒之在色；及其壮也，血气方刚，戒之在斗；及其老也，血气既衰，戒之在得。”（《论语·季氏第十六》）

42. 孔子曰：“君子有三畏：畏天命，畏大人，畏圣人之言。小人不知天命而不畏也，狎大人，侮圣人之言。”（《论语·季氏第十六》）

43. 孔子曰：“君子有九思：视思明，听思聪，色思温，貌思恭，言思忠，事思敬，疑思问，忿思难，见得思义。”（《论语·季氏第十六》）

44. 子之武城，闻弦歌之声，夫子莞尔而笑曰：“割鸡焉用牛刀？”子游对曰：“昔者，偃也闻诸夫子曰：‘君子学道则爱人，小人学道则易使也。’”

子曰：“二三子！偃之言是也，前言戏之耳。”（《论语·阳货第十七》）

45. 子路曰：“君子尚勇乎？”子曰：“君子义以为上。君子有勇而无义为乱；小人有勇而无义为盗。”（《论语·阳货第十七》）

46. 子贡曰："君子亦有恶乎？"子曰："有恶。恶称人之恶者；恶居下流而讪上者；恶勇而无礼者；恶果敢而窒者。"（《论语·阳货第十七》）

47. 子曰："不知命，无以为君子也；不知礼，无以为立也；不知言，无以知人也。"（《论语·尧曰第二十》）

48. 子曰："君子无众寡，无大小，无敢慢，斯不亦泰而不骄乎？君子正其衣冠，尊其瞻视，俨然，人望而畏之，斯不亦威而不猛乎？"（《论语·尧曰第二十》）

析疑与辩难

问：学界流行以儒学为"圣学"，未知可取否？

答：孔子之学乃每一个人"修身以道，修道以仁"，以"仁者，人也""人能弘道"为宗旨的实践智慧学。或有某些儒家派别以成圣成贤为其学派之宗旨，但我们实应将这一类"圣学"、成圣成贤之学与孔子之学区别开。查"圣学"一词见于周敦颐（濂溪先生）撰《通书·圣学二十》。濂溪云："诚者，圣人之本"，"圣，诚而已矣"（《通书·诚下第二》）。"圣人之道，仁义中正而已矣。"（《通书·道第六》）可指出，濂溪并不以成圣人为其学之本务。又，二程亦有"圣人之教"（《粹言》卷一）之说，意指圣人教人的学问。此所以黄百家说："孔、孟而后，汉儒止有传经之学，性道微言之绝久矣！元公崛起，二程嗣之，又复横渠诸大儒辈出，圣学大昌……”（《宋元学案》卷十一《濂溪学案上》）宋明儒大倡圣学，意指弘扬圣人之学，圣人实指尧、舜、孔子。孔子言“畏圣人之言”（《论语·季氏第十六》），所言“圣人”指尧、舜。

后人有以“圣学”为以成圣人为目标之学，看来是混入释、道之故，甚或受基督教影响。释家终极关怀在个体之成佛，道家终极关怀在个体之成真人，依基督教，个人称义成圣，就是透过顺服神的诫命以脱离罪，成为圣洁。此三者皆旨在个人解脱，成为与人另类者。但孔子之学并不教人追求成为与人不同类者，真正承继孔子之儒者，终极关怀在成己成物、实现世界大同。我们必须重视儒者之终极目的根本上与释、道、耶之不同。若称孔子之学为“圣学”，容易诱生误解，以为此学专为贤人君子而设，与平民百姓不相干。愚意以为，真正的儒学承传孔子，称为“孔子之学”，实在而贴切。

问：孔子论及管仲时说：“如其仁！”又曾说：“殷有三仁焉。”如何理解？

答：孔子不轻许人以“仁”，然其评及历史人物，确实有以“仁”许之。《论语·微子第十八》记云：“微子去之，箕子为之奴，比干谏而死。孔子曰：‘殷有三仁焉。’”纣暴虐，淫乱于政。微子数谏未果，遂出亡。箕子谏，不听，乃被发而为奴。王子比干谏，纣怒杀之。三国魏玄学家何晏注云：“仁者爱人，三人行异，而同称仁，以其俱在忧乱、宁民。”

《论语·宪问第十四》记：“子路曰：‘桓公杀公子纠，召忽死之，管仲不死。’曰：‘未仁乎？’子曰：‘桓公九合诸侯，不以兵车，管仲之力也。如其仁！如其仁！’子贡曰：‘管仲非仁者与？桓公杀公子纠，不能死，又相之。’子曰：‘管仲相桓公，霸诸侯，一匡天下，民到于今受其赐！微管仲，吾其被发左衽矣。岂若匹夫匹妇之为谅也，自经于沟渎，而莫之知也？’”孔子所以许管仲以“仁”，因“民到于今受其赐”之故。不过值得提醒，《论语·八佾第三》记载，孔子指出管仲不知礼，云：“子曰：‘管仲之器小哉！’或曰：‘管仲俭乎？’曰：‘管氏有三归，官事不摄，焉得俭？’‘然则管仲知礼乎？’曰：‘邦君树塞门，管氏亦树塞门；邦君为两君之好，有反坫，管氏亦有反坫。管氏而知礼，孰不知礼？’”

第二十三课

仁、知、勇、诚、孝、敬、忠、信、义、爱人

前五课研究孔子言“仁”之为人自身禀具的成就人自身为真实自我以及创造世界为道德世界之能。现在，我们申论孔子分言之仁、知、勇、诚、孝、敬、爱人等诸德，或依王阳明，称之为“表德”。（阳明曰：“仁、义、礼、智，也是表德。”《传习录》上）所谓“表德”，实有诸人心之“仁”，而为其用而有表现于外者也。兹条列仁、知、勇分言之文句如下：

1. 子曰：“仁者安仁，知者利仁。”（《论语·里仁第四》）

2. 子曰：“知者乐水，仁者乐山；知者动，仁者静；知者乐，仁者寿。”（《论语·雍也第六》）

3. 樊迟问知。子曰：“务民之义，敬鬼神而远之，

可谓知矣。”

问仁。曰：“仁者先难而后获，可谓仁矣。”(《论语·雍也第六》)

4. 子曰：“知者不惑，仁者不忧，勇者不惧。”(《论语·子罕第九》)

5. 子曰：“仁者不忧；知者不惑；勇者不惧。”(《论语·宪问第十四》)

6. 子曰：“知及之，仁不能守之；虽得之，必失之。知及之，仁能守之；不庄以莅之，则民不敬。”(《论语·卫灵公第十五》)

7. 子曰：“知、仁、勇三者，天下之达德也，所以行之者一也。”(《中庸》第二十章)

8. 子曰：“好学近乎知，力行近乎仁，知耻近乎勇。”(《中庸》第二十章)

依以上引文可见，孔子知、仁、勇三者分言，孔子本人指明：三者“所以行之者一也”。我们可指出，此所谓“一也”，实意指知、仁、勇三达德皆出自人心之“仁”也。“仁者安仁，知者利仁”(引文 1)句中前一“仁”字，与“知”分言之者也；后两“仁”字，指人自身本具之“仁”之能而言。“仁”就是居于人自身本具之“仁”而安。此即孟子说：“仁，人之安宅也。”（《孟子·离娄章句上》）“知者利仁”，朱注云：“知者则利于仁而不易所守。”（朱熹《四书集注·论语集注卷二》）本人依牟师昔日讲课言及“利”可作“通”解，提供“利仁”另一释义：使人自身本具之“仁”发用以通出去。此即孔子告诫：“知及”“仁守”（见引文 6）。仁者居仁而安，故孔子说“仁者乐山”“仁者静”“仁者寿”“仁者不忧”（见引文 2、引文3、引文4）。

朱子注三达德句，云：“谓之达德者，天下古今所同得之理也。一则诚而已矣。达道虽人所共由，然无是三德，则无以行之；达德虽人所同得，然一有不诚，则人欲间之，而德非其德矣。程子曰：‘所谓诚者，止是诚实此三者。三者之外，更别无诚。’”（朱熹《四书集注·中庸章句》）《论语》未见记孔子言“诚”，孔子言“诚”见《中庸》第二十章：

> 诚身有道：不明乎善，不诚乎身矣。诚者，天之道也；诚之者，人之道也。诚者不勉而中，不思而得，从容中道，圣人也。诚之者，择善而固执之者也。

朱注云：“章内语诚始详，而所谓诚者，实此篇之枢纽也。又按：孔子家语，亦载此章。”（朱熹《四书集注·中庸章句》）依程子言，所谓诚者，止是诚实知、仁、勇三达德。

又，孔子言“敬”“忠”“信”，云：“道千乘之国，敬事而信。”（《论语·学而第一》）“临之以庄，则敬；孝慈，则忠。”（《论语·为政第二》）“事上也敬。”（《论语·公冶长第五》）“居处恭，执事敬，与人忠；虽之夷狄，不可弃也。”（《论语·子路第十三》）“修己以敬。”(《论语·宪问第十四》)“言忠信，行笃敬。”(《论语·卫灵公第十五》)“言思忠，事思敬。”(《论语·季氏第十六》)“主忠信。”(《论语·子罕第九》)“主忠信，徙义，崇德也。”(《论语·颜渊第十二》)“君使臣以礼，臣事君以忠。”(《论语·八佾第三》)“忠焉，能勿诲乎?”(《论语·宪问第十四》)“人而无信，不知其可也。”(《论语·为政第二》)“朋友信之。”(《论语·公冶长第五》)“笃信好学，守死善道。”(《论语·泰伯第八》)“民无信不立!”(《论语·颜渊第十二》)“上好义，则民莫敢不服；上好信，则民莫敢不用情。”(《论语·子路第十三》)“见利思义，见危授命，久要不忘平生之言，亦可以为成人矣!”(《论语·卫灵公第十五》)“见得思义。”(《论语·季氏第十六》)“行义以达其道。”(《论语·季氏第十六》)

孔子言“孝”“弟”，云：“弟子入则孝，出则弟。”“父在，观其志，父没，观其行。三年无改于父之道，可谓孝矣!”“无违。”“生，事之以礼；死，葬之以礼，祭之以礼。”(《论语·学而第一》)“父母唯其疾之忧。”“今之孝者，是谓能养。至于犬马，皆能有养；不敬，何以别乎?”“色难!有事，弟子服其劳。”(《论语·为政第二》)

孔子言“爱人”。(《论语·颜渊第十二》)“泛爱众。”(《论语·学而第一》)又，《论语·宪问第十四》云：“子曰：‘爱之，能勿劳乎?’”《论语·阳货第十七》记子游说：“昔者，偃也闻诸夫子曰：‘君子学道则爱人，小人学道则易使也。’”孔子所言“爱”是人生而具有之情感。

析疑与辩难

问：孔子言“爱人”，与墨家之“兼爱”及基督教的“普世的爱”同否？

答：首先，可以指出，孔子所言“爱”并非神的命令，而是人生而具有之情感。“泛爱众”，也有别于墨家之“兼爱”及基督教的“普世的爱”，孔子言“爱”合乎“亲亲之杀”“尊贤之等”(《中庸》第二十章)的天伦、人伦之情。一方面，孔子言“爱人”(《论语·颜渊第十二》)、“泛爱众”(《论语·学而第一》)。另一方面，又提醒人注意“爱”之情容易过而偏激。《论语·颜渊第十二》记孔子说：“爱之欲其生，恶之欲其死。既欲其生，又欲其死，是惑也。”此如康德指出：“在程度上天然地千差万别的情感，它对于善与恶罕能供给一个同一的标准，甚至任何人也根本不能以其自己的情感为他人作有效的判断。”(Gr 4：442)他说：“当那些无思想的人甚至在仅关乎普遍的法则的问题中，也认为可以由感受(Fühlen)得到帮助时，诉诸道德情感是何等肤浅之举。”(Gr 4：442)同样值得强调，我们不能误以为孔子言“爱人”“泛爱众”之情感为道德原则及道德行为的根本动力，而抹杀孔子言“仁”的普遍立法义。

问：孔子分言仁、知、勇、诚、孝、敬、爱人等诸德，有学者以为孔子所言是“道德意识”“价值自觉”，甚或只是一些伦理心境。

答：一般人讲道德学重“道德意识”“价值意识”“价值自觉”，就好像这些意识是前定地在人心中的，是自明的，而不必追问其位于本心中的根源。诚然，如此讲法，就诸种经验伦理学或通俗的道德学而言，可以是足够的了。事实上，不少学者就是采用这种讲法，劳思光先生说："人之恻隐、羞恶、辞让、是非之自觉，皆为当前自觉生活中随时显现者，亦皆为价值自觉。"[1] 甚至有学者把"仁""本心"讲成"伦理心境"。复旦大学杨泽波教授就提出"伦理心境"一说，在其著作《牟宗三三系论论衡》[2]中，杨教授说："社会生活影响和理性思维内化的结果，在伦理道德领域，就会形成一定的'伦理心境'，这就是儒家通常所说的道德的本心。"[3]"孔子、孟子无不重视爱亲敬长，根源全在于当时当地特殊的社会习俗，这种社会习俗在个人内心结晶成为'伦理心境'后，人们也就爱亲敬长，乐此不疲。"[4]又说:"作为心体的道德本心不过是社会生活和理性思维在内心结晶而成的'伦理心境'，'伦理心境'在处理道德问题之前就已经存在了，是先在的……"[5]更有学者把人心之仁在人伦中的体现（亲亲、尊尊）曲解为亲情主义。黄进兴教授认为:"理论上儒家伦理是以亲情为基础。"[6]他说:"不论儒者将'仁'或'义'谈到何等的高超玄妙，落实到实际的世界还是孔子所谓的为政之道'君君、臣臣、父父、子子'，或者孟子所谓的人伦关系'父子有亲、君臣有义、夫妇有别，长幼

1 劳思光:《新编中国哲学史》(一)，台北：三民书局，2001年，第138页。

2 杨泽波:《牟宗三三系论论衡》，上海：复旦大学出版社，2006年。

3 杨泽波:《牟宗三三系论论衡》，上海：复旦大学出版社，2006年，第90页。

4 杨泽波:《牟宗三三系论论衡》，上海：复旦大学出版社，2006年，第98页。

5 杨泽波:《牟宗三三系论论衡》，上海：复旦大学出版社，2006年，第167页。

6 黄进兴:《所谓道德自主性：以西方观念解释中国思想之限制的例证》,《食货》复刊第14卷第7、8期，1984年，第77—78页。

有序，朋友有信’……”父慈、子孝、兄友、弟恭、朋友有信，人伦分定之常，既是实际的人的世界之事，同时是普遍的常道、常理、常情，此即是道德法则之本旨，黄进兴教授却以之为“实际”而小看，竟把“亲”“义”“别”“序”“信”等道德分定义说成“规范述语都有特殊的‘身份’指涉”。[1]诸如此类的说法，皆因无知于必定体现于人伦实事中的道德的普遍性。但是，我们可以指出，孔子哲学中显而易见而不能抹杀掉的是：人心之仁的普遍性与必然性，乃一切表德所以可能的根源，此乃任何经验伦理学所不能有的。

1 黄进兴：《所谓道德自主性：以西方观念解释中国思想之限制的例证》，第83页。

第二十四课

孔子言礼（一）：仁者人也，礼所生也

首先说明，本课所论“礼”专就孔子所言而论，并且，只研究其哲学义涵。

孔子说：“人而不仁，如礼何？”（《论语·八佾第三》）人若亡失其心之仁，礼又如之何？此所以孔子又说：“礼云礼云，玉帛云乎哉？”（《论语·阳货第十七》）人之将玉帛者，难道就能恃此以为礼吗？人必有“仁”之质，然后有礼之立。朱子注引李氏曰：“虽玉帛交错，钟鼓铿锵，亦将如之何哉？”又云：“然记者序此于八佾雍彻之后，疑其为僭礼乐者发也。”此指季氏以大夫而僭用天子之乐，其人不仁，徒有礼乐。又，《论语·八佾第三》记载：

> 子夏问曰：“‘巧笑倩兮，美目盼兮，素以为绚兮。’何谓也？”子曰：“绘事后素。”曰：“礼后乎？”子曰：“起予者商也！始可与言《诗》已矣！”

子夏引逸诗言人有“巧笑倩”“美目盼”之质，又加以华采之饰，如素地上加上彩色，以此问孔子之意。孔子答：“绘事后素。”（朱熹《四书集注·论语集注卷二》注云：“绘事，绘画之事也。后素，后于素也。考工记曰：‘绘画之事后素功。’谓先以粉地为质，而后施五采，犹人有美质，然后可加文饰。”）子夏得孔子之意，回答：“礼后乎？”孔子赞子夏能起发其志意。孔子以绘事后素喻人有仁之质，然后有礼之立。此即孔子说：“立于礼。”（《论语·泰伯第八》）

《中庸》第二十章（朱熹《四书集注》按云：“孔子家语，亦载此章，而其文尤详。”）《哀公问政》引孔子言，云：

> 仁者人也，亲亲为大；义者宜也，尊贤为大；亲亲之杀，尊贤之等，礼所生也。

仁者人也，礼所生也。礼之生，根于“仁者人也”。“民受天地之中以生，所谓命也。是以有动作礼义威仪之则，以定命也。”（《左传》，成公十三年）人之生也“中”，质也；“有动作威仪之则，以定命”，文也、礼也。孔子曰：“质胜文则野，文胜质则史；文质彬彬，然后君子。”（《论语·雍也第六》）朱子注云：“彬彬，犹班班，物相杂而适均之貌。”“文胜而至于灭质，则其本亡矣。”（朱熹《四书集注》）“礼”，文质彬彬也。

在第六课《人的自我置定》中，我们已申论：孔子言“克己复礼为仁”，此言“礼”即依据人心之仁的普遍立法而行动的最高格准。此格准对一切人无条件地有效，因而是普遍必然的命令。因此孔子才可以说："非礼勿视；非礼勿听；非礼勿言；非礼勿动。""一日克己复礼，天下归仁焉。"(《论语·颜渊第十二》)在第二十课、二十一课《孔子言"仁"之哲学说明》亦已论明：礼根于"仁"，根于人心之仁的立法而为一切行为的格准，依此，"礼"体现人的自我约束，由此见人自身的尊严。

视听言动皆不能离"礼"。《礼记·礼运》记载孔子答言偃问"如此乎礼之急"，说：

> 夫礼，先王以承天之道，以治人之情。故失之者死，得之者生。《诗》曰："相鼠有体，人而无礼；人而无礼，胡不遄死?"是故夫礼，必本于天，殽于地，列于鬼神，达于丧祭、射御、冠昏、朝聘。故圣人以礼示之，故天下国家可得而正也。

又，《礼记·哀公问》记载孔子说：

> 丘闻之，民之所由生，礼为大。非礼无以节事天地之神也，非礼无以辨君臣上下长幼之位也，非礼无以别男女父子兄弟之亲、昏姻疏数之交也；君子以此之为尊敬然。然后以其所能教百姓，不废其会节。

> 内以治宗庙之礼，足以配天地之神明；出以治直言之礼，足以立上下之敬。物耻足以振之，国耻足以兴之。为政先礼。礼，其政之本与！

礼，人伦之常也，天地之序也，序即群物皆别也。此即《礼记·乐记》(《乐记》为孔子弟子，或再传、三传弟子所记）云：“合父子之亲，明长幼之序，以敬四海之内，天子如此，则礼行矣。”又云：“大礼与天地同节。”“礼者，天地之序也。”“序故群物皆别。”依孔子所言，礼根本不是习俗意见中一套套的外在的社会规范。礼根于人心之仁而为天地之序、动作威仪之则，以治人之情，礼内涵于仁而具有应当适用于一切人的普遍性（无条件的实践的必然性)，此所以孔子说“民之所由生，礼为大”“失之者死，得之者生”。又说：“君子义以为质，礼以行之。”(《论语·卫灵公第十五》)“知及之，仁能守之，庄以涖之；动之不以礼，未善也。”(《论语·卫灵公第十五》)“不学礼，无以立。”(《论语·季氏第十六》)“不知礼，无以为立也。”(《论语·尧曰第二十》)

析疑与辩难

问：自民国以来，“礼教吃人”已成公众舆论。如何能为“礼”正名？

答：从社会制度史观之，“礼”固然是一套套礼仪、典章，乃至个人行为的礼节、礼貌，儒家典籍中亦不乏这方面的记载。不必讳言，在历史之流程中，一套套的典章礼仪都有其具体的历史背景，所谓“礼教杀人”亦并非无中生有之词。但必须指明：当我们研究“礼”在孔子传统中的哲学含义，我们并不是要研究“礼”在中华民族文化史中的历史表现；而是要依据孔子哲学传统中的文献，揭示“礼”所包含的行为格准之普遍性和必然性。用康德的话来表达，“礼”之实质在每个人遵循这样一个行为格准：“应当总是这样做选择以致同一意愿所给我们的选择的诸格准皆为普遍法则。”(Gr 4:440)“礼”作为行为格准之总称，其普遍性和必然性在于其根源自人心之仁。具体的典章礼仪可因时移势易而废，而“礼”之为天伦、伦常、天序之大德不可废。

我们不必反对批判旧礼教，只是必须反对“五四”新文化运动以来，国人盲目提倡“打倒孔家店”。不必置疑，自秦统一中国，于漫长的君主专制的历史进程中，礼教作为皇权维持统治的手段，是压迫人的，“礼”出自独裁的皇权，就是违反人的天性、束缚人的自由的，因而是与现代文明相背的。岂能与孔子所言的“礼”相提并论？孔子所言“礼”乃“民之所由生”，根于“仁者，人也”，乃人伦之常，天地之序也。有必要指出，新文化运动所犯错误，就是把代表理性文明的孔子传统与帝制的传统混为一谈。

问：何以说孔子所言“礼”具普遍的客观有效性？

答：依据前面的讲论，孔子哲学之为理性本性之学，端在它彰显人心之“仁”，故能突破现实的限制而上升至普遍必然的维度。孔子所言“礼”乃孔子哲学的一个重要核心，它不仅于过去有效，而且于现在及未来皆真实，皆普遍地客观有效。它出自每个人禀具之理性的真实，同时是每一个人以之成就自己的理想原型。依孔子所言“礼”，不能由掌权者任意制作，任意制作之礼为“非礼之礼”，儒者不以之为礼。孔子曰："天下有道，则礼乐征伐，自天子出；天下无道，则礼乐征伐，自诸侯出。"（《论语·季氏第十六》）此即《中庸》云："虽有其位，苟无其德，不敢作礼乐焉；虽有其德，苟无其位，亦不敢作礼乐焉。"（《中庸》第二十八章）

第二十五课

孔子言礼（二）：礼仪教化彻上彻下

孔子身处春秋战国时代，礼崩乐坏。周王室衰微，诸侯群雄称霸。道家主张避世、废礼。《论语·微子第十八》记载：子路向桀溺问路。桀溺得知子路为孔子之徒，说："滔滔者，天下皆是也，而谁以易之？且而，与其从辟人之士也，岂若从辟世之士哉？"子路将这番话告知孔子，孔子怃然曰："鸟兽不可与同群！吾非斯人之徒与而谁与？天下有道，丘不与易也。"孔子不因天下无道而逃世，不因礼崩而主废礼。朱注云："程子曰：'圣人不敢有忘天下之心，故其言如此也。'张子曰：'圣人之仁，不以无道必天下而弃之也。'"（朱熹《四书集注·论语集注卷九》）

又，《论语·八佾第三》记载："子贡欲去告朔之饩羊。子曰：'赐也！尔爱其羊，我爱其礼。'"朱注云："告朔之礼：古者天子常以季冬，颁来岁十二月之朔于诸侯，诸侯受而藏之祖庙。月朔，则以特羊告庙，请而行之。饩，生牲也。鲁自文公始不视朔，而有司犹供此羊，故子贡欲去之。……子贡盖惜其无实而妄费。然礼虽废，羊存，犹得以识之而可复焉。若并去其羊，则此礼遂亡矣，孔子所以惜之。”

孔子言礼以仁为本，其义涵盖人伦之序、道德行为之格准、社会礼仪、宗教祭祀之仪典。兹摘录相关文句如下：

1. 子贡曰：“贫而无谄，富而无骄，何如？”子曰：“可也。未若贫而乐，富而好礼者也。”(《论语·学而第一》)

2. 子曰：“道之以德，齐之以礼，有耻且格。”(《论语·为政第二》)

3. 子曰：“生，事之以礼；死，葬之以礼，祭之以礼。”(《论语·为政第二》)

4. 子曰：“夷狄之有君，不如诸夏之亡也。”(《论语·八佾第三》)

5. 子曰：“君子无所争。必也射乎！揖让而升，下而饮，其争也君子。”(《论语·为政第二》)

6. 子曰：“禘，自既灌而往者，吾不欲观之矣！”或问禘之说。子曰：“不知也。知其说者之于天下也，其如示诸斯乎？”指其掌。(《论语·为政第二》)

7. 子入太庙，每事问。或曰："孰谓鄹人之子知礼乎？入太庙，每事问。"子闻之曰："是礼也！"(《论语·为政第二》)

8. 子曰："'射不主皮'，为力不同科，古之道也。"(《论语·为政第二》)

9. 子曰："事君尽礼，人以为谄也！"(《论语·为政第二》)

10. 定公问："君使臣，臣事君，如之何？"孔子对曰："君使臣以礼，臣事君以忠。"(《论语·为政第二》)

11. 子曰："居上不宽，为礼不敬，临丧不哀，吾何以观之哉？"(《论语·为政第二》)

12. 子曰："能以礼让为国乎！何有？不能以礼让为国，如礼何？"(《论语·里仁第四》)

13. 子曰："君子博学于文，约之以礼，亦可以弗畔矣夫！"(《论语·雍也第六》)

14. 子曰："恭而无礼则劳；慎而无礼则葸；勇而无礼则乱；直而无礼则绞。"(《论语·泰伯第八》)

15. 子曰："麻冕，礼也；今也纯，俭，吾从众。拜下，礼也；今拜乎上，泰也。虽违众，吾从下。"(《论语·子罕第九》)

16. 子曰："先进于礼乐，野人也；后进于礼乐，君子也。如用之，则吾从先进。"(《论语·先进第十一》)

孔子所处的时代，世之为礼者失其本，故林放问礼之本，孔子赞曰："大哉问！礼，与其奢也，宁俭。丧，与其易也，宁戚。"朱注云："易，治也。""范氏曰：'夫祭与其敬不足而礼有余也，不若礼不足而敬有余也，丧与其哀不足而礼有余也，不若礼不足而哀有余也。礼失之奢，丧失之易，皆不能反本，而随其末故也。礼奢而备，不若俭而不备之愈也；丧易而文，不若戚而不文之愈也。俭者物之质，戚者心之诚，故为礼之本。'"(朱熹《四书集注·论语集注卷二》)

孔子周游列国，历尽艰辛，所为何事？行仁道，求复兴三代之礼，行王道于世也。孔子说："殷因于夏礼，所损益，可知也；周因于殷礼，所损益，可知也。其或继周者，虽百世，可知也。"(《论语·为政第二》)周代文明从夏、殷原始文明变革而来，其承继增益者，何也？重德而"以德配天"也。礼之隆，德之盛，此所以孔子曰："继周者，虽百世，可知也。"而《中庸》云："仲尼祖述尧舜，宪章文武。"又云："大哉圣人之道！洋洋乎，发育万物，峻极于天。优优大哉！礼仪三百，威仪三千，待其人而后行。故曰，苟不至德，至道不凝焉。"

朱熹《四书集注·中庸章句》云:“礼仪，经礼也。威仪，曲礼也。此言道之入于至小而无间也。待其人而后行。”三百礼仪非一般理解的繁文缛节，而是“经礼”，此所以《中庸》云:“虽有其位，苟无其德，不敢作礼乐焉。”“敦厚以崇礼”，以“尊德性”为前提，根源自人心之仁。又，朱子曰:“此伏羲、神农、黄帝、尧、舜，所以继天立极，而司徒之职、典乐之官所由设也。三代之隆，其法寖备。”(《大学章句序》)

《诗·大雅·文王》云:“上天之载，无声无臭，仪刑文王，万邦作孚。”“仪刑”，礼仪规范也，上天运化，不以声与色示人，不是人能测度之对象；惟文王制礼作乐，万邦之治为可见也。周代礼乐人伦、仁义教化，灿然明备，堪称为中华民族生命的文明化时期。孔子曰:“周监于二代，郁郁乎文哉！吾从周。”(《论语·八佾第三》)事实上，孔子上承华夏古文明传统，将三代礼仪德治之宏规奠立在“仁”之根基上，以此开创一个理性文明的传统。自孔子始，“礼”提到一个上升的维度，由“践仁知天”将礼义教化归摄于彻上彻下、由每个人自身之仁心贯注，同时又通着“畏天命”的感通、润物的道德的宗教。

析疑与辩难

问: 有学者以为孔子所言“礼”有特殊身份指涉，未及神律的普遍指涉为普遍性，如何?

答: 黄进兴教授就把“亲”“义”“别”“序”“信”说成是“规范术语”，以为“都有特殊的‘身份’指涉”，不如西方摩西的“十诫”及耶稣的“登山宝训”之为神律的“普遍指涉”，而具普遍性。[1]显然，黄教授只认神律的普遍性，而无知于必定体现于人伦实事中的道德的普遍性。或者，他不能承认，具有种种身份的“人”自身禀具一种普遍立法之能，因而包含实践的普遍性。究其实，如康德指出：若主张律法出自神，则为意志他律，他律是没有道德意义的，甚至是败坏道德的。所谓神律的“普遍指涉”，实质是独断的律法主义。在《宗教》一书中，康德论及犹太教时谈到一种以神权政治为基础的国家制度。康德指出：以神权政治为基础的国家制度是“一种自诩直接从上帝获得指示的祭司或者领袖的贵族政体”(Rel 6: 126)，“所有的诫命当做强制性的法则让人承担，因为它们只涉及外在的行动”(Rel 6: 126)。

问：朱注“子曰‘殷因于夏礼’”句，引汉儒马季长，云：“马氏曰：‘所因，谓三纲五常。所损益，谓文质三统。’”(朱熹《四书集注·论语集注卷一》)所言妥当否？

答：三代并称，就华夏文明之大传统而为言也。若就历史行程之曲折而论，夏、商之际，夏桀丧德无道，不在此论。又，古代中国之信史自殷商始，这一点并不妨碍华夏古文明传统追溯到虞夏。并且，自从1899年开始的殷墟发掘，甲骨文大半有关于占卜，祭祀，从卜辞多见“殷人尚鬼”的生活。但愚意以为，此等材料应列入小传统中做研究，而不应该据之影响我们对大传统的认识。此所以《中庸》云：“子曰：‘吾

1 黄进兴：《所谓道德自主性：以西方观念解释中国思想之限制的例证》，《食货》复刊第14卷第7、8期，1984年，第83页。

说夏礼，杞不足征也；吾学殷礼，有宋存焉；吾学周礼，今用之，吾从周。'”朱子所引汉儒马季长分夏之忠、商之质、周之文的说法并不合孔子原文言礼之旨。此所以王船山指出：古帝王治天下之大经大法统谓之礼，并批评汉儒，说：“马季长不识礼字，将打作两橛，三网五常之外别有忠质文。然则三纲五常为虚器而无所事；夏之忠、商之质、周之文又不在三纲上行其品节，而别施焉。只此便是汉儒不知道，大胡乱处。”（王夫之《读四书大全》）

第二十六课

孔子言乐

孔子说："人而不仁，如乐何?"(《论语·八佾第三》)人若亡失其心之仁，礼又如之何？此所以孔子又说："乐云乐云，钟鼓云乎哉?"(《论语·阳货第十七》)难道"乐"就在钟鼓铿锵吗？孔子说:"兴于诗，立于礼，成于乐。"(《论语·泰伯第八》)

"兴于诗，立于礼，成于乐"，不必如朱子注那样，理解为"大学终身所得之难易、先后、浅深"的为学次序，不必专指学乐诵诗、学礼仪而言。"兴于诗"，"诗"，依孔子本人说"诗三百,一言以蔽之，曰'思无邪'"(《论语·为政第二》)，"诗，可以兴"，感发志意也。夫礼，"民之所由生"，"故失之者死，得之者生"，此所以言"立于礼"。那么，"乐"何所指？何谓"成"？"成"，终成也。然则，何以言终成在"乐"?《礼记·乐记》云:"大乐与天地同和。"又云:"乐者，天地之和也"，"和故百物皆化"。《中庸》云："喜怒哀乐之未发，谓之中；发而皆中节，谓之和。中也者，天下之大本也；和也者，天下之达道也。”发之和，根于未发之中；中，大本也，人心之仁也。“乐”，人情之抒发也；礼、乐皆不可离“仁”。

兹条列《礼记·乐记》记载如下：

1. 乐者，音之所由生也；其本在人心之感于物也。是故其哀心感者，其声噍以杀。其乐心感者，其声啴以缓。其喜心感者，其声发以散。其怒心感者，其声粗以厉。其敬心感者，其声直以廉。其爱心感者，其声和以柔。六者，非性也，感于物而后动。是故先王慎所以感之者。故礼以道其志，乐以和其声，政以一其行，刑以防其奸。礼乐刑政，其极一也；所以同民心而出治道也。

2. 凡音者，生人心者也。情动于中，故形于声。声成文，谓之音。是故治世之音安以乐，其政和。乱世之音怨以怒，其政乖；亡国之音哀以思，其民困。声音之道，与政通矣。宫为君，商为臣，角为民，徵为事，羽为物。五者不乱，则无怗懘之音矣。……郑卫之音，乱世之音也，比于慢矣。桑间濮上之音，亡国之音也，其政散，其民流，诬上行私而不可止也。

3. 凡音者，生于人心者也。乐者，通伦理者也。是故知声而不知音者，禽兽是也；知音而不知乐者，众庶是也。唯君子为能知乐。是故审声以知音，审音以知乐，审乐以知政，而治道备矣。是故不知声者不可与言音，不知音者不可与言乐。知乐则几于礼矣。礼乐皆得，谓之有德。德者得也。

4. 是故先王之制礼乐也，非以极口腹耳目之欲也，将以教民平好恶而反人道之正也。

5. 是故先王之制礼乐，人为之节；衰麻哭泣，所以节丧纪也；钟鼓干戚，所以和安乐也；昏姻冠笄，所以别男女也；射乡食飨，所以正交接也。礼节民心，乐和民声，政以行之，刑以防之，礼乐刑政，四达而不悖，则王道备矣。

6. 乐者为同，礼者为异。同则相亲，异则相敬，乐胜则流，礼胜则离。合情饰貌者礼乐之事也。礼义立，则贵贱等矣；乐文同，则上下和矣；好恶著，则贤不肖别矣。刑禁暴，爵举贤，则政均矣。仁以爱之，义以正之，如此，则民治行矣。

7. 大乐必易，大礼必简。乐至则无怨，礼至则不争。揖让而治天下者，礼乐之谓也。暴民不作，诸侯宾服，兵革不试，五刑不用，百姓无患，天子不怒，如此，则乐达矣。

8. 大乐与天地同和，大礼与天地同节。和故百物不失，节故祀天祭地。

9. 乐者，天地之和也；礼者，天地之序也。和故百物皆化，序故群物皆别。乐由天作，礼以地制。过制则乱，过作则暴。明于天地，然后能兴礼乐也。

10. 德者性之端也。乐者德之华也。金石丝竹，乐之器也。诗言其志也，歌咏其声也，舞动其容也。三者本于心，然后乐器从之。是故情深而文明，气盛而化神。和顺积中而英华发外，唯乐不可以为伪。

11. 乐也者，情之不可变者也。礼也者，理之不可易者也。乐统同，礼辨异，礼乐之说，管乎人情矣。

12. 穷本知变，乐之情也；著诚去伪，礼之经也。

《礼记 · 乐记》为孔子弟子或再传、三传弟子所记，审其所言与孔子礼乐之教同。兹条列《论语》中说及“乐”的文句如下：

1. 子在齐闻《韶》，三月不知肉味，曰：“不图为乐之至于斯也!”(《论语·述而第七》)

2. 子与人歌而善，必使反之，而后和之。(《论语·述而第七》)

3. 子曰：“吾自卫反鲁，然后乐正，《雅》《颂》各得其所。”（《论语·子罕第九》）

4. 子曰：“礼乐不兴，则刑罚不中；刑罚不中，则民无所错手足。”（《论语·子路第十三》）

5. 颜渊问为邦。子曰：“行夏之时，乘殷之辂，服周之冕，乐则韶乐；放郑声，远佞人。”（《论语·卫灵公第十五》）

6. 孔子曰：“天下有道，则礼乐征伐，自天子出；天下无道，则礼乐征伐，自诸侯出。”（《论语·季氏第十六》）

7. 孔子曰：“益者三乐，损者三乐。乐节礼乐，乐道人之善，乐多贤友，益矣！乐骄乐，乐佚游，乐宴乐，损矣！”（《论语·季氏第十六》）

8. 子曰：“恶紫之夺朱也，恶郑声之乱雅乐也，恶利口之覆邦家者。”（《论语·阳货第十七》）

孔子身处礼崩乐坏之乱世，《书》《诗》缺失，孔子传先王之道，编辑《书》并作序，古诗三千余篇，取其合仁义礼智之教者三〇五篇，配以乐曲，“《雅》《颂》各得其所”。孔子以诗书礼乐教学育人，其弟子七十二人无不精通六艺。太史公曰："天下君王至于贤人众矣，当时则荣，没则已焉。孔子布衣，传十余世，学者宗之。自天子王侯，中国言六艺者折中于夫子，可谓至圣矣！"(《太史公孔子像赞》)

析疑与辩难

问：今流行音乐多无哀乐喜怒之常，又如何？

答：无道之世，世乱而乐淫，自古如此，不独今人如斯。《礼记·乐记》记载："魏文侯问于子夏曰：'吾端冕而听古乐，则唯恐卧；听郑卫之音，则不知倦。敢问：古乐之如彼何也？新乐之如此何也？'"魏文侯听古乐时想睡觉，听郑卫那些靡靡之音则不知疲倦。子夏对曰："今夫古乐，进旅退旅，和正以广。弦匏笙簧，会守拊鼓，始奏以文，复乱以武，治乱以相，讯疾以雅。君子于是语，于是道古，修身及家，平均天下。此古乐之发也。今夫新乐，进俯退俯，奸声以滥，溺而不止；及优侏儒，糅杂子女，不知父子。乐终不可以语，不可以道古。此新乐之发也。今君之所问者乐也，所好者音也！夫乐者，与音相近而不同。"

何谓乐？子夏说："天下大定，然后正六律，和五声，弦歌诗颂，此之谓德音；德音之谓乐。"魏文侯之所好者，溺音也，非乐也。当今之世，流行音乐多如子夏所言"溺音"。此见现代社会政不和，民不安之乱世征象也。此即《礼记·乐记》云："乱世之音怨以怒，其政乖。""志微噍杀之音作，而民思忧。""流辟邪散、狄成涤滥之音作，而民淫乱。"

问：对靡靡之音加以批评指责，是否有违现代社会捍卫个人自由之原则？

答：靡靡之音乃应乱世而生之物，非人力可阻挡。子夏答文侯，曰："夫古者，天地顺而四时当，民有德而五谷昌，疾疢不作而无妖祥，此之谓大当。然后圣人作为父子君臣，以为纪纲。纪纲既正，天下大定。"（《礼记·乐记》）当今之世，君不君臣不臣，父不父子不子；群众撕裂，剑拔弩张。此所以音乐亡而溺音泛滥，势不可挡，容或社会上有一两声批评指责，又何来有妨碍个人自由的力量？

第二十七课

孔子言性

“仁者，人也”，乃见孔子言“性”之确切义。如前文所论，孔子言“仁者，人也”就是揭明：“仁”乃人性之根。“仁者，人也”，就是说，“仁”是人之为人的实存之本性，也可以说，成就自身内在之仁，是人之为人的分定。“分定”，就是“性”。孔子说：“人之生也直，罔之生也幸而免。”(《论语·雍也第六》)也就是以“直”说人性，此言“直”与以“仁”说人之为人的实存之本性通。亦即《左传》(成公十三年)云：“民受天地之中以生，所谓命也。是以有动作礼义威仪之则，以定命也。”“动作礼义威仪之则”，道德法则也；依道德法则而决定人的实存，即“定命”，也就是决定人的“性”。“民受天地之中”，“中”即“直”即“仁”，人以之“生”，即以之为性。

孔子说：“性相近也。”(《论语·阳货第十七》)此句之言人所“相近”之“性”要以孔子言“仁者，人也”“人之生也直”来了解。“性相近也”，意即：人之本性相近，即孟子所言“故凡同类者，举相似也，何独至于人而疑之？圣人与我同类者”（《孟子·告子章句上》）。又，孟子曰：“其好恶与人相近也者几希。”（《孟子·告子章句上》）“人之所以异于禽兽者几希，庶民去之，君子存之。”（《孟子·离娄章句下》）据此，我们理解“性相近”即人禽之辨的“几希”，亦即“同类者，举相似”的“相似”，而用孟子的话说，这“几希”“相似”“相近”，也正就是“人心之所同然也”。朱子注云：“其好恶与人相近，言得人心之所同然也。”（朱熹《四书集注·孟子集注卷十一》）但必须指出，朱子不以“人心之所同然”来理解孔子所言“性相近也”，他把“性相近也，习相远也”一句理解为孔子言气质之性，说：“此所谓性，兼气质而言者也。气质之性，固有美恶之不同矣。然以其初而言，则皆不甚相远也。但习于善则善，习于恶则恶，于是始相远耳。程子曰：‘此言气质之性。非言性之本也。若言其本，则性即是理，理无不善，孟子之言性善是也。何相近之有哉。’”（朱熹《四书集注·论语集注卷九》）

究其实，倒是我们要问：若言气质之性，又何相近之有哉？其实，朱子和程子都把孔子言“性相近”中“相近”之意理解错了，把“相近”解为“不同”，于是就把“性相近”误解为“性互相不同”。如此一来，孔子言“性”之原义尽失。如果朱子能够如他在注“其好恶与人相近”一句时那样，理解“相近”为“心之所同然”（《四书集注·孟子集注卷十一》），恐怕他对孔子言“性”会有另一番理解。我们有理由指出，孔子言“性相近”之“性”，其实义就包含在孔子本人所言“仁者，人也”“人之生也直”中。“性相近”与“习相远”是言“性”的不同层面，前者指“心之所同然”，后者指人性因后天条件不同而差异。

朱子引程子语，以为孔子言“性相近”是“言气质之性”，故与孟子“言性善”不同。这种讲法虽然在学界十分流行，但未免失诸对孔子言“性”作深入理解，徒看文字，表面看来孔子无“性善”一说，即把孟子上承孔子言“仁者，人也”，而正式揭明“性善”的血脉割断。

无疑，“性善说”正式提出，并作出哲学分析者，最先见于孟子。朱熹《四书集注·孟子集注·孟子序说》，其中引程子曰：“孟子性善、养气之论，皆前圣所未发。”又引杨氏曰：“心得其正，然后知性之善。故孟子遇人便道性善。”固然，此见先贤恰切把握孟子从本心言性善之义，却忽略了孟子言“性善”实从上承孔子言“仁”之实旨而来。

孟子扭转只从“生之谓性”言人性的老传统，从本心言性而建立“性善说”。本讲不拟详论孟子的“性善说”，留待日后专门研究孟子对孔子哲学之传承再讨论。于此，可概要指出，孟子论“性”的创辟性洞见在：不仅从“生之自然之质谓之性”(董仲舒语)的原则言“性”，而且是比“自生而言性”的传统进一步，从人生而具有的本心具普遍立法之能而为一切善行之根据，说明本心依其天理就是产生“善”的根源能力，并以此本心之能为人的“性”，此“性”因其为产生“善”的根源能力，故是绝对地善。

在此可援用康德的学说来说明，“本性”(Natur)一词不必如通常理解那样，意谓现实的感触之自然、本性之义，因之而与“自由”相对立。我们有必要区分开“依照感性的(物理的)法则的自然(本性)”与“依照纯粹实践法则的意志而可能的自然（本性）”。（KpV 5: 44）人有两观点（zwei Standpunkte）由之以考量其自己，并能够由之认识其力量使用之法则，从而能认识一切他的行为之法则。一方面，只要他属于感触界，他服从自然法则（他律）；另一方面，他又服从建基于理性的自由法则。（Gr 4: 452）唯独依据后者而立论，亦即依据真我之道德本性而立论，“性善说”方可成立。同理，在孔孟哲学中，仁（本心）使人区别于受感性本性制约的他自己，唯独依据人的本心作为真我之道德本性而立论，才能够确立“性善说”。依此，我们可以指出，“性善说”必定包含立道德法则之主体在人性中作主宰的意旨。

孟子说：“仁义礼智，非由外铄我也，我固有之也，弗思耳矣。”（《孟子·告子章句上》）“君子所性，虽大行不加焉，虽穷居不损焉，分定故也。君子所性，仁义礼智根于心。”（《孟子·尽心章句下》）孟子此言“分定”就是依照本心良知天理而独立于一切经验条件之实存，亦即“我们的本性的道德分定”，依此“分定”言“性”，就是绝对地善。“性善说”所言“性”从“大体”言，而非从“小体”言。“心之官则思”（《孟子·告子章句上》），“思”乃思仁义礼智之天理也。此乃“大体”。“耳目之官不思，而蔽于物。物交物，则引之而已矣”（《孟子·告子章句上》），此乃“小体”。从小体观，无以言道德，亦无善或恶可论。

我们必须一再强调：从两个根本不同的层面来考察人的本性，此乃孔孟哲学论“性”的根本洞见，亦唯有依据这种洞识，才能够揭明人真正的实存分定，不致流于相对的善、恶之纷争的通俗浅见。亦唯独明乎此，我们才能够明白，“性善说”不同于那些把人的感性本性视为恶的根源，以此将人的感性本性从人性中排除的禁欲主义；也根本区别于一切以自发的善心或爱来说“善性”的情感主义。

孟子确立“性善说”根本在孔子所言“仁者，人也”。孟子就说：“仁也者，人也。合而言之，道也。”(《孟子·尽心章句下》)又说：“仁，人心也。”有学者依据子贡说“夫子之言性与天道，不可得而闻也”(《论语·公冶长第五》)，就断定孔子罕言性与天道，恐怕不符合事实。

析疑与辩难

问：有学者认为，“仁者，人也”是修养之学，本心、仁只能靠每个人自证。

答：一些学者总是偏执地认为，凡中国哲学的命题，尤其像“仁者，人也”这样的命题，是主观的，一概无法取得证明。甚至一些以弘扬儒学为己任的学者也会以为，本心、仁只能靠每个人自己自证。但如前文一再申论，“仁”是人自身成就自己为一个人的能力。这个肯断并不是什么哲学家凭想象力产生出来，而是由孔子和孟子给出确证的，尽管孔孟那个时候并没有“确证”(Justification)这个词。现代社会标举“放于利而行”的原则，“仁者，人也”难免因着与“个人自利原则”抵触而被贴上“保守主义”“独断主义”的标签。哲学界也流行经验实证之独断偏见，只承认经验的证明，而拒不承认超越地肯断的命题有确证的可能。究其实，只承认经验实证，将事实只限制于经验，是不合理的，也不可行。我们依照哲学上“确证”这个词包含：其一，确定性之说明；其二，有证据。只要我们能摆脱经验实证主义之偏见，就可以就以上两方面来考量，并指明，在孔孟哲学里包含着对于“仁者，人也”所作严格意义的哲学确证。可以说，孔子随机指点，于人的道德实践之事实，点明其超越可能的根据，此堪称“圣人怀之”的方式。孟子以分解方式为圣人说法，可说是“辩之以相示”的方法。

我们可以指明，“仁者，人也”包含确定的内容：“仁”乃本心之能，此“能”并不是可经验地指陈的心理活动，亦非可感性直观地展现的对象，更不是臆测的特殊直观之客体；其实在性是由本心立法之真实性证明的。此如康德证明意志自由，首先论明：意志乃人的自然机能，尽管就思辨理性而言，“自由”只是设准，但“自由”作为人的意志的特殊因果性，意志自由就是纯粹实践理性独自在意欲机能中立法的能力。此能力经由每一个人自己的普遍立法意识而立刻被证实。但是，学者们通常以现实的人之意志的经验性格为人性，而认为人之意志的智性的性格（自由自律）不能作为人之本性，并以人现实上时常违背道德法则为口实，把“意志自由”视为只不过是一种设准而已。他们完全忽略康德已论明，人在自己身上发现一种能力，凭借这种能力把自己与任何别的东西区别开，甚至亦与作为被对象所刺激而言的他自己区别开（Gr 4：452），这种能力就是在意欲机能中立法的理性，亦即意志自由。

我们肯断仁（本心）是每一个人先天而固有的能力，但不等同说不需要通过后天的努力来运用这种能力。同样，不能借口需要于经验之使用中实现，就误以为这种能力是后天获得的；也不能以人会放失本心，就以为可以据之对“仁者，人也”证伪。即便现实上有人，甚至是许多人都并不以“仁者，人也”要求自己，但并不因此而使“仁者，人也”不真实，变得毫无意义。

“仁”包含立己立人、达己达人的道德最高原则（天理），又是具有普遍性的行为格准（克己复礼）之根据。天理根于每一个人的本心，它是每一个有理性者所自知的，故云：本心良知之天理。孟子说：“不虑而知者，其良知也。”（《孟子·尽心章句上》）记得很久之前在大学教通识课，在座的都是年仅十九、二十的年轻人。我问同学们：“在你们人生中，可有过一种体会，不必你父母告知，不必老师训导，也不必来自社会规范，你自己就明白是非对错的呢？”同学们都回答：“有！”我告诉大家：“天理”之意识就在此时萌发。至于人长大了，受了周遭“放于利而行”的环境熏习，“天理”之意识模糊了，以致会生起一种错觉，以为不同的人有不同的“天理”。岂知，“天理”之为天理，就必定是任何时、任何地皆对一切人有效的，每一个人凭自己的本心即可自觉到的。若只承认对特定群体，甚至只对个人有效的“天理”，实无异于主张“无天理”了。

问：学界长久以来对孟子“性善说”多所诘问，其要点可分两类：一、“性善说”是否道德乐观主义；二、“性善说”只是主张人之“向善”。

答：批评“性善说”犯了道德乐观主义，此论源自英美汉学界，尤其见于执持“人的原罪论”的学者。但我们已一再申论，道德哲学中讨论善、恶问题必须以“道德实存”之肯定为首出，此乃任何想要站得住脚的道德哲学都要通过的第一关；舍此，不会有真正的道德哲学可言，也不会有具有哲学意义的“性论”可立。“性善说”的要旨在对人的实存之道德定分作出裁定。人的实存之道德定分在意志自由（仁、本心）立道德法则；并且，抉意自由（心之所存主之意）采用道德法则作为其格准之根据。如康德说：“仅仅由我们的抉意能够被作为一无条件的命令的道德法则所决定”（Rel 6：50），我们才能够裁定道德上的善或恶。“善与恶必须是人的自由抉意的结果。因为若不然，他就不能为这二者负责，从而他在道德上就既不能是善的也不能是恶的。”（Rel 6：44）“性善说”解答善恶可能的形而上的根据，它揭明这根据只能是人自身根源立法的能力，以及把法则包含的动力采用于其格准中的能力；也就是说，首先揭明“人的根源的禀赋是善的”，在这个基础上，我们才能进一步研究人使自己成为善或使自己成为恶的问题。康德比喻说：一棵根源上（就其禀赋而言）是好的树会结出坏的果子，而一棵坏的树则无可能结出好果实。（Rel 6：45）“善种子的纯粹性不能败坏。”（Rel 6：45）又说：“人的根源的禀赋是善的；但是此尚不能使人自己成为是善的，而是在他把这种禀赋所包含的动力采用或不采用于其格准中（此全然由其自己之自由抉意来裁决）而言，他才使其自己成为是善的或成为是恶的。”（Rel 6：44）明乎此，我们就不会因着经验上有“人的恶行”的大量证据，就质疑“性善说”是否成立。事实上，“性善说”之成立只能建基于人是道德的生物（亦即人的理性立道德法则并以道德法则为动力以行动）这一理性事实上。

孟子曰：“乃若其情，则可以为善矣，乃所谓善也。若夫为不善，非才之罪也。”（《孟子·告子章句上》）此即揭明：从人之实有为善的能力而论，则谓之善；若人之所为有不善，不能归咎于人之性（才）。也就是康德指出：“自由与理性的内在立法相关，根本是一种独立的机能，而背离这种立法的可能性就是一种无能（Unvermögen）。”（MS 6：227）这就是标明“内在立法”的机能乃系人的本性，人做出背离这种立法的行为只是表明他在实现自身的道德本性方面显出无能，而不能说人根本缺乏这种道德机能。同样，孟子一再强调：“心之所同然者何也？谓理也，义也。圣人先得我心之所同然耳。”（《孟子·告子章句上》）“虽存乎人者，岂无仁义之心哉？”（《孟子·告子章句上》）孟子“先立其大”，首先揭明仁义之心而确立“性善说”，并不因此而忽略现实中的人时常有意无意地背离道德本性的实情。“性善说”本来就依据两个根本不同的层面来考察人的本性。明乎此，我们就不会因为正视现实中人并不总是依循本心而行，就否决了本心之实存，而误以为“性善说”是一种乐观主义。

“性善说”的根本洞见在于揭明：人具有自立普遍法则的能力，这一事实就表明人具有道德地善的本性。基于此事实，当我们说“人是恶”，那并不是说，人根本缺乏道德地善的本性，而宁可说，他放失或违背了他的道德的善的本性。事实上，若人根本缺乏自立道德法则的能力，换句话说，人的本性若没有自立普遍法则的善性，则人不会对什么是善或恶有任何概念，也绝不会对人及其行为产生道德上的善、恶判断。

现实上，人固然可有善行，也可有恶行；人可有为善的禀赋，也可有趋恶的倾向。但这类“有善有恶”或“可善可恶”根本与“性善说”不相干。倒是人有善、恶判断的事实与能力，这本身就必定要以人的本性善（亦即具有立道德法则的能力）为前提。傅佩荣先生说：“‘善’也是人之‘向’而非人之性。”[1]但其向善说”并没有进入哲学的讨论。若明白“性善说”之根源洞见，那么，一切企图从经验中人的丑恶、或有善有恶而主张“向善说”“或善或恶说”等，并借以针对“性善说”的辩难都显见是根本不对题的。并且，我们就有足够理由把学界中冒充善、恶问题讨论而混入哲学研究中的诸多说法清除出去，以保护哲学学科的严肃性。

1 傅佩荣：《儒家哲学新论》，第18页。

第二十八课

孔子言天与道

孔子哲学彰显中华民族文化生命中的理性核心，不仅体现在其道德哲学上，并且，因着人心之仁的普遍立法，必定扩充至统天地万物为隶属于一个道德目的的整体，因而必然包含一个基于“仁”之创造而有的形而上学，以及一个理性的宗教。

首先从作为理性的自然禀赋之形而上学思维入手，来考察孔子哲学里“天”之原始含义。再进一步论明作为自然禀赋之形而上学思维所必然产生的一切有条件东西的综体——无条件的最高者。它就纯粹理性之思辨使用而言，本来只是轨约的，即仅起到一种指导作用，而不能构造一个关于“最高者”的决定的对象。而纯粹理性之实践使用，即道德方面的使用，却经由“仁”之创造的无限扩充，达到了关于“最高者”的决定的对象。这个“最高者”我们称之为“天”，因着“仁”之创造的绝对的普遍性、必然性，我们采用“天”这个本来属于人的自然禀赋之思辨形而上学的字眼来表示它，而又因着“仁”本来是每一个人真实的定分，由之扩充至的“最高者”(天)就不仅是思辨的、指导性的，并同时就是实在的。

如康德所言：“形而上学，作为理性的自然禀赋，是现实的。”(Proleg 4：365)“世界上总是会有形而上学。不仅如此，每个人，尤其每个能够反思的人，都会有形而上学。”(Proleg 4：367)康德恰切地指出：“这种自然禀赋的目的乃是使我们的概念摆脱经验的桎梏和纯然的自然考察的限制，使它至少看到在自己面前展开了仅仅包含着感性不能达到那些纯粹知性的对象。”(Proleg 4：362)理性必然要追求“所有可能经验的绝对整体”(Proleg 4：328)。因为理性明白：感性的界线不能扩展到无所不包。西方传统旧有形而上学放任“思辨理性越界洞察的僭妄”(Bxxix)，进而陷入独断的客观的神人同形同性论。康德指出：独断的神人同形同性论“把我们思维经验的对象所凭借的任何特性就其自身而言加给最高的存在者”(Proleg 4：357)。其实，只要恰如其分地注意：我们只是把这些特性转用到最高者与世界的关系，“仅仅涉及语言，而不涉及客体本身”(Proleg 4：357)，就能够完全避免神人同形同性论。我们的理性的自然禀赋有权“仅仅按照类比”，把只是出自感触界的谓词用于根源者(或曰最高者)之理念上，这样做仅仅表示：“我们不知道的最高原因与世界的关系，为的是在它里面在最高程度上符合理性地决定一切。”(Proleg 4：359)康德说：“这样一来，就使我们不致使用理性的特性去思考上帝，而是用它去思考世界，为了就世界而言按照一个原则最大可能地使用理性，这样做是必要的。”(Proleg 4：359)并指出：“我们由此承认：最高者按照它就其自身而言所是的样子对我们来说是完全不可探究的，甚至不能以确定的方式去思想。”(Proleg 4: 359)

不厌其详引用康德关于理性的形而上学之自然禀赋的论述，目的是以此提醒，当论及“天”之含义时要注意避免先入为主地采用西方传统中那种“超离的、独断的神人同形同性论”思维模式，切莫轻忽地比附于基督教传统“一元神”(上帝)。明乎此，一方面可以避免把孔子言“天”误解为超自然的人格神，另一方面又不致粗率把孔子言“天”的形上含义抹杀掉。要如实地解读孔子所言“天”之理性义和实践义，为此，以下进入相关文献解读：

子曰：“大哉，尧之为君也。巍巍乎，唯天为大，唯尧则之。”(《论语·泰伯第八》)

子曰：“天何言哉？四时行焉，百物生焉，天何言哉!”(《论语·阳货第十七》)

孟子曰：“诗曰：天生烝民，有物有则，民之秉彝，好是懿德。孔子曰：为此诗者，其知道乎。”(《孟子·告子章句上》)

我们可以归结说，凡哲学上意指定然与当然者，亦即不受经验限制而具绝对普遍性和必然性者，皆以“天”表达之；因而，“天”不是一个经验概念。仅从人的形而上的自然禀赋考论，“天”可表达统天地万物之超越根源而言之“最高者”，以及可表达宇宙和人世间普遍的秩序与法则。此见孔子言“唯天为大，唯尧则之”，“有物有则”。若暂且仅仅从人的一种形而上的自然倾向考论，可知孔子所言“天”表达一种理性必然要追求的“所有可能经验的绝对整体”(Proleg 4：328)。这是采用康德的词语，也可以说是：从有条件者上升至无条件之综体，万物在人的目的论下所归属的最高原则。我们使用“天”一词绝不是以人的特性去思考天，而是用它去思考世界，如康德说：“为了就世界而言按照一个原则最大可能地使用理性，这样做是必要的。”(Proleg 4：359)至于“天”按照它就其自身而言所是的样子对我们来说是完全不可探究的，甚至不能以确定的方式去思想。此即孔子面对其弟子子贡对于性与天道怀着极大兴趣而孜孜的追问，答曰：“予欲无言。”然子贡仍要问：“予如不言，则小子何述焉？”(《论语·阳货第十七》)孔子答曰：“天何言哉！”表达天不可闻，它不是我们可以言说的实在的对象。用康德的话说，仅就理性的思辨使用而论，它是理性自身产生的对象，或曰“理念上的对象”，而绝非要表象任何实在的对象。孔子以“天”表达不可移的法则——“四时行”(天序：有物有则，《周易·象传》言“天行健”)，以及生生之德——“百物生”(《周易·系辞传》言“天地之大德曰生”)。“天”一词无对象，无可指陈；我们以之表达气化(百物生)的无条件根据，也就是说，以“法则性”之天序义及生生之德言“天”，“天”获得了一种并非源自经验而作为天地万物及一切经验的根源之意义。

必须指明，以上所论天之不闻不睹之“深奥”义并非有学者所言“天有神秘主义倾向”。秦家懿教授在《儒与耶》(*Confucianism and Christianity*, Tokyo: Kōdansha International, 1977.)一书中提出这种说法。她认为:“天何言哉”句是“我们对孔子的神秘主义倾向所能获得的最接近的证据”。[1] 并且,必须指出,孔子言“天”包含天序义及生生之德义,不能视此言“天”为自然主义;若依自然主义,天可有序亦可失序,万物亦可生灭无常,我们实在无理由视孔子所言“天”为自然界。

假若“天”仅作为理性思辨使用的超越概念,那么它是不能获得实在性之证明的。不过,如康德本人提醒:“我们绝不能把理性的超越概念视为多余的和毫无意义的。”重要的是:“理性的超越概念可以使从自然概念过渡到实践概念成为可能,并使道德的理念本身以这样的方式获得支持,而且使道德的理念与理性之思辨的认识联系起来。”(A329/B385-386)正可依此说明孔子所言“天”,进一步论明孔子言“天”包含道德创造之含义,并蕴涵自由与自然统合而言的最高者及最高秩序之意义。此见“天生烝民,有物有则,民之秉彝,好是懿德”。孔子说:“为此诗者,其知道乎。”(《孟子·告子章句上》)兹再条列相关文句如下:

> 子曰:“不怨天,不尤人,下学而上达,知我者其天乎!”(《论语·宪问第十四》)

---

1 参见傅佩荣《儒道论发发微》,第103页。

子曰："人能弘道，非道弘人。"（《论语·卫灵公第十五》）

子曰："君子道者三，我无能焉！仁者不忧，知者不惑，勇者不惧。"（《论语·宪问第十四》）

哀公问政。子曰："修身以道，修道以仁。"（《中庸》第二十章）

以上所引孔子言"知我者其天乎""人能弘道""修身以道，修道以仁"，其中言"天""道"皆是人的道德实践中，人心之仁充其极而言的道德创造而标举的最高者及最高秩序之意义。"天"含静态的本体论之"最高者"之义，而"道"含动态的宇宙论进程之义。非"天"之外另有"道"，孔子绝没有言一种人心之"仁"之外自存潜存的"天""道"。是否有性与天道在人之外客观地自存潜存，人不可知之，即使有之，亦不能知其何所是，故不能对之置词。此即孔子言"知之为知之，不知为不知，是知也"（《论语·为政第二》）的理性态度。人只能根于人心之仁之扩充的无条件的普遍必然性而标举"性""天"，以获得"性""天"的真实内容。明乎此，则我们一方面指明孔子并不对"性""天"作理性思辨之智测，另一方面也不会以为孔子对"性""天"未有确定的观念。

人心之仁统天地万物而普遍立法，在普遍立法中全宇宙和谐一体、共同实现，在这个意义上，"仁"充其极至"天"。"畏天命"，也就包含着对人自身立普遍法则的敬畏，亦即对道德分定的人格性的敬畏，并且也包含着对统宇宙全体而言的“创造性本身”的敬畏，以及担负命运的严肃感。在庄严的宗教感中，“天”无以尚之。孔子绝不妄称可以有能力知道天的启示。此所以孔子云：“非道弘人也。”（《论语·卫灵公第十五》）但不能据之断言孔子不言“天”，对“天”无确定的观念。

孔子以一语直透本源的方式言，由每个人自身禀具的人心之仁扩充至，故根本不必智测，亦无容辩驳。此可称为无诤的圆说。但根本不同佛家“非分解地，即诡谲地说”，并非佛家“开决了亦即消化了一切权教而无说以说者，无立以立者”的无诤法的圆教之圆说。[1]依康德，人类有着同一种理性（MS 6：207），即孟子说：“心之所同然者何也？谓理也，义也。”（《孟子·告子章句上》）义理能够在人中间普遍传通，故不必以非分解方式说始得可谓之“圆”。孔子之圆说乃真正直透形而上之道德创生实体的无诤的圆说也。

析疑与辩难

问：《论语·公冶长第五》记载：“子贡曰：‘夫子之文章，可得而闻也；夫子之言性与天道，不可得而闻也。’”学界对该段文有不同解读。

答：综观各种解读，可归结为三种。第一种，以该段文为据，而断定孔子不言性及天道。但是，依我们所论已明确，

---

1 参见牟宗三《圆善论》，台北：学生书局，1985年，第277页。

孔子实有对性及天、道作言说。第二种，以朱子注为代表，以为孔子罕言性及天道，而学者有不得闻者。独子贡得而闻之，理由是“圣门教不躐等”。朱注云：“文章，德之见乎外者，威仪文辞皆是也。性者，人所受之天理；天道者，天理自然之本体，其实一理也。言夫子之文章，日见乎外，固学者所共闻；至于性与天道，则夫子罕言之，而学者有不得闻者。盖圣门教不躐等，子贡至是始得闻之，而叹其美也。程子曰：‘此子贡闻夫子之至论而叹美之言也。’”(朱熹《四书集注·论语集注卷三》)但如前文已论明，《论语》记载就有孔子言性与天道的实义。第三种，以为子贡说“夫子之言性与天道，不可得闻”，是指《易》而说。刘宝楠著《论语正义》云：“据世家诸文，则夫子文章，谓诗书礼乐也。……孔子五十学易，惟子夏、商瞿晚年弟子，得传是学。然则子贡言性与天道，不可得闻，易是也。”又云：“性与天道，其理精微。中人以下，不可语上，故不可得闻。其后子思作中庸，以性为天命，以天道为至诚。孟子私淑诸人，谓人性皆善，谓尽心则能知性，知性则能知天。皆夫子性与天道之言。”熊十力先生亦持此见解。熊先生说：“子贡叹性与天道不可得而闻，则既闻之矣。然《论语》所记，特详人伦日用。则天道之谈，在大易可知。记曰：‘善言天者，必有验于人。’夫人伦日用，皆天道之著也。《论语》所载孔子之生活，即其体天道之实。(此中‘体’字，非本体之体。乃动词，谓其实现天道于日用践履之间。)易，论语可互证。”[1]然依本人研究所得，《易传》之言性

1 熊十力:《读经示要》(一)，台北：广文书局，1960年，第14页。

与天道不仅未有超出《论语》，且对性与天道之实根于人心之仁未有论及，故此，我们仍应以《论语》中孔子言性与天道之实旨为根本，而以《易传》之言性与天道为辅助。尽管同时可以肯定，孔子晚年与子贡论《易》，于帛书《易传》中《要》篇有记载，《要》云："子曰：《易》，我后其祝卜矣，我观其德义耳也。幽赞而达乎数，明数而达乎德，又仁'守'者而义行之耳。"[1]据此可见，孔门十翼有史料方面的根据。我们可确定《易传》为孔门表达孔子言"性与天道"之形上智慧的重要著作，并且，《易传》的一套本体宇宙论配以圣人的盛德大业。

问：孔子言"四时行焉，百物生焉，天何言哉！"（《论语·阳货第十七》）是自然描述吗？

答：劳思光先生就视"天"为"泛指万事万物之理"，也就是持理论认识的观点，就认识力言"天"。劳先生说："'心'是主体，'性'是主体性而天则为'自然理序'。"[2]劳先生把"生生不息"当作实际世界的现象描述语句，因此说："实际世界中'生'与'生之破坏'常相依而立。某一存有之'生'，常同时依另一存有之'生'之'破坏'为条件。"[3]他以为这里有一种背反的理论困难。其实，所谓"背反"只是由于他自己把一个自然形上学的语句误当作现象描述语句而生起。只要我们恰切地以自然目的论之意义来理解"生生不息"，又何来"生之破坏"之背反问题呢？更令人费解的是，他进而依他自己

1 廖名春：《帛书释〈要〉》，《中国文化》第10期，1994年，第66页。
2 劳思光：《新编中国哲学史》卷一，台北：三民书局，1991年，第196页。
3 劳思光：《新编中国哲学史》卷三上册，第54页。

的想法提出："'生生不息'之说是"一包含'背反'之价值标准。"[1]他说："若就立价值标准说，世界之'生'、'生生不息'被视为一有价值意义之方向，则由上述之背反问题，可推出如此之价值标准下，每一'善'皆与'恶'不离：一"价值"实现时，其否定亦实现。"更由此推论说："若由一含'背反'之价值标准以建立道德生活之基础，则此种道德生活中，将不见有'善'而'不恶'之行为成立。而与'恶'相依之'善'，本身亦成为一种相对性概念。"[2]其实，"生生不息"根于人的自然形上学禀赋，包含一种自然目的论，而并不涉及什么价值论问题。此如孔子言"四时行焉，百物生焉"，并不意谓自然没有四时错乱，及生之破坏，并不是作为一种价值论。

1 劳思光：《新编中国哲学史》卷三上册，第55页。

2 劳思光：《新编中国哲学史》卷三上册，第55页。

第二十九课

孔子言天命与命

上讲已论明孔子言“天”之明确意涵。依孔子，“天”并不像西方传统哲学那样把“最高者”置定为“一客观之存有”，也没有把“天”当作“一客观问题”而讨论之、智测之；“天”“天道”并没有被视为“客观的自存潜存”。[1]究其实，“天”之立根源自人心之仁之天理的无限扩充，孔子根本没有离开人的道德实践而主张一个外在的“天”，此即孔子言“下学而上达”(《论语·宪问第十四》)——“下学”，践仁也，用孟子的话说就是“尽心知性”；“上达”，知天也。朱注云：“盖凡下学人事，便是上达天理。”(朱熹《四书集注·论语集注卷七》)将“下学”解读为“人事”，恐不妥。该句中孔子所言“学”，当意指“学道”。(《论语·阳货第十七》云：“君子学道则爱人。”)

以上所论既明，我们就不会视孔子言“知天命”“畏天命”

1 详论见牟宗三《心体与性体》第一册，台北：正中书局，1993年，第219—221页。

中的“天命”为一个外在的实体在下达命令。兹摘录孔子言“知天命”相关文句如下：

> 子曰：“吾十有五而志于学，三十而立，四十而不惑，五十而知天命，六十而耳顺，七十而从心所欲，不逾矩。”(《论语·为政第二》)

> 孔子曰：“君子有三畏：畏天命，畏大人，畏圣人之言。小人不知天命而不畏也，狎大人，侮圣人之言。”(《论语·季氏第十六》)

前文已论，离开人心之仁，无以言“人的道德分定”，“天”亦充其量只是我们理性纯思辨中的无条件综体，而我们名为最高者，甚至可思之为至上主宰，但它毕竟只能是一个空概念，我们仍然根本不能对它有任何认识。唯独“天”在理性之普遍立法中绝对需要的普遍性里与人的道德分定关联，我们能够对“天”取得一个决定的概念，亦即使“天”一词的意义能够普遍可传达；我们以人心之仁自立法则自我遵循作为我们每一个人的分定，并因着这分定的定然不容已而视之为“天命”。也就是说，孔子“天命”中的“天”意指：绝对无条件的、必然的、不可移易的；“命”，分定也。如此，我们就能够对“天命”有一个决定的概念。若如一些学者那样解“天命”为有一个外在的天在那里下命令，则我们是绝无法探知那根本不为任何人所知的“天”是如何在下命令及下的是什么样的命令。

如康德举例：即使只是一名普通市民，只要我在他身上察觉到正直的品格，不管我愿不愿意，我的精神都会向他鞠躬，只因为“他的榜样将一条法则立在我的面前”，“当我拿它与我的举止相比较时，它平伏了我的自负，并且通过这个在我面前证实了的事实，我看到这条法则是能够遵循和实行的”。(KpV 5：77)在这里，“法则通过一个实例而成为可直观”。(KpV 5：77)他又说：“唤起尊敬的人格性之理念，把我们的本性（依照其分定）的庄严置于我们眼前。”(KpV 5：87)同样，孔子言“畏大人，畏圣人之言”与“畏天命”是一事。皆无非是尊敬每一个人自身的人心之仁之不可移易的分定。

人心之仁不可避免地要在限制中起作用。孔子很重视这种限制，就此限制而言“畏天命”。孔子所言“知天命”“畏天命”既包含认识及敬畏自身不容已之道德分定，并包含实现此定分时面对的命限而抱持的义命合一的严肃感，此即孔子亦常言“命”。孔子曰：“道之将行也与，命也；道之将废也与，命也。”（《论语·宪问第十四》）“道不行，乘桴浮于海。”（《论语·公冶长第五》）“凤鸟不至，河不出图，吾已矣夫！”（《论语·子罕第九》）孔子言“命”并非一般所言宿命论、命定论，而是以天命为使命，行道以在世界上实现大同世界而奋斗不已的承担。此见孔子怀着道德目的之终极关怀，以及实现终极目的之不可动摇的信念。孔子曰：“朝闻道，夕死可矣！”（《论语·里仁第四》）“志士仁人，无求生以害仁，有杀身以成仁。”（《论语·卫灵公第十五》）此显“道”“仁”的无条件之绝对义，此绝对性就包含着理性的道德的宗教，而并非利他主义伦理学主张的牺牲精神。这种包含于孔子教中的宗教，我们可以称之为大成教。

明乎此，我们就不会以为“天”是一个离开人而存在的外在的实体，而作为人敬畏的对象。孔子言“天生德于予”“天之未丧斯文也，匡人其如予何”也不能解读为孔子相信：“天是至高而关心人间的主宰”，赋予他一人“异于其他所有人的一种独特性质”的德，因此无惧于桓魋、匡人。孔子当然有庄严的宗教感，但绝不是那种超离的信仰。兹录引相关文句如下：

> 子曰：“天生德于予，桓魋其如予何！”(《论语·述如第七》

> 子畏于匡，曰：“文王既没，文不在兹乎？天之将丧斯文也，后死者不得与于斯文也。天之未丧斯文也，匡人其如予何？”(《论语·述如第七》

对于以上引文，傅佩荣教授有如此解读：孔子“相信他的‘德’源自天。”他说：“这里所谓的‘德’应该是指孔子异于其他所有人的一种独特性质。”又说：“孔子相信自己是天所拣选委派的那一位，负有使命要把‘文’传于后世。”[1]傅先生依据“天生”而把“天”解说为“造生者”，他说：“就天是造生者来说，我们读到：“‘天生烝民，有物有则，民之秉彝，好

---

1 傅佩荣：《儒道天论发微》，第89、93页。

是懿德。’”[1]（《诗经·大雅》）但必须指出，无论《诗·大雅》抑或孔子所言“天生”中“生”并不是现象描述，不能以生物学之“生”来解说。也不能以西方传统中神学从无而创生的说法来比附“天”，或赋予神秘主义意味，甚至以基督教中“上帝”视之。

“天之未丧斯文”是表达：文王之“文”所具有的道德理性的绝对普遍性和必然性。孔子说：“匡人其如予何？”以及“天之未丧斯文也，匡人其如予何?”，均表达出一种源自道德普遍性和必然性的自信。同样，孔子说:“知我者其天乎！”（《论语·宪问第十四》）也不会如傅先生那样认为，证明孔子相信：“唯有‘天’真正了解他。”[2]毋宁说，“知我者其天乎！”表达孔子“诚可鉴天”之情，而没有理由以为孔子知道有一外在的天与自己相知。另，《子罕第九》记载:“子疾病，子路使门人为臣。病间曰:‘久矣哉！由之行诈也。无臣而为有臣，吾谁欺？欺天乎？’”又，《雍也第六》记载:“子见南子，子路不说。夫子矢之曰：‘予所否者，天厌之！天厌之！’”傅佩荣教授引孔子言：“吾谁欺，欺天乎”“予所否者，天厌之，天厌之”，就妄下结论说:“我们由此不得不认为孔子接受了《诗经》与《书经》中，相当原始的主宰之天。”并说：“这种主宰之天还同时监管人的行为。”[3]究其实，“欺天乎”“天厌之”等话语在我们口头语中亦多见，以之表达一种“诚可鉴天”之情。但并不能以此为据指证我们相信一种“主宰之天”“审判之天”。

---

1 傅佩荣:《儒道天论发微》，第123页。

2 傅佩荣:《儒道天论发微》，第93页。

3 傅佩荣:《儒家哲学新论》，北京：中华书局，2010年，第130页。

“天”，以及“天生”中“生”并非经验意义的、生理意义的、心理意义的字词，而是指表总天地万物而为一整全的根源上的普遍性和必然性，因而是先验的、形而上的字词。每一个人所禀具的人心之仁的无条件的普遍必然性充其极，即谓之“天”。人标举自身人心之仁的绝对普遍必然性为“最高者”及“最高原则”，以“天”名之，此“天”因着其根源所涵的万物一体之仁，它就包含着自然与自由结合，也就是德福一致的终极目的，并以在世界上实现终极目的为对每一个人有效的使命；但因为人现实上受经验和自然条件的限制，由之产生对于“天”的敬畏感，以及朝向终极目的之实现而努力的使命感，此即真实的道德的宗教的本根。

析疑与辩难

问：孔子言“天”之未及《中庸》首先积极建立天道为实体吗？

答：学界对于《中庸》“天命之谓性”一句多有解读为：天所命令者即叫作性。并有进一步提出：《中庸》首先积极建立天道为实体，然后以天道实体言性体。[1] 徐复观先生认为“天命之谓性”一句意即“性是由天所命”。他说：“‘天命之谓性’，决非仅只于是把已经失坠了的古代宗教的天人关系，在道德基础之上，予以重建；更重要的是，使人感觉到，自己的性，是由天所命，与天有内在的关联。因而人与天，乃至万物与

1 详论见牟宗三《心体与性体》第一册《综论》，台北：正中书局，1993年，第219—221页。

天，是同质的，因而也是平等的。”[1] 徐先生解“天命”之“命”为命令，此乃依循朱子注：“命，犹令也。”（朱熹《四书集注》）

但若将“天命之谓性”一句解作：天所命令者即叫作性，则这样的解说其实一无所说，因为我们通过这种解说并不知道在下达命令的“天”是什么，也不知其下达的命令是什么。朱子看来明白这里的问题，因此引申说：“性，即理也。”（朱熹《四书集注》）如此一来，“天命之谓性”就被解读为：天赋予人物以理。这就成了朱子本人的意思。

牟先生在《心体与性体》第一册《综论》表示：“《中庸》说‘天命之谓性’，但未显明表示天所命于吾人之性其内容的意义完全等同于那‘天命不已’之实体，或‘天命不已’之实体内在于个体即是个体之性。”不过，先生接着说：“宋明儒则显明地如此表示。”[2]并且先生本人亦持此观点，依先生的见解，“北宋诸儒下届朱子以《中庸》、《易传》为纲”，“北宋三家即承《中庸》、《易传》之圆满发展，而以《中庸》、《易传》为首出，从此顶峰上言道体、性体”[3]。先生在第一册已表明：“就先秦儒家之发展说，是先有孟子，然后再彻至《中庸》、《易传》之境。而彻至《中庸》、《易传》之境，始有客观地自天道建立性体之一义。”[4] 于第二册明文指出：“《中庸》、《易传》直下无内无外，劈头即以‘于穆不已’之天命实体展示天道为一形而上的创生实体，并由此实体以说性体。”[5] “谛者先分开自

---

1 徐复观：《中国人性论史》，上海：华东师范大学出版社，2005年，第117页。

2 牟宗三：《心体与性体》第一册，第17页。

3 牟宗三：《心体与性体》第二册，第508页。

4 牟宗三：《心体与性体》第一册，第552页。

5 牟宗三：《心体与性体》第二册，第508页。

'于穆不已'之体言性与自'内在道德性'言性之不同，前者是形而上地（本体宇宙论地）统体言之，后者则是经由道德自觉而道德实践地言之。"[1]"惟自'于穆不已'之体言性，与孟子自人之'内在道德性'言性，其进路并不相同，因而其初始所呈现之性体之意味亦并不甚相同。"[2]

但愚意以为，《中庸》言"天命之谓性"并不表示建立"于穆不已"之性体，引《诗·维天之命》言"惟天之命，于穆不已"而言"此天之所以为天"，此中包含天之深远奥秘意亦并未出孔子言"天何言哉"之形上天的意旨，并无超过"六合之外，圣人存而不论"之立场而妄测一种道体。我们似乎找不到文本上的证据证明《中庸》于"诚"之外肯定一奥体、道体，以言性体。究其实，孔子言人心之仁乃唯一真实的创造实体，不能把"仁"只作主观的内在道德性；依孔子，客观性、绝对普遍必然性就根于人心之仁。孟子正是把握住"仁者，人也""人能弘道"而确立"尽心则知性知天"之道德的形而上学。而《中庸》仍未明确客观性、绝对普遍必然性根于人心之仁，故未能契接孔子"仁者，人也""人能弘道"包含的主、客合一的创造实体在"仁"，而不在离人而言的"性""天"。同样，《易传》亦如是。《中庸》《易传》未能如孟子揭明"本心"为唯一的道德的创造实体，《中庸》《易传》本身不能离开孔孟哲学而独自成一道德的形而上学，遑论作为孔孟哲学之圆满发展之顶峰。恰切地说，《中庸》《易传》包含一个与圣人盛德

1　牟宗三：《心体与性体》第二册，第464页。

2　牟宗三：《心体与性体》第二册，第463页。

大业相配而展示的本体宇宙论，可以加入到孔子哲学传统中，让原来孔孟并不多言的“天”得到自然形上禀赋方面的说明。牟宗三先生对阐明儒家道德的形而上学有着首创者的重要贡献，我们之所以提出商榷，如此费辞，不厌其详，旨在表明：孔子哲学传统之道德的形上学之首脑是仁（本心），而不能是先离人心之仁而建立道体、性体，若不然，就会好像本心（仁）只表示“人能自觉作道德实践”以证实那先在的道体、性体；容易令人误会，好像先有道体、性体，而“惟在人而特显”。[1] 牟先生说：“客观地自‘于穆不已’之天命实体言性，其‘心’义首先是形而上的，自诚体、神体、寂感真几而表示。”并且提出，此客观地言之者“由孔子之仁孟子之心性彰著而证实之”[2]。容易让人理解为：孔子之仁孟子之心性只是起彰著和证实客观地言之性与天的作用。

“主、客”分立的思路依据黑格尔。然愚意以为，孔孟言心、性是一，而不能分立；因为于实践领域，创造实体不能有二。用康德的话说，只能讲“超越的一元”，二元论只是经验的，理论的认识才需要有“主、客”区分之预设。

问：有学者以为儒教必须有教会组织、教士，乃至必须树立外在的崇拜对象。此见解如何？

答：前面几章已一再申论，孔子的大成宗教堪称理性的道德宗教，根本区别于其他文明中的各种历史性宗教。用康

---

1 详见牟宗三《心体与性体》第一册，第40页。

2 牟宗三：《心体与性体》第一册，第42页。

德在《单在理性界限内的宗教》中的话说："当道德学（Moral）根据其法则的神圣性来认识极大的尊敬的对象，如此它就在宗教的层次上根据最高的、执行那些法则的原因来表象崇拜的对象，并在它的庄严性里显现（erscheint）。"（Rel 6：7-8）孔子的大成宗教正是依据人心之仁之普遍立法的神圣性而言"畏天命"，此外无任何外在的崇拜对象可立。孔子本人是一位"为之不厌，诲人不倦"的老师，孔子大成教不需要教主，亦不需要教士团体。这种理性宗教是通过社会自身的力量，自我组成，以弘文兴教来启发每一个人走出纯然物欲的桎梏，自由地运用自己的理性，成就自己，同时致力道德的世界之实现。以此根本不同形形色色的历史的宗教，把人群视为纯然感性的需要被外力驯服而导向良好生活的畜类。

第三十课

孔子言为政之道(一):王道

首先我们必须讲明，孔子所言为政之道根本不同于君主专制下的所谓“政治”，甚至也根本区别于夏禹以后的部落式贵族政治。毋宁说，孔子是以“祖述尧舜，宪章文武”为其所论为政之道的范型，此即，为君以德，为民以德；选贤举能及禅让，无为而治。此称之为王道。王道之为王道，其政与治并不分割，王道“政治”之本在统筹群族之协和，领导社会之建设，实施社会之教化，运筹经济、生产活动，以保障天下众民之福祉。尽管不必讳言，孔子祖述尧舜，宪章文武，以三代“内圣外王”立下为政之道的规模，但王道不必定就是历史上有过的事实；然此不妨碍孔子立之为范型，以揭示道德的预告的人类史。牟师宗三先生在《政道与治道》一书中就提出:“儒家称尧舜是理想主义之言辞，亦即‘立象’之义也。未必是历史之事实。……儒家以‘立象’之义称之，是将政治形态之高远理想置于历史的开端。是将有待于历史之发展努力以实现之者置于开端以为准则。”[1] 又如牟先生指出：“至乎夏禹传子，则已进入历史事实矣。……夏禹以氏族部落统治，传子继体，至桀而止。商汤伐桀，以氏族部落统治，传子继体，至纣而止。武王伐纣，以氏族部落统治，传子继体……”（同上）事实上，夏禹之后，中国政治史就是霸道史、君主专制独裁史。以此，我们可以指出，孔子以“祖述尧舜，宪章文武”立下的“内圣外王”之为政之道的范型，自孔子殁，则失堕。并且，也有必要提醒，尽管孔子立三代之王道作为为政之道的范型，但仍要对孔子所论为政之道分别研讨，以与孔子标举的三代“内圣外王”之范型区分开来。兹条列孔子论为政之道的相关文句如下：

1. 子曰：“为政以德。譬如北辰，居其所，而众星共之。”（《论语·为政第二》）

2. 子曰：“道之以政，齐之以刑，民免而无耻；道之以德，齐之以礼，有耻且格。”（《论语·为政第二》）

3. 或谓孔子曰：“子奚不为政？”子曰：“《书》云：‘孝乎惟孝，友于兄弟，施于有政。’是亦为政，奚其为为政？”（《论语·为政第二》）

4. “君子笃于亲，则民兴于仁；故旧不遗，则民不

1 牟宗三：《政道与治道》，台北：学生书局，1987年，第3页。

偷。”(《论语·泰伯第八》)

5. 子曰:“不在其位,不谋其政。”(《论语·泰伯第八》)

6. 齐景公问政于孔子。孔子对曰:“君君,臣臣;父父,子子。”公曰:“善哉!信如君不君,臣不臣;父不父,子不子。虽有粟,吾得而食诸?”(《论语·颜渊第十二》)

7. 子张问政。子曰:“居之无倦,行之以忠。”(《论语·颜渊第十二》)

8. 季康子问政于孔子。孔子对曰:“政者,正也。子帅以正,孰敢不正?”(《论语·颜渊第十二》)

9. 季康子问政于孔子曰:“如杀无道,以就有道,何如?”

孔子对曰:“子为政,焉用杀?子欲善,而民善矣!君子之德风,小人之德草;草上之风,必偃。”(《论语·颜渊第十二》)

10. 子路问政。子曰:“先之,劳之。”请益。曰:“无倦。”(《论语·子路第十三》)

11. 仲弓为季氏宰，问政。子曰："先有司，赦小过，举贤才。"曰"焉知贤才而举之？"曰："举尔所知；尔所不知，人其舍诸？"（《论语·子路第十三》）

12. 子路曰："卫君待子而为政，子将奚先？"子曰："必也正名乎！"子路曰："有是哉？子之迂也。奚其正？"

子曰："野哉！由也。君子于其所不知，盖阙如也。名不正，则言不顺；言不顺，则事不成；事不成，则礼乐不兴；礼乐不兴，则刑罚不中；刑罚不中，则民无所措手足。故君子名之必可言也，言之必可行也。君子于其言，无所苟而已矣！"（《论语·子路第十三》）

13. 樊迟请学稼。子曰："吾不如老农。"请学为圃。曰："吾不如老圃。"樊迟出。子曰："小人哉！樊须也。上好礼，则民莫敢不敬；上好义，则民莫敢不服；上好信，则民莫敢不用情。夫如是，则四方之民，襁负其子而至矣！焉用稼？"（《论语·子路第十三》）

14. 子适卫，冉有仆。子曰："庶矣哉！"冉有曰："既庶矣，又何加焉？"曰："富之。"曰："既富矣，又何加焉？"曰："教之。"（《论语·子路第十三》）

15. 子曰："'善人为邦百年，亦可以胜残去杀矣。'诚哉是言也！"（《论语·子路第十三》）

16. 子曰："如有王者，必世而后仁。"(《论语·子路第十三》)

17. 叶公问政。子曰："近者说，远者来。"(《论语·子路第十三》)

18. 子夏为莒父宰，问政。子曰："无欲速，无见小利。欲速，则不达；见小利，则大事不成。"(《论语·子路第十三》)

19. 冉有曰："今夫颛臾，固而近于费，今不取，后世必为子孙忧。"

孔子曰："求！君子疾夫：舍曰欲之，而必为之辞。丘也，闻有国家者，不患寡而患不均，不患贫而患不安；盖均无贫，和无寡，安无倾。夫如是，故远人不服，则修文德以来之！既来之，则安之！今由与求也，相夫子，远人不服而不能来也；邦分崩离析而不能守也；而谋动干戈于邦内。吾恐季孙之忧，不在颛臾，而在萧墙之内也。"(《论语·季氏第十六》)

20. 孔子曰："天下有道，则礼乐征伐，自天子出；天下无道，则礼乐征伐，自诸侯出。自诸侯出，盖十世希不失矣！自大夫出，五世希不失矣！陪臣执国命，三世希不失矣！天下有道，则政不在大夫；天下有道，则庶人不议。"(《论语·季氏第十六》)

21. 子张曰："何谓惠而不费？"子曰："因民之所利而利之，斯不亦惠而不费乎？择可劳而劳之，又谁怨？欲仁而得仁，又焉贪？君子无众寡，无大小，无敢慢，斯不亦泰而不骄乎？君子正其衣冠，尊其瞻视，俨然，人望而畏之，斯不亦威而不猛乎？"（《论语·尧曰第二十》）

22. 子曰："不教而杀谓之虐；不戒视成谓之暴；慢令致期谓之贼……"（《论语·尧曰第二十》）

23. 孔子遂言曰："内以治宗庙之礼，足以配天地之神明；出以治直言之礼，足以立上下之敬。物耻足以振之，国耻足以兴之。为政先礼。礼，其政之本与！"（《礼记·哀公问》）

24. 孔子侍坐于哀公，哀公曰："敢问人道谁为大？"孔子愀然作色而对曰："君之及此言也，百姓之德也！固臣敢无辞而对？人道，政为大。"公曰："敢问何谓为政？"孔子对曰："政者正也。君为正，则百姓从政矣。君之所为，百姓之所从也。君所不为，百姓何从？"（《礼记·哀公问》）

25. 子曰："故为政在人，取人以身，修身以道，修道以仁。仁者人也，亲亲为大；义者宜也，尊贤为大；

亲亲之杀，尊贤之等，礼所生也。……故君子不可以不修身；思修身，不可以不事亲；思事亲，不可以不知人；思知人，不可以不知天。天下之达道五，所以行之者三：曰君臣也，父子也，夫妇也，昆弟也，朋友之交也：五者天下之达道也。知、仁、勇三者，天下之达德也，所以行之者一也。……”子曰：“好学近乎知，力行近乎仁，知耻近乎勇。知斯三者，则知所以修身；知所以修身，则知所以治人；知所以治人，则知所以治天下国家矣。……”（《中庸》第二十章《哀公问政》）

依以上引文，我们可归结孔子言为政之道为“王道”，其区别于霸道以及人类政治史上形形色色的政治制度，本质点在：王道之要在为天下人管治天下人的天下，而根本不同于任何以一人、一家一姓、特殊的利益集团的权力为根本依归的所谓“政治”。牟师宗三先生在《政道与治道》一书中说：“黄梨洲曾云：‘三代以上，藏天下于天下；三代以下，藏天下于筐箧。’这是一句原则性的话，不是笼统浮泛地说的，而是相当的深刻，且有真切感。”[1]此即孔子说：“人道，政为大。”“政者正也。”（见引文 24）王道所涵“政治”，乃是“道之以德，齐之以礼”，弘文兴教而天下治。又，孔子说：“为政先礼。礼，其政之本与！”（《礼记·哀公问》，见引文23）此正标明三代礼制作为法度的本质。此即有谓：“三代以上有法，三代以下无法。”礼，法度也。

---

1 牟宗三：《政道与治道》，台北：学生书局，1987年，第20页。

析疑与辩难

问：有学者提出：仅仅讲“道之以德，齐之以礼”恐怕现实上行不通。

答：不必怀疑，西方悠久而良好的法治制度对于规范人、使人避免犯法方面能行之有效，但若不教人有羞耻心，此即孔子说：“道之以政，齐之以刑，民免而无耻。”孔子提出：“道之以德，齐之以礼，有耻且格。”（《论语·为政第二》）以道德教人育人，民能正而有自尊。刑政，也就是法治，属于经验界，用康德的话说，属于知性立法范围；道德属于自由领域，亦即每一个人依于本心之仁的天理而“由仁义行”的领域，用康德的话说，就是人自身的立法理性之使用管辖的领域。唯独“道之以德，齐之以礼”，人始能保有尊严，用孟子的话说就是保有人皆有之的“良贵”。

于现实社会中，我们不反对法治制度的建立与完善；但必须指出，礼就是法度，没有理由只承认西方的法治制度，而贬斥中华文明历史悠久的礼法。反对礼治的人认为礼束缚人，那么，法治不也是用以束缚人的吗？礼是根于人心之仁的自我约束，而西方的法治却是来自外力的约束。为什么西方中心主义者却只对西方的法治情有独钟呢？据西方的法治以摒弃“道之以德，齐之以礼”，舍本求末也。

问：有学者问：新儒学应该成为政治学的统治学说还是作为人文伦理？它是否会依附于政治需要，并被政治利用？

答：不必置疑，历史上以儒家之名而与君主“共治”的史实，此或可被指为依附于政治需要，并被政治利用。关于此，我们不拟详论，只是指出，如前文一再申论，孔子言为政之道不能与历史上种种“儒家”混为一谈。孔子言为政之道作为政治学说，以“仁者，人也”“人能弘道”的基础哲学奠基。“道之以德，齐之以礼”(《论语·颜渊第十二》，见引文 2)，“‘孝乎惟孝，友于兄弟，施于有政。’是亦为政。”(《论语·为政第二》，见上讲引文 3)朱注云：“《书·周书·君陈篇》。……孔子引之，言如此，则是亦为政矣，何必居位乃为为政乎？”(朱熹《四书集注·论语集注卷一》)“君君，臣臣；父父，子子。”(《论语·颜渊第十二》)此即王道，不离人伦天序而言。

第三十一课

孔子言为政之道（二）：立内圣外王之型范

如上讲论明，孔子言为政之道以“祖述尧舜，宪章文武”为本，后儒称此三代王道为“内圣外王”，据此，我们也可说，孔子立三代“内圣外王”为范型。但必须指出，依孔子以“祖述尧舜，宪章文武”为本而言“内圣外王”之范型，有确定讲法，需要与后人多所引申的“内圣外王”诸说区别开。

“内圣外王”一词最先见于《庄子·杂篇·天下》，因道家所言“内圣”“外王”与儒家所论根本不同，所以，首先要注意此二者之根本区别。庄子说：“以天为宗，以德为本，以道为门，兆于变化，谓之圣人。”（《庄子·杂篇·天下》）个中言“天”“德”“道”，其意涵皆与孔子所言有别。事实上，孔子上承华夏古文明传统，将三代内圣外王之弘规奠立在“仁”之根基上，以此开创一个理性文明的传统。

依孔子所立“内圣外王”之范型，“内圣”指圣王之德而言；“外王”指圣王为政之道与事功而言。三代王道之范型就是：禅让、礼制，礼乐人伦、仁义教化，万邦作孚。即《中庸》云：“虽有其位，苟无其德，不敢作礼乐焉；虽有其德，苟无其位，亦不敢作礼乐焉。”又即朱子说：“孔子删诗书，定礼乐，赞周易，修春秋，皆传先王之旧。”（见朱熹《四书集注》）也就是说，若以“内圣外王”表达三代王道之范型，那么，“内圣”“外王”二者合而同指圣王而言，并无所谓由“内圣”发展出“外王”的问题。

后儒有以“内圣之学”说孔子的成德之教，本人以为有欠审慎。“成德之教”语义明确，成德就是成就人之为人；而“内圣之学”容易引生误解，以为儒学就是学做圣人。并且，以“外王”来表示一般而言的制度建设、外在的事功，同样不恰切。理由是，“外王”的原义是指有其德且有其位的圣王。孟子上承孔子，也并没有“内圣外王”之说。孟子言“圣王”也是依孔子，指尧舜文王武王周公而言。《孟子·离娄下》记载：“孟子曰：‘舜生于诸冯，迁于负夏，卒于鸣条，东夷之人也。文王生于岐周，卒于毕郢，西夷之人也。地之相去也，千有余里；世之相后也，千有余岁。得志行乎中国，若合符节。先圣后圣，其揆一也。’”又，《孟子·万章下》记载：“孔子曰：‘唐虞禅，夏后、殷、周继，其义一也。’”只是荀子说：“圣也者，尽伦者也；王也者，尽制者也。两尽者，足以为天下极矣。”看来已有“内圣”“外王”分拆开来说的意思。

然至宋明儒仍未见“内圣”“外王”连用。如复旦大学吴震教授指出，在二程及朱熹的文献中未见“内圣外王”一词，仅见一例于朱熹《三朝名臣言行录》卷十四所录有关程颢议论邵雍的一段语录，其中记云：“明道怅然谓门生周纯明曰：‘昨从尧夫先生游，听其论议，振古之豪杰也。惜其无所用于世。’纯明曰：‘所言何如？’明道曰：‘内圣外王之道也。’”究明道言邵雍所言为“内圣外王之道”，却评论说：“惜其无所用于世。”可见明道并非以为宋儒已有行“内圣外王之道”之实。此所以吴震教授指出：“今人大多从后设的立场出发，以为“内圣外王”是儒学史上的固有观念，显然与史实、文献有出入。”

吴震教授引《曾国藩家书》记曾国藩说：“君子之立志也，有民胞物与之量，有内圣外王之业，而后不忝于父母之所生，不愧为天地之完人。”又引梁启超于《庄子·天下篇释义》一书中说：“内圣外王之道一语包举中国学术之全体，其旨归在于内足以资修养而外足以经世。”并评论说：“此二说乃以‘内圣外王’来涵盖儒学思想乃至中国学术之整体，虽不可谓尽非，但显然夸大了‘内圣外王’一词的覆盖性。”只是吴教授予以谅解，说：“及至近代，首先提出这一概念者似是经过当代新儒家对内圣外王的创造性诠释，才使得这一古老用语获得了某种新的意涵。其中最重要的一个新含义，在我们看来，就是将‘外王’做了重要的转化诠释，已经不再是指原初意义上的‘帝王’，而是泛指政治实践以及制度重建。”[1]但愚意以为，三代以下既无王道，则“外王”用于表达三代以下的政道，看来并不恰切。因此之故，本人认为，以“内圣外王”表达孔子所立三代王道之范型，是对的，但以之表示孔子学的整体规划，则有混漫之嫌。“内圣外王”作为王道之范型，其意涵是清楚明确的，恰切地说，孔子学的整体规划包括：成德之教、

1　参见吴震《对“内圣外王”的一种新诠释——就余英时〈朱熹的历史世界〉而谈》，《国学学刊》2010年第2期。

王道之学，以及三代“内圣外王”之范型。也可以“仁者，人也”“人能弘道”八个字表示孔子哲学的整体。

总而言之，孔子学的整体规划以成德之教为根本，成德即成己成物、成就社会，并扩充至天地万物为一体。天伦、人伦之常包含于其中，政治、制度方面的实践亦包含于其中。然政治、制度属事功，其成就有现实条件限制，凡事功则有成败，可行与不可行。此与“内圣外王”作为王道之范型而由孔子标举出来作为大同世界之模型应该有所区分。我们实在必须将近代儒者“通经致用”的观念与“内圣外王”之理念区别开来。

世人称孔子为圣人，孔子尚且一生未竟王道之大业。此即孔子叹:“道之将行也与，命也；道之将废也与，命也。”(《论语·宪问第十四》)“道不行，乘桴浮于海，从我者，其由与!”又说：“甚矣，吾衰也。久矣！吾不复梦见周公。”(《论语·述而第七》)“凤鸟不至，河不出图，吾已矣夫!”(《论语·子罕第九》)历史流变中，道行，或道不行，成德之教行于世或不行于世，孔子尚且不能以一己之力决定。历史的曲折有更为复杂的因素。孔子岂不欲伸展其重建礼乐制度的政治抱负？《论语·阳货第十七》记载：佛肸召，子欲往。子路曰：“昔者，由也闻诸夫子曰：‘亲于其身为不善者，君子不入也。’佛肸以中牟畔，子之往也，如之何?”子曰：“然！有是言也。不曰坚乎，磨而不磷。不曰白乎，涅而不缁。吾岂匏瓜也哉？焉能系而不食？”一句“焉能系而不食？”见出孔子欲伸展政治抱负之心。然孔子周游列国，最终并未出仕。此即孔子说：“直哉！史鱼。邦有道，如矢；邦无道，如矢。君子哉！蘧伯玉！

邦有道，则仕；邦无道，则可卷而怀之。”（《论语·卫灵公第十五》）孟子说：“莫之为而为者，天也；莫之致而至者，命也。匹夫而有天下者，德必若舜禹，而又有天子荐之者，故仲尼不有天下。继世以有天下，天之所废，必若桀纣者也，故益、伊尹、周公不有天下。”（《孟子·万章章句上》）

析疑与辩难

问：学界流行以“内圣外王”定位儒学，未知可取否？

答：诚然，以“内圣外王”论儒学在学术界可说耳熟能详。但如前文已申论，真正承继孔子之儒学，恐怕不能作内、外之分，且“内圣外王”乃孔子依三代王道而立之范型，有其确定的涵意，岂可视作偏枯的或有缺陷的概念而有待修正、转化？

余英时先生在《朱熹的历史世界——宋代士大夫政治文化的研究》一书中提出“内圣外王连续体”的说法，这是一个备受学界重视的观点。[1]复旦大学吴震教授撰《对“内圣外王”的一种新诠释——就余英时〈朱熹的历史世界〉而谈》一文，对余先生的“内圣外王连续体”说提出质疑。其中问：“朱陆在内圣上有根本分歧为一共同前提，若以‘内圣外王连续体’为适用于朱陆的共同预设，何以内圣有异而外王却能‘基本一

1 余英时：《朱熹的历史世界——宋代士大夫政治文化的研究》，台北：联经出版公司，2003年。

致’[1]？信若是，则内圣与外王又何以‘连续’？”此问实点中问题之要害。若“内圣”“外王”无确义，任由学者发挥，则“内圣外王”的所谓“连续”亦全无意义。

如吴教授指出：“其实，不论是《二程集》还是《朱子语类》、《朱子文集》（亦含《阳明全集》）竟未见一例，显然‘内圣外王’并非宋明时代的一个主流概念，更不是宋明儒学的议论主题，我们用‘内圣外王’来概括宋明儒学之特质，只不过是一种后设。”并且，吴教授指出，二程及朱熹的文献中未见“内圣外王”一词，余先生判断宋代政治文化中贯穿着“内圣外王”的问题意识，其根据在：“为己而成物”一语便足以归纳宋代道学之宗旨[2]，以及“新民必本于明德，而明德所以为新民”（《语类》卷六十一），这句话变为“外王必本于内圣，而内圣所以为外王”。主要依此两点，余先生就断然指出：“宋代理学家关于‘内圣外王’的整体意识，在此已一语道尽。”[3]并认为：“内圣外王连续体”共同指向秩序重建，‘内圣外王’的基本义是‘以重建秩序为终极关怀’。但我们不得不指出，一般而言“秩序重建”，或所谓“革命”，并不能统通归为“外王”。如学者刘小枫在其一部关于儒家“革命”源流考的书中[4]，就依据孟子言“贼仁者谓之贼，贼义者谓之残，残贼之人谓之一夫。闻诛一夫纣矣，未闻弑君也”（《孟子·梁惠王章句下》），

---

1 吴震：《对“内圣外王”的一种新诠释——就余英时〈朱熹的历史世界〉而谈》，第444页。

2 吴震：《对“内圣外王”的一种新诠释——就余英时〈朱熹的历史世界〉而谈》，第130页。

3 吴震：《对“内圣外王”的一种新诠释——就余英时〈朱熹的历史世界〉而谈》，第883页。

4 刘小枫：《儒家革命精神源流考》，上海：上海三联书店，2000年。

混同于一般“打天下”“打破旧秩序”之谓“革命”。“汤放桀，武王伐纣”，乃行王道。而《论语·八佾第三》记载：“子谓韶：‘尽美矣，又尽善也。’谓武：‘尽美矣，未尽善也。’”

近现代儒者“通经致用”之迫切感与担当确实十分可贵，然愚意认为，对于“内圣外王”这样一个作为中华文明王道之最高范型的理念，作出任何“创造性诠释”都是不恰当的。“内圣外王”无疑是“古老用语”，其义却是圆满的、历久常新的，因其是根自理性之理想。不必由后人给予其“某种新的意涵”。三代“内圣外王”中的“外王”不能离“内圣”而泛指政治实践以及制度重建，因而所谓对“外王”做“转化诠释”是不恰当的。对三代“内圣外王”作出修正，以及施行种种“转化诠释”，其后果是损害了“内圣外王”作为范型所含有的终极目的性。明乎此，则可知，并无什么“内圣外王连续体”可言。

问：孔子所立三代“内圣外王”之型范是思想中妄想的东西吗？

答：我们一再申论，孔子所立“内圣外王”之道堪称道德世界之原型，此原型乃人类理性的理想，是每个人禀具的人心之仁所追求者。无论“内圣外王”在中国历史中是否实现过，都不能以“内圣外王”未能实现为口实来贬之为思想中妄想的东西。它作为理性的理想，总是人类努力的目标，我们以之检视历史，审察自己的所作所为，看是否朝向之，抑或远离之，以随时纠正方向。

第三十二课

人类大宪章：世界大同

我们一再申论，孔子哲学宏规在“仁者，人也”“人能弘道”。而孔子哲学的终极关怀是：实现世界大同。人心之仁作为人之为人的实存定分，因着仁心之普遍立法与无限扩充至万物为一体，人就有一必然的使命要致力在世界上实现大同的理想。明乎此，我们就不会只以“去人欲”（个人生命之纯粹化）来说明孔子之成德之教，以致把孔子之学视为只是个人修身养性之学；不会以为只讲“爱”“宽容”就能实现世界和平，不会只以追求死后进入永恒天国或往极乐世界之净土享福为终极寄托。并且，我们也不会离开实现世界大同的终极目的，而以泛泛而言的经世致用、制度与秩序重建来谈论“外王”。

在人类历史上，以神的绝对权威，配合着利他主义、自我牺牲、怜悯和普世的爱，有效地团聚群族，以过着一种有共同规范的良好行为生活，这是犹太–基督教传统于几千年行之有效的一种模式。这种模式在人类社会中可说是历史悠久，影响最大。但仍然可指出，这种模式建基于历史性地确立的“神”，最先是犹太民族的神——耶和华，后来经耶稣革新，“神”被宣称为普世的，但仍然不能说，全人类每一个人都凭自身的理性自由认信这个“神”。

中华文明是犹太-基督教传统之外另一种截然不同的模式，它同样在人类社会中行之既久，且影响深远。如前文一直论明，孔子哲学承接三代古文明而确立了一个传统，这个传统以“仁者，人也”“人能弘道”，成就人为道德者并实现世界大同之终极目的为“天命”。“天”并不是什么历史性地确立的“神”，不是由什么先知宣谕给大众的外在的绝对威权。“天”是每一个人的本心之仁的普遍立法而指示的绝对的普遍必然性和扩充不已的无限性，据之可说，“畏天命”之信仰是根于每个人自身之本心之仁的，因而能够由每个人自己凭着对自身本心之仁的普遍立法之自觉而自由地信仰，不必得到什么外在的“神”之恩宠。“天命”对每一个人而言都是绝对有效的，其普遍必然的真实性由每个人遵循自身本心之仁的普遍立法而行，于不已的践履进程中获得证实。依此，我们可以指出，孔子以“仁者，人也”“人能弘道”“大同”确立的模式是即哲学即宗教的，它作为哲学，乃由人之生命与社会生活的根本原则取得支撑的，而根本不必借用外在的本身的来源尚且可疑的任何东西来支持。

依以上的说明即可知，孔子传统之模式孕育于中华民族的血脉中，然而它作为根于人心之仁而显发的理性文明，就不限于一时一地，甚至也不止于一个特定民族，而是对一切人，于一切时、一切地而有效。因之，我们可称孔子之教为大成教，因其成就一切人、一切物，以每一个人扪心自问都能愿意生活于其中，并亦愿意其子孙后代生活于其中的大同世界为终极目的，其普世性是无诤的，也不带强迫性，不会施用任何威迫或利诱的手段向全世界扩张。而毋宁说，其影响之毋远弗届，如春风化雨，所过者化。尽管孔子大成教之于历史中表现其作用，仍然不能避免现实条件的重重限制，必定也要历尽种种艰难；但总是能部分地实现，以显示其不可阻挠的生命力。

孔子大成教堪称人之为人以及社会之为健旺社会必定要建基于其上的大法。依此，可以说孔子大成教蕴涵着人类理性的文明，它堪称全人类的大宪章。此人类大宪章对于人类全体而言作为根本大法。对于建立一个保护人的福祉和让人有尊严地自由生活的社会以及实现世界永久和平，这是一种重要的准备，远比宽容和爱更为必要。

孔子言“仁者，人也”，可说与康德所论“圆善”中的第一和主要的部分（即道德的完整性）相通；而“仁者，人也”必然关联着“人能弘道”，孔子言“弘道”就是要致力实现“王道”。在孔子哲学中，“王道”即一个大同世界的理想。此与康德所论“圆善”中第二个要素（即与道德相配称的幸福的可能性）有可相通处。

“大同社会”也就是康德所言“人类伦理共同体”，致力在世界上实现圆善（终极目的）。确切地说，就是在世界上实现“伦理共同体”，亦即将“单个的人的自身不足的力量联合起来，共同发挥作用”(Rel 6：98)，为了同一个终极目的(圆善)

联合成为一个整体，成为一个善的人们的系统（einem System wohlgesinnterMenschen）。（Rel 6：97-98）康德恰切地提出："最高的德性的善并不能仅仅通过单个的人追求他自己的道德的圆满来实现。"（Rel 6：97）人们要联合成一个伦理共同体，以避免"由于他们不一致而远离善的共同目的，彼此为对方造成重新落入恶的统治手中的危险"。（Rel 6：97）

大同世界，或曰伦理共同体，也可以称为道德世界，它是一切人遵循道德法则命令而联合起来，于天造地设的世界中创造一个依道德目的和秩序而成立的世界。王道之大同世界，乃践仁弘道之终极目标，此可以说就是康德所言"最好的世界"。在《实践理性批判》中，康德说："纯粹实践理性法则之下的判断力规则是这样的：问一问你自己，如果你打算做的行为会通过自然法则而发生，而你自己本身是这个自然的一部分，那么你是否把它看作通过你的意志而可能的。"（KpV 5：69）并且，他指出："事实上，每个人都在按照这条规则来评判行为在道德上是善的还是恶的。"（KpV 5：69）这就是说，道德上善还是恶的判断涉及人意愿一个怎么样的"自然"，亦即涉及："把一个可能的目的王国视作为一个自然王国。"（Gr 4：436）一个人作为道德者不仅关心他自己个人的德行，还要关注他会在实践理性的指导下为自己创造一个怎么样的世界，而他自己作为一个成员置于这一世界中。（Rel 6：5）本心之天理指导人成德不是为着修德以保天年，也不是为获取通往极乐世界或彼岸天堂之保证，而是朝向大同社会的实现，在世界上创造出"一个作为由于我们的参与而可能的圆善的世界"。如《哥达学报》（*Gothaische Gelehrte Zeitungen*）第12期（1784

年2月）一篇简讯（KGS 8：16）中说：

> 康德教授先生所爱好的一个观念是：人类终极目的乃是要达到最完美的国家制度，并且他希望哲学的历史家能从这个观点着手为我们写出一部人类史，揭示人类在各个不同的时代里曾经接近这个终极目的或者脱离这个终极目的各到什么地步，以及要达到这个终极目的还应该做些什么。[1]

最完美的制度，此即三代理想的大同社会。孔子五十后为鲁国中都宰，至大司寇，“四方皆则之”。季桓子受齐女乐，怠于政事，孔子遂行，时年五十六。孔子去鲁凡十四歲，其间四处漂泊，遭匡人围捕，桓魋加害，厄于陈蔡。自嘲曰“似丧家之犬”。（司马迁撰《史记·孔子世家》）所为何事？求王道实现于世也，“盖其天地万物一体之仁疾痛迫切”，不容已也。王阳明于《答聂文蔚》（《传习录》中，第171条）云：

> 然而夫子汲汲遑遑，若求亡子于道路，而不暇于暖席者，宁以蕲人之知我信我而已哉？盖其天地万物一体之仁疾痛迫切，虽欲已之而自有所不容已，故其言曰：“吾非斯人之徒与而谁与！欲洁其身而乱大伦，果哉，末之难矣！”呜呼！此非诚以天地万物为一体者，孰能以知夫子之心乎？

---

1 详见康德《历史理性批判文集》，何兆武译，北京：商务印书馆，1991年，第1页。

依《礼记·礼运》记载，孔子曰：

> 大道之行，天下为公。选贤与能，讲信修睦，故人不独亲其亲，不独子其子，使老有所终，壮有所用，幼有所长，鳏寡孤独废疾者，皆有所养，男有分，女有归。货恶其弃于地也，不必藏于己；力恶其不出于身也，不必为己。是故，谋闭而不兴，盗窃乱贼而不作，故外户而不闭，是谓大同。

孔子所言“大同”与康德所论“人类伦理共同体”、“最完美的国家制度”相通。又，孔子又提出“小康”：

> 今大道既隐，天下为家，各亲其亲，各子其子，货力为己，大人世及以为礼。城郭沟池以为固，礼义以为纪；以正君臣，以笃父子，以睦兄弟，以和夫妇，以设制度，以立田里，以贤勇知，以功为己。故谋用是作，而兵由此起。禹、汤、文、武、成王、周公，由此其选也。此六君子者，未有不谨于礼者也。以著其义，以考其信，著有过，刑仁讲让，示民有常。如有不由此者，在势者去，众以为殃，是谓小康。《礼记·礼运》

孔子提出“小康”，以示“大同”非一蹴即就，而毋宁说，“大同”是把现实上的限制搁置不论，以标举一个人类不已地向之而趋的范型，并以之为全人类的大宪章。

析疑与辩难

问： 有学者提出“儒家宪政”的说法。如何？

答：“儒家”一词覆盖面很广，孔子的时候就有“君子儒”与“小人儒”之分，孔子殁，儒分为八，宋明儒又分“心学”与“理学”，又云程朱与陆王，现代儒家更是派别繁多。故此，我们首先要问明，所谓“儒家宪政”一词中“儒家”何所指。若是孔子儒，则我们可以指出，如前文所论，孔子成德之教、王道之学，是全人类的大宪章，不能与西方依国家权力之合法产生和政权行使而立的国家宪章混为一谈。源自西方的宪政体制通常与政党政治关联，而孔子传统不能是依于政党政治的，因而亦不能成为西方式国家的宪章。孔子传统决不能与西方的国家宪政混同。孔子说:“君子矜而不争，群而不党。”(《论语·卫灵公第十五》)“君子周而不比，小人比而不周。”(《论语·为政第二》)

问： 宪政学派主张通过比较研究的方法来借鉴西方的宪政思想和制度，如何？

答： 我们没有理由反对借鉴西方的思想和制度，但无论如何，国人要对西方国家体制产生的根基和历史条件及其发展史有深入研究，取得清楚明确的了解，以避免生搬硬套，东施效颦。并且，孔子大成教之全人类大宪章是理性之原型，人类不已地向之而趋的标准。并且必须指出，无论因着现实条件的限制，我们离理性之原型有多么远，都不能放弃这原型，要坚守全人类大宪章，坚持实践“仁者，人也”“人能弘道”。唯独努力不懈地践履孔子大成教，每一个人成就自己的生命为充实而健旺的生命；我们才有希望建设一个保育人的尊严、维护人的自由生活，提供周全的生存保障的美好社会。